U0099497

滄海 哲學類

石元康 著

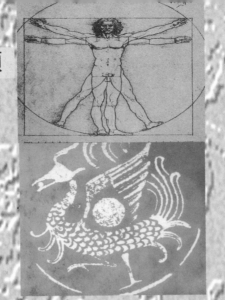

從中國文化到現代性：
典範轉移？

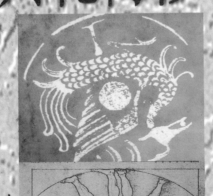

東大圖書公司

國家圖書館出版品預行編目資料

從中國文化到現代性：典範轉移？／

石元康著.--初版.--臺北市：東大

，民87

面；　　公分.--

ISBN 957-19-2232-3（精裝）

ISBN 957-19-2233-1（平裝）

1.文化-中國-論文,講詞等

2.哲學-中國-論文,講詞等

541.262　　　　　　　　　　87005980

網際網路位址　http://www.sanmin.com.tw

© 從中國文化到現代性：典範轉移？

著作人　石元康

發行人　劉仲文

著作財
產權人　東大圖書股份有限公司

發行所　東大圖書股份有限公司
　　　　地址／臺北市復興北路三八六號
　　　　電話／二五○○六六○○
　　　　郵撥／○一○七一七五──○號

印刷所　東大圖書股份有限公司

總經銷　三民書局股份有限公司

門市部　復北店／臺北市復興北路三八六號
　　　　重南店／臺北市重慶南路一段六十一號

初版　中華民國八十七年十月

編號　E 11022

基本定價　肆元陸角

行政院新聞局登記證局版臺業字第○一九七號

ISBN 957-19-2233-1（平裝）

序

　　現代化是我們民族這一百多年來最重要的目標。為了實現這個目標，我們真可以說是殫精竭思。但是，走過了這麼漫長的道路，我們所取得的成就也不盡令人滿意。「為甚麼實現現代化這個目標對我們是這樣的艱難?」是一個值得及必須去深思的問題。要處理這個問題，必須從三方面去著手。首先，我們要去探究構成現代世界的現代性究竟有些甚麼內容及特質? 其次，我們需要對自己的文化傳統做一個智性的探究，對它的內容及特質做詳盡的分疏。這兩方面的工作所處理的內容包括從最抽象的哲學思想，到較為具體的典章制度及風俗習慣等。在對兩者有了瞭解之後，然後將它們做比較，才能對這個問題提出比較有意義的答案。但是，僅是這兩方面工作仍是不夠的。為了能夠解答上面提出的問題，我們還要對兩個相當異質甚至是不可共約的文化在碰面時會出現些甚麼問題做一個哲學的反思。這方面包括一些較為抽象的哲學問題，例如「究竟甚麼是傳統?」「兩個傳統能否互相翻譯或比較?」等。只有在對這三方面的問題都做了相當徹底的審思之後，我們才能對於「為甚麼實現現代化這個目標對我們是這樣的艱難?」這個問題提出一個比較能令人滿意的答案。

　　現代化始於西歐。但是，即使對歐洲文化而言，它也是一個革命性的轉變。從中世紀到現代，歐洲文化在各方面都起了一個質上的轉

變。從哲學、科學、宗教，到政治、經濟及社會，它所經歷的變化並非是量上的發展和累積，而是質上的改變。它實現的歷程也是相當漫長的。從十五世紀的文藝復興開始，經過宗教改革、科學革命、啟蒙運動及工業革命，現代化才得以完成。雖然現代化始於歐洲，但是它所造成的影響，卻是普世性的。不僅我們這個古老的文明這一百多年來以它做為目標，其他絕大部份的老文明也像我們一樣，都去追求現代化。當然在西歐現代文化的衝擊下，也會出現一些對它的排斥及反抗，但是，這到底是少數。總的來講，現代化是無法抗拒的。

典範(paradigm)這個名詞是庫恩(Thomas Kuhn)在談科學革命的結構時所提出的。它的意義雖然相當含混不清及有歧義，有人指出庫恩對它的用法，至少有二十一種意思。雖然如此，它仍然是一個極為有用的概念。雖然庫恩所討論的是科學革命的結構的問題，但是，把它借用來處理文化傳統的問題也頗為恰當，因為一方面科學是文化中的一個環節，另一方面，它也是不斷地發展並且有它的歷史的。科學的發展及歷史可以說是整個文化傳統的一個面向，甚至是縮影。

這本書所選的文章包括了我前面所提出的三個方面的問題。有些是關於現代性的內容的問題，有些是對中國傳統的文化做分疏的工作，另外一些則是在兩個傳統碰面時所出現的問題。前面提過，現代化在歐洲也是一個革命性的變化，它影響到文化中的各個領域。我這本書中也處理了各個不同方面的問題，它們包括政治、經濟及倫理等問題。由於文章出版的時間有相當大的差距，所以裡面有些問題會有重覆的討論，也是由於這個原因，對於某些問題，我的立場可能也有所轉變。

上述的工作是一種對文化做哲學反思的工作，反思工作是一種對自我做智性探究的工作，它的主要目的是自我瞭解。現代化這個目標基本上是一種自我超越。對個人及整個民族而言，只有通過自我瞭解

才有可能超越自己。

一九九八年七月十八日
於香港中文大學

從中國文化到現代性：典範轉移?

目　次

序

輯一　總論

輯二　倫理與教育

輯三 社會與經濟

輯四 政治

輯 一

總 論

傳統，理性，與相對主義
——兼論我們當前該如何從事中國哲學

一　導　言

　　麥肯泰爾 (Alasdair MacIntyre) 在《誰的公正？那一種理性？》 *(Whose Justice? Which Rationality?)*❶一書中詳細地討論了四個西方的傳統（亞里士多德、湯瑪士・阿奎那、蘇格蘭，以及自由主義）之後，提出了一個有關傳統的理論。由於他對哲學的看法，使得他認為傳統這個概念是哲學的中心課題。他對於哲學的看法是：哲學所應該做的是把人類精神的發展，以敘述史(narrative)的方式鋪陳出來（對於這點，我將在最後一節中做較詳盡的討論）。這種做哲學的方式是把黑格爾的哲學式的歷史 (philosophical history) 做為哲學的典範。很明顯的，這樣做哲學的方式，「傳統」這個概念就變成了一個哲學中極為重要的概念。由此引申出來的有一連串的問題：傳統與傳統間的關係的問題，它們之間究竟能否比較？如果不能比較，為甚麼？如果能比較我們又如何可能找到一個標準來判定它們的優劣？從這裡又引出相對主義與絕對主義的問題。如果沒有一個所有傳統都共同接受的標

---

❶　Alasdair MacIntyre, *Whose Justice? Which Rationality?* (London: Duckworth, 1988)

準，那麼相對主義似乎變為不可避免的結論。如果有一個所有傳統都共同接受的標準，那麼我們要問，傳統是否構成對人類進步的障礙？我們是否應該對傳統像啟蒙主義者那樣總是抱著一種批判的態度？因為根據啟蒙主義者的看法，傳統是與理性相對立的，而我們應該聽從的是理性，同時用理性去對傳統進行批判。

麥肯泰爾指出，啟蒙主義者及相對主義者對於傳統的看法都是錯誤的。事實上相對主義者只是把啟蒙主義的論旨掉轉了一個面而已。它們兩者的錯誤在於它們對於「理性」這個概念的誤解。啟蒙主義者認為理性是獨立於所有傳統而恆久不變的。它與傳統是一種對立的東西。因此，一個遵循理性的人，一定是反傳統的，而一個遵循傳統的人，則在理性上一定有所欠缺。相對主義者則認為，不同的傳統有不同的理性概念及標準，因此，我們無法用傳統A的標準去衡量傳統B，兩者之間是不可能共約的，因而也沒有辦法比較。麥肯泰爾的立場是，他一方面認為不同的傳統有不同的理性、公正等的標準，因此，他認為啟蒙主義者的看法是錯誤的；但是，另一方面他又認為傳統與傳統之間是可以互相比較的，並且在經過比較之後可以判定兩者孰優孰劣，因此，他認為相對主義是一種錯誤的理論。他的主要的論證是，不同的傳統雖然會具有不同的理性及其他項目的標準，但是所有傳統本身所具備的合理性 (The rationality of traditions) 使得我們可以對它們做出比較，並且決定它們的優劣。

究竟麥肯泰爾是否能成功地駁倒相對主義？這是我在這篇文章中所要討論的主要問題之一，除了這個問題之外，我認為麥肯泰爾對於傳統及相對主義的討論對於目前中國人從事哲學探索工作是極具相干性的。中國人目前從事哲學工作所碰到的最大問題就是傳統與現代的關係的問題，以及不同傳統遭遇時會產生些甚麼問題。從縱的來講，

我們的傳統對於我們今天要現代化究竟是一種幫助或是一種妨礙？或是完全沒有相干？這點當然要視乎我們所承繼的傳統的內容以及現代性的內容或我們想要的東西而定。從橫的方面來看，中國文化與西方文化碰面後，我們所面對的是究竟我們對這兩個傳統該怎麼處理及能怎麼處理的問題。不同的人提出不同的答案。但似乎很少有人真正深思熟慮過我們所面臨的處境，需要對於傳統的性質，傳統與傳統之間的關係，以及相對主義等問題提出一個相當系統性的看法，那些所被提出的具體主張才是有意義的。在沒有對這些哲學問題提出系統的看法之前，那些主張只是些口號（例如中體西用或西體中用）。 也許正是由於我們沒有對這些哲學問題提出系統性的看法，所以我們今天的文化還是處在一種混亂的狀態。如果這個看法是正確的，則哲學的討論對於文化的發展將是一種極為有用的東西。

二

「傳統」是我們經常使用的一個詞。我們說基督教是一個傳統，儒家是一個傳統，京戲是一個傳統，牛頓的物理學也是一個傳統。但是當我們用傳統來指謂這些對象時，究竟我們如何瞭解「傳統」這個詞呢？麥肯泰爾並沒有給予它一個定義。他之所以不從定義下手，主要是由於他認為要瞭解到底甚麼構成一個傳統，我們必須去研究一個一個的傳統本身，在研究過這些傳統之後，對於「傳統」一詞的意義也就自然有了瞭解，他說：「由傳統所構成的以及構成傳統的理性的探究這個概念，除了由它的範例之外是無法被闡明的。」❷沒有給一個概念下定義並不表示我們不瞭解它，更不表示我們不能恰當地使用它。

---

❷ 見上引書，p. 10。事實上，他給了一個很簡短的定義，見 p. 207。

但是，雖然麥肯泰爾沒有給傳統這個詞下定義，我們卻可以對它做一些闡釋。這種闡釋的功用可以使我們對傳統這個概念有一些輪廓性的瞭解。這種輪廓性的瞭解足以使我們指出個個具體的傳統，並對它們進行研究。

傳統很明顯的是一種具有承先啟後的作用的東西❸。它是由過去留傳下來的。它可以是一種制度，一種思想，或某種行為方式。它也可以是一些具體的物件。譬如我們說儒家是一個傳統，很顯然的，這是由於儒家是以往所留傳下來的東西，它既包括思想，又包括制度，同時也包括一些物件。但構成傳統最重要的東西是它所擁有的一些經典、權威等東西。例如《論語》、《孟子》等具有權威性的經典。這些經典性的東西當然不一定要是由文字所構成的，它可以是人們口口相傳的。但是，構成一個傳統的經典性的東西必定是具有權威性的，它甚至被視為是神聖的。這些經典性的東西，在研究傳統的人的心目中會被視為是該傳統的最終極的信念，它所具有的真實性不會被該傳統中的人質疑。當然，這些經典性的東西也會在該傳統中得到不同的解釋。但是提出任何解釋的人都會認為他自己的解釋是最符合那些經典性的東西的原意的。

麥肯泰爾指出，任何一個傳統都必須要有社會的載體 (social embodiment)。所謂傳統的社會的載體的意思一方面所指的是一個傳統必須有一個社會做為實現該傳統的場所，否則傳統就無法形成。這

---

❸ Edward Shils，在他的*Traditions*一書中指出，一個傳統的構成起碼要具有三代的傳承。他並未指出理由為何要三代才可以構成一個傳統。但我想構成一個傳統必須一方面承先另一方面啟後。因此至少要三代。見Shils的書*Traditions* (Chicago: the University of Chicago Press, 1981), p. 15。

也就是說，一個傳統不能孤零零地脫離社會做為它棲身的場所而存在。另一方面它的意思是，任何一個智性的探究都不能從無何有之鄉開始，像笛卡爾自己以為自己所做的那樣。任何一個智性的探究都必須是從一個傳統中出發。麥肯泰爾在他的一篇文章中指出笛卡爾事實上並不是如他自己所想像的那樣從一個空靈靈的世界出發，而是承繼了許多傳統在自己的身上❹。因此他說：

> 所有這些傳統都是或曾經是超出於，並且也不得不超出僅僅是知性探究的傳統。在它們每一個之中，知性探究過去曾經是，或現在仍舊是對某一個社會或道德生活模式中的不可缺少的一部份。在每一個傳統中，那種生活的方式在程度上總是或多或少地並且不完整地在社會及政治的建制中被具體化地表現出來。而這些社會與政治的建制也由其他泉源獲得它們的生命力❺。

社會載體的這兩個意思，在麥肯泰爾所談的四個傳統中都表現了出來。亞里士多德傳統表現在希臘的城邦的社會生活上，自由主義的傳統則表現在現代社會的市場性的各種組織上。我們中國文化中儒家的傳統所表現的場所最重要的當然是家庭組織，但同時它也表現在政治及社會生活的各個層面。但是，是否智性的探究如果沒有社會的載

---

❹ 見 MacIntyre, "Epistemological Crises, Dramatic Narrative, and the Philosophy of Science"，本文在 Gary Gutting 所編之 *Paradigms and Revolutions* 一書中(Notre Dame, Indiana, 1980)，pp. 54–74，有關對笛卡爾的討論見 p. 60。

❺ 見 *Whose Justice? Which Rationality?* p. 349。

體就不能存在呢?我們可以問科學這種智性的探究所寄託的場所何在?
對於前一個問題，麥肯泰爾的答案是肯定的。對於後一個問題，他會
指出，科學研究如果要成為一個傳統，它必定要有一個社會的場所讓
它進行。中世紀時它在寺院中進行，到了現代社會，則大學及各種研
究機關成了它存在的場所。因此，任何智性的探究都不可能只是純智
性的探究，它必定會成為一個社會中建制的一部份，又是構成社會的
一部份。這也就是說，傳統必定會成為一種生活方式或一種生活方式
的一些部份才能存在。

　　至於說，只有從傳統中才能進行任何智性的探究這個說法是否能
夠成立? 很顯然的，傳統在我們無力抗拒它的時候已經在我們身上蓋
下了烙印，沒有一個人是沒有傳統的，就這個意義而言，人是歷史的
動物。我們的問題，我們的信仰，以及我們的思考方式都不可避免的
在某一個傳統中進行。這當然並不表示在一個人有足夠的反思能力之
後，他不能放棄他的傳統（雖然這是一件極為艱難的事）。 但是，任
何知性的探究必須從某些問題出發，必須以某種方式來展開。而提供
這些問題及思考方式的正是我們所承繼的傳統。我們不可能完全在真
空中進行智性的探究。麥肯泰爾說：

> ⋯⋯但是，除了從某一個特殊的傳統中所進行的對話、合作，
> 以及寓居於這個傳統中的人之間的衝突之外，沒有其他的方法
> 來從事構築、詳盡地闡釋，給予合理的證立，以及對於實踐理
> 性及公正的說明提出批評❻。

---

❻　同上書，p. 350。

三

從柏克(Edmund Burke)以來，大家都認為傳統主義是與理性主義相對立的學說。傳統所代表的是「未經反思的智慧」(柏克語)。而理性所代表的則是反思及批判的能力。韋伯(Max Weber)在談權威及合法性的三種形態時，也是追隨柏克這種說法而把傳統式的權威與理性式的權威對立起來。這種對立所蘊含的當然是，傳統主義者就是反理性的，他是不經過反思就接受前一代傳下來給他的東西的人。如果一個人訴諸傳統的話，我們就不能跟他說理。傳統中本身是沒有理性可言的。這是啟蒙運動以來絕大部份的人對傳統的瞭解。但是麥肯泰爾認為這種柏克式的對傳統的瞭解是一種錯誤。傳統本身不但不是違反理性的，它本身正是理性的具體表現。一個有生命力的傳統本身正是理性實現的場所。只有當一個傳統的生命力衰微時，柏克式對傳統的瞭解才能應用得上。因此，麥肯泰爾提出了一個理論，這個理論所要描述及說明的就是傳統的合理性(The rationality of traditions)。他承認這不是他自己發明的理論，而是從紐曼(John Henry Newman)借用過來而加以改造的。紐曼所處理的是神學的問題，因此，當麥肯泰爾用它來談實踐理性及公正的問題時，他必須做相當大的改造工作。

首先，麥肯泰爾將一個傳統的初步發展分為三個階段。第一階段是建立起相關的信仰、經典以及權威，而這個傳統中的人對於這些經典、信仰及權威深信不疑。這些經典、權威及信仰構成了該傳統的核心部份。第二個階段是，在經過了一段時間後，有些問題及縫隙出現。這些問題對於這個傳統而言構成一種潛在的威脅。在這個階段中，傳統中的人在想辦法如何解決這些問題及彌補這些縫隙，但是，尚未找

出解決的辦法。第三階段是，在經過努力後，對於這些問題提出了解決的辦法，但問題的解決所隨著而來的是對這個傳統中有些問題、信仰的重新建構及評價。經過這些重新評價及建構的過程之後，這個傳統的內容又變得較為豐富，生命力也變得較為旺盛❼。但是在這個第三階段中，有一點最重要的是，該傳統雖然經過了重組以及人們提出了一些新的評價標準，但是我們還是說這個以新的姿態出現的東西與未重組前的東西是有連續性的。這種連續性的存在乃是由於構成那個傳統的核心部份並沒有被觸動。雖然可能人們對於這個核心提出了新的解釋，但人們會認為這種新的解釋是更符合那個傳統的核心的原意的。至於甚麼東西是一個傳統的核心，而永遠不能被更動，則要對每個傳統做具體的研究才能指得出來。但是每一個傳統有這樣一個核心的部份則是不容懷疑的。因為如果不承認這個講法的話，我們就無法指出為甚麼一個傳統能夠構成一個傳統，並且有別於其他的傳統。

麥肯泰爾對於一個傳統發展的三個初步階段的說法很像庫恩(Thomas Kuhn)對於科學家在進行常態的科學(normal science)所作的工作一樣。但是，根據這種方式對傳統的發展的瞭解，傳統的合理性究竟在甚麼地方呢？我們根據甚麼說傳統含有合理性？要回答這個問題，我們就必須較詳細地闡述在第二階段中傳統所處的狀況，以及克服了這個階段而進入第三階段後為甚麼對這個傳統而言是一種進步。

在第二個階段中，一個傳統中出現了問題及縫隙。這些問題對這個傳統構成了困難。使得在自然世界及社會世界中出現的一些事情讓他沒辦法理解。這也就是說，我們的心靈與世界之間沒有辦法達到一種應合(correspondence)。在沒有出現問題及縫隙時，心靈與它的對象所具有的關係是一種應合的關係。對象本身所展示的是一種對心靈而

---

❼ 同上書，p. 355。

言的彰顯性。這種彰顯性使得我們瞭解到對象。但是，在有縫隙的狀態下，彰顯性變成了隱閉性。我們不再知道究竟對周遭發生的事該怎麼去瞭解。當傳統進入這個階段時，人們很自然的就會對自己的傳統本身進行探究。這時候，傳統自然就會發展出智性探究 (intellectual inquiry) 的一面。而這個智性的探究是一種對自我的反思，它的目的是想瞭解自己以及自己的缺點究竟何在；為甚麼心靈不能再與對象有應合的關係？為甚麼我們不能再把握到真實？

當一個傳統克服了第二個階段，透過對那些問題的解決以及縫隙的彌補之後，它進入了第三個階段。由第二到第三階段的過程中，那個傳統中的人必須透過對話、辯論等工作，才能找出答案來。而這種對話及辯論的進行，仍是在這個傳統中進行的。當然人們也可能從別的傳統中得到靈感。進入第三個階段後，人們所會發現的是，在第二個階段中的困惑及縫隙究竟是怎麼一回事。人們也會發現在這個階段中，他們目前對於世界的瞭解與以前對於世界的瞭解之間是有一個距離存在的。而經過對那些困難的克服之後，現階段對世界的瞭解是更加恰當的。心靈與對象之間也更加地相應。但是，即使這個第三個階段，我們仍舊說是那個傳統的延續，因為該傳統的核心部份並沒有被動搖。它仍舊構成這個傳統的權威。

麥肯泰爾這個對於傳統的合理性的說明，使得我們可以說，一個傳統本身是有發展的，而這種發展，所表現的也是這個傳統本身的進步。它之所以是進步的乃是由於它能夠不斷地解決它本身所碰到的問題。對於困難的克服以及縫隙的彌合，對該傳統而言所表示的就是心靈與對象的應合更加貼切。我們不但對於外在的世界有了更多的瞭解，同時，由於每一個傳統在由第二階段步入第三階段時，都會發展出智性探究的一面，它會把注意力轉向這個傳統自身，因此，除了對外在

的自然世界與社會世界有更深入的瞭解之外，它對於自己本身也變得更為瞭解。傳統的合理性就存在於這種不斷的深入瞭解之上。

很明顯的，根據這種由傳統所構成的(tradition constituted)以及構成傳統(tradition constitutive)的智性探究，合理性這個概念是反笛卡爾式的 (anti-Cartesian)，同時也是反黑格爾式的。笛卡爾式的探究乃是要從一個不能再懷疑的基本點出發。任何一個探究如果它的出發點是一個仍舊可以被懷疑的信仰的話，這個探究本身所奠基於其上的基礎就不夠牢固。別人可以向你的出發點提出挑戰。因此，從這樣的一個出發點開始作探究，本身就不能通過理性這關。笛卡爾式的理性的要求的是，從那些能夠通過清晰及明瞭(clear and distinct)這種測驗的前提出發，因此，根據笛卡爾的這個要求，所有的傳統都該從同一點出發，也就是笛卡爾指出的「我思，故我在」這個命題出發。從這裡可以得出的結論是，理性是具有普遍有效性的，因為任何一個傳統都該從能夠通得過上述的那種檢驗出發。但是，一個由傳統所構成的及構成傳統的探究卻不合乎這種笛卡爾式的要求。傳統總是一個特殊的東西，它總有一些核心的部份是與其他傳統不同的。因此，在做由傳統所構成的以及構成傳統的智性探究時，我們不是由甚麼普遍有效或不可置疑的信仰出發，而是從某一個或另一個傳統的特殊處出發。例如，我可以從儒家的傳統出發來研究道德問題，也可以從基督教的傳統出發，如果由前者出發我所碰到的問題及所擁有的信仰與從後者出發就會不同。如果我們承認人不可能脫離所有的傳統而孤零零地掛空地去做研究，那麼笛卡爾式的要求是永遠無法達到的。這當然不表示一個人不能對一個傳統做全盤的否定。

如果說，由傳統所構成的及構成傳統的智性探究在出發點上不可能是笛卡爾式的，則我們同樣地必須說，這種智性探究的終點也不能

是黑格爾式的。黑格爾式的探究認為所有的探究最後的終點是絕對的知識。當得到絕對知識時，探究也就終結了。由於黑格爾式的探究有這個終點，因此它也蘊含著，在整個探究過程中，我們可以指出究竟我們是否朝這個終點挪進了一步。因此，所有的探究之間可以比得出一個優劣及高下。但是，由傳統所構成及構成傳統的探究卻不認為任何人有能力指出自己的心靈與對象是完全的應合了，也沒有人有根據說自己的信仰及判斷在將來不可能被指出來是含有錯誤的。因此，黑格爾式的絕對知識是一個永遠不可達到的境界。

很顯然的，笛卡爾式及黑格爾式的探究都蘊含著客觀主義。笛卡爾式的探究的客觀性是建基於它的出發點之上。由於所有的探究都必須由不可懷疑的真理出發，而每一步的新的知識的獲得都是建立在前面的不可懷疑的真理之上，因此，每一項新的知識都是不可被懷疑的。這種探究的方式所認定的理性是普遍有效的。也就是說，任何傳統的特殊性在笛卡爾式的探究中都消失掉了。笛卡爾式的理性也就是遵循清晰與明瞭這個標準去尋求知識。黑格爾式的探究由於有一個終點，因此，它也有客觀的標準。在它的探究過程中，任一個階段與另一個階段都可以做比較，看哪一個比較接近終點，因此也就是較進步的。這點給予這種探究它的客觀性。而在這種探究中，理性也就是朝著這個終點進展本身所表現出來的人的精神。由上面的分析，我們可以看出，笛卡爾式及黑格爾式的探究都是非傳統式的探究。它們要打破傳統的界限，而達到普遍性。而理性本身也因此是普遍性的。

麥肯泰爾既然認為由傳統所構成的及構成傳統的探究一方面是反笛卡爾式的，另一方面又是反黑格爾式的，而這兩個方式的探究，都認為理性是普遍有效的，那麼麥肯泰爾就必須否定每個傳統都擁有同樣的理性概念。而這也正是他的立場。如果我們把黑格爾式的想法當

做是一種絕對主義，而把笛卡爾式看法看做是一種中立主義 (neutralism)的話，則麥肯泰爾一方面既反對絕對主義，另一方面又反對中立主義。所謂中立主義就是指我們可以站在所有的傳統之外，找到一個中立的觀點，這個中立的觀點使得我們可以對各個不同的傳統中的理性、公正等概念作出評價，並且判定它們的優劣。但是，由傳統所構成的以及構成傳統的探究卻否認我們可以在所有的傳統之外找到這樣一個中立的觀點。所有的觀點都是內在於各個不同的傳統之中的。各個傳統有它自己的理性概念，各個傳統也有它自己的公正概念。亞里士多德這個傳統對理性的瞭解與笛卡爾或韋伯對理性的瞭解是不同的。雖然它們同樣地用「理性」這個詞，雖然它們之間有最低度的共同點，例如，一致性 (consistency)，但是，這個最低度的共同點卻不足以決定許多行為是否是合理的。從韋伯的觀點看起來是合理的行為，從亞里士多德的觀點看起來卻是不合理的。雖然這兩個理性的概念有最低限的通約點，但理性所包含的卻要比這個最低的通約點多得多。麥肯泰爾說：「站在所有傳統之外的人缺乏足夠的理性資源來從事探究，並且，更加無法作出那一個傳統在理性上是較應該被採納的這種探究了。……處於所有傳統之外的人，對探究工作而言是一個陌生者。」❽

絕對主義的論點則是，理性、真理、公正等有一個客觀的、絕對的標準。這個客觀的絕對標準是獨立於所有傳統的。我們要比較兩個傳統的話，所應該用來衡量的東西就是這些絕對的標準，如果一個傳統比另一個傳統更符合這些標準的話，則這個傳統就要比另一個傳統較為優越。絕對主義的真理是人類有史以來一直追求的理想。如果真的有那樣一組絕對的標準的話，我們的許多困難都可以迎刃而解，但

---

❽　同上書，p. 367，並參看❺中所引的那段話。

是遺憾的是，幾乎所有人在這方面的嘗試都失敗了。絕對主義者的論證一個個地被人駁倒。雖然如此，人們還是不斷的嘗試。如果我們接受由傳統所構成的及構成傳統的探究是反黑格爾式的話，則由於這個理由，我們也必須反對絕對主義。反對絕對主義的理由乃是，我們無法確定自己目前的信仰及判斷永遠會不被否證。麥肯泰爾指出：

> 那樣的人面臨了我們所考慮過的各個傳統以及其他傳統所提出的要求。怎麼樣對它們作出反應才是合理的呢？最初的答案是：那將要視乎你是誰以及你如何瞭解你自己而定。這不是在我們所受的哲學教育中所期盼的那種答案，但這是由於我們在哲學中所受的教育以及有關哲學的教育預設著那些事實上是不真的東西。這個預設就是：無論他們發現自己是屬於哪一個傳統，或者他們是否處於任何一個傳統之中，至少在原則上我們可以發現諸種合理性的標準，所有人都能夠使用它們來對那些問題的提出的互相競爭的答案作出恰當的評價❾。

在否定了中立主義與絕對主義之後，麥肯泰爾指出：

> 只有……諸多不同種的理性而不是單一的理性，就如有諸多不同的公正而非單一的公正❿。

既然對於中立主義與絕對主義都加以否定，同時又肯定每個不同的傳統自己有自己的理性、公正等的標準，我們很自然地會期望麥肯

❾　同上書，p. 393。

❿　同上書，p. 9。

泰爾會接受相對主義這種理論。因為相對主義的理論所肯定的正是，
如果不同的傳統有自己獨特的理性概念的話，那麼我們就沒有辦法用
合理的方式來決定哪一個傳統就理性而言是較優越的。但是麥肯泰爾
卻拒絕了相對主義。他認為相對主義是錯誤的。雖然不同的傳統有不
同的理性概念，但這並不蘊含我們不能對兩個傳統進行比較。他所要
作的正是用傳統的合理性這個理論來指出，兩個傳統是可以作比較並
定出優劣的。

四

　　為了要說明為甚麼兩個傳統是可以比較的，以及為甚麼相對主義
是一種錯誤的理論，麥肯泰爾介紹了一個概念 —— 知識論的危機
(epistemological crisis)。他認為這個概念可以使他駁倒相對主義的論
旨 —— 兩個傳統是無法比較的。

　　一個生活在某一個傳統或文化中的人，都接受了一套觀察世界的
架構模式。所謂同文化的人，也就是享有同一個這種架構模式的人的
組合。這個架構模式使得我們有能力去觀察世界，對它進行分類，對
它建構理論等。這樣使世界變得對我們成為可以理解的東西。這個架
構模式，在沒有出毛病的時候，一方面使我們認識世界，但另一方面
也限制了我們對世界的認識。但是，當這個提供我們認識世界的架構
模式出毛病時，我們就會發現世界或其中的一部份對我們變得不可理
解。我們發現以往的架構模式不但不能幫助我們，而且反而成了我們
的障礙，如果這種情形變得嚴重的話，我們的精神甚至會崩潰。這時，
我們所面臨的就是一個知識論的危機。世界變得對我們而言不能理解，
可能由於我們發現以往我們用自己的架構模式去觀察時視為極可理解

的事，原來還有許多不同的解釋。我們在這個情況下不知道是否應該放棄原來的架構模式來看世界，我們也不知道哪一個架構模式或解釋才是正確的。這種知識論的危機可以發生在個人身上，例如笛卡爾、休姆的經驗；也可以在一群人或一個傳統身上發生，例如，中國文化與在西方文化接觸之後所發生的正是這樣一種知識論的危機。這種危機發生時，我們不光只是對周遭所發生的事不能瞭解，我們對於自己也不瞭解。開始時，也不知道該如何去應付這種危機。麥肯泰爾用哈姆雷特由維騰堡回來之後所處的境況來說明這種危機。他擁有太多的架構模式來解釋艾爾西諾(Elsinore)所發生的事。這些架構模式包括北歐的英勇故事 (Saga)，文藝復興中的廷臣的架構模式，馬奇維里式的權力鬥爭的架構模式。他不但有上述的問題，他還面臨到底應該相信誰的問題，他母親？羅森克蘭茲 (Rosencrantz) 與吉爾登斯坦 (Guildenstern)？他的父親的鬼魂？這些問題的發生使得他對於他家庭以及丹麥王國的瞭解構成了威脅，他不再知道如何去瞭解它，因為現在所發生的一切與他以前的瞭解之間有一條鴻溝，使他無法繼續他的敘事史(narrative) ❶。同樣的，我們也可以說賈寶玉在《紅樓夢》中也遇到了這種知識論的危機。在那個危機中，他也不知道該用哪一種架構模式來瞭解他周遭的世界與自己。他到底應該遵照傳統的方式去考功名呢或是放棄這一種價值觀而走上出世的道路？對一個傳統而言，知識論的危機的產生所表示的是這個傳統遇到太多它所無法克服的困難以及解決的問題，整個傳統不光是停滯了，而且更可能會崩潰。傳統中的人對自己的傳統的解決問題的能力不再有那麼強的信心，甚至有些人想乾脆完全放棄這個傳統。這所表示的就是，他們認為這個傳

---

❶ 見 "Epostemological crisis, Dramative narrative, and the philosophy of science"一文，pp. 55–56。

統已經是沒有救藥了。這點與前面所說的一個傳統在初步發展的第二個階段所面臨的困難是不同的。在面臨那種困難時，這個傳統的資源還沒有耗盡。人們可以透過這個傳統本身的資源重新使這個傳統復甦起來。但是，在面臨知識論的危機時，人們對自己的傳統的這種信心也都差不多沒有了。在前一種情況下，人們所懷疑的是某些該傳統中的人解決問題的能力，而在後一種情況中，人們所懷疑的則是這個傳統本身的解決問題的能力。

很顯然的，麥肯泰爾的這個知識論的危機的概念與庫恩的科學的典範所面臨的危機是很相像的，庫恩認為，在一個科學典範碰到這種危機時，要度過這個危機只有靠科學革命才能辦得到，也就是說，另外創造一個新的典範。但是麥肯泰爾卻認為，即使一個傳統碰到知識論的危機，它仍舊可以借助另一個有生命力的傳統來幫助它度過這個危機。從這裡，他指出傳統與傳統之間的可比較性，從而更推出我們可以決定傳統之間的優劣。

一個面臨知識論的危機的傳統，如何可能跳出這種泥淖呢？要解決一個知識論的危機，必需要有新的概念架構及新的理論。由於一個陷入知識論的危機的傳統的情況是，它的核心的部份已經出了問題，使得它無法應付它所遇到的困難。因此，我們無法再在這個傳統本身中尋覓到資源來解決這些問題。在這種情況下，唯有新的概念架構及理論才可以使它度過困難。但是，要解決一個傳統的知識論的危機卻必須滿足麥肯泰爾所提出的三項條件，我們才可以說這個傳統一方面解決了那個危機，同時這個傳統本身還保持著它的連續性。這三個條件是：第一，這個新提出用以解決知識論的危機的架構必須能有系統地解決那些以前這個傳統所無法解決的問題；第二，這個新提出的架構及理論必須能夠說明在這個傳統中究竟出了甚麼毛病使得它無法應

付；第三，在完成第一與第二兩項工作時，這個新提出的架構及理論還得與原有的傳統之間保持一種連續性。這也就是說，並不因為這個新的架構及理論的提出，原來的傳統就被推翻了。相反的，它不僅沒有被推翻，我們還得指出，在加入這些新的因素之後，該傳統還能夠被繼續保留下來⓬。

一個傳統克服了知識論的危機之後，它能夠對自己從頭作一種新的回顧。這種回顧使得它對於自己有了一種嶄新的瞭解。它也可以再重寫自己的歷史，而這種重寫的歷史乃是對自己有了更新及更深入的瞭解後所作出的反思式的敘述。當然，並非每一個傳統在遇到知識論的危機時，都是可以克服的。歷史上有許多傳統就是沒有辦法克服知識論的危機而消亡掉的。

由於一個面對知識論的危機的傳統已經無法由它本身的資源再予以復甦，因此，它必須提出新的架構及理論來解決困難。任何一個傳統，即使在沒有碰到知識論的危機之前，也極為可能與別的傳統是有交往或溝通的。雖然這種溝通及交往只是片面及局部性的。因為，根據麥肯泰爾及一些相對主義者的說法，每個傳統都擁有自己的核心，而這個核心部份就構成了該傳統的特性，如果兩個傳統可以有完全的溝通的話，則我們應該可以把一個傳統中的概念無所遺留地翻譯到另一個傳統中去，那麼這兩個傳統要麼就是等同的，要麼就是一個傳統包含另一個傳統。這樣的話，我們就不能說它們是兩個迥然不同的傳統。只有當兩個傳統中有些概念是無法通約或比較時，我們才會說，這兩個傳統是不同的傳統。例如麥肯泰爾所舉的亞里士多德的傳統與自由主義的傳統，就理性及公正等觀念來說，都是不可翻譯的，因而是不可通約的。兩個不可通約的傳統並不蘊含兩個傳統之間完全不能

⓬　*Whose Justice? Which Rationality?*, p. 362.

有任何溝通。它們仍可以有部份的溝通。例如上述兩個傳統的人看到一匹馬時，都會說「這是一匹馬」。 同時，一個人在自己以外的傳統也可能對於另一個傳統有相當程度的瞭解，甚至瞭解到把這個第二個傳統也吸收為自己的一部份。這就像能夠說雙語的人一樣，他具有了兩種母語。這種雙語人或具有兩個傳統的人，是真正能夠知道這兩個傳統之間有些甚麼是能夠互相翻譯的，而有些甚麼是不可能通約的。

前面提到，一個傳統陷入知識論的危機時，它自己的資源已經枯竭了，因而一方面它不瞭解到底發生了甚麼，以及為甚麼會發生某些事情，另一方面它也無法走出這種迷惘。這當然不表示它完全不瞭解自己是陷在一個困境之中，它只是不能對它的困境有清楚的認識罷了。這時候，如果這個傳統中的人也對別的傳統有相當程度的認識，他能夠用另一個傳統來提出說明，指出為甚麼那個傳統會陷入這樣的困境之中，同時又能從那個傳統的資源中對於這個困境提出一個解決的辦法，則很顯然的，傳統的合理性會要求我們承認後一個傳統要比前一個傳統來得優越。因為它自己並沒有碰到知識論的危機，而它又能幫助那個碰到知識論的危機的傳統解釋及解決那個危機，這使得最保守的人也不得不承認它的優越性。能夠完成這項任務就滿足了麥肯泰爾上面提出解決知識論的危機的第一及第二個條件。但是，它卻未能滿足第三個條件。因為這個傳統與那個發生知識論的危機的傳統之間並沒有連續性，我們一開始就假定它們是兩個不可共約的傳統。

麥肯泰爾的傳統的合理性這個理論，主要的目的就是要用來證明相對主義是一種錯誤的理論。即使兩個傳統是不可共約的，但這並不排除它們之間仍舊是可以比較，並分別判出優劣的。他這種說法能成立嗎？相對主義是否真的如他所說的是一種錯誤的理論？下一節中我將要指出麥肯泰爾的嘗試並未成功。

五

《哲學之後》(*After Philosophy*) ⑬一書中的編者們，在介紹麥肯
泰爾時指出，如果我們回顧一下就會發現，麥肯泰爾絕大部份的哲學
著作所關涉到的就是相對主義的問題，它所包括的是由不可共約的概
念架構或生活方式所產生的各種問題。麥肯泰爾在他的就任美國哲學
會東區分會會長的演說中指出，他贊成某一種形式的相對主義。他說：

> 因為相對主義，就像懷疑主義一樣，是那樣的諸種理論之一，
> 到目前為止，它已經被推翻許多次了。一個理論含藏著一些不
> 可被忽視的真理這回事，可能除了它在哲學史上一再地被推翻
> 這件事之外，沒有東西是一個更可靠的標誌了。真正地可被推
> 翻的理論只需要被推翻一次⑭。

在這篇演說中，他說他要為某一種相對主義辯護，但是到了《誰
的公正？那一種理性？》一書中，他又改變了立場而認為相對主義是
一種錯誤的理論。究竟麥肯泰爾指出相對主義是錯誤的論證能否成立？
這是我在這節中所要討論的。我認為他對相對主義的反駁是不能成立
的。

⑬ Kenneth Baynes, Jemes Bohmen and Thomas Macarthy (eds.), *After Philosophy* (Cambridge, Mass.: The MIT Press, 1987), p. 381.

⑭ Alasdair MacIntyre, "Relativism, Power and Philosophy," The Presidential Address, *Proceedings and Addresses of the American Philosophical Association* (Newark, Delaware: APA, 1985), p. 5.

前面我已經提到過，麥肯泰爾承認不同的傳統對於理性、公正等概念有不同的瞭解。因此，亞里士多德的理性觀及公正觀與休姆的理性觀及公正觀是沒有共約及無法比較的。他指出，只有諸種理性及公正，而沒有單一的理性及公正。既然他採取了這樣的立場，麥肯泰爾如何能逃避相對主義的結論呢？他主要有兩個論證來反駁相對主義。第一個論證是使用知識論的危機這個概念來指出，當一個傳統碰到知識論的危機時，它如果能夠從另一個傳統中借取資源來說明為何自己的傳統會出現知識論的危機，並且解決它所面對的那些困難的話，則這個提供說明及解決困難的傳統，要比面對危機卻無法說明及解決困難的傳統要較為優越。這是傳統的合理性迫使我們不得不承認的事實。麥肯泰爾對於相對主義所作的反駁的第二個論證是，他認為沒有任何人能夠有一個立腳點可以提出相對主義的挑戰，一個站在所有傳統之外的人，事實上是對所有的傳統而言都是陌生的人，因而他無法提出相對主義的挑戰（事實上天下不可能有一個人是站在所有傳統之外的）。一個站在某一個傳統裡的人，由於他所瞭解的是他自己的傳統，他會將他的傳統視為當然，因此，他也無法提出相對主義式的挑戰**⓯**。

我認為麥肯泰爾對於相對主義的這兩項反駁都是不能成立的。首先，我同意兩個不同或互相競爭的傳統並非完全不能互相理解或翻譯。但是，它們之間的理解及翻譯乃限制在某一個程度上。越是離兩個傳統的核心遠的部份越是能夠彼此翻譯，而越是離兩個傳統核心近的部份，則越是無法翻譯。而核心的部份，則是無法翻譯的。至於甚麼要素構成某一個傳統的核心，則是要作具體研究才能說得出來的。如果兩個傳統所有的部份，包括它的核心都是可以翻譯的話，則它們也就不是兩個不同及彼此競爭的傳統了。因此彼此競爭的傳統這個概念就

⓯ 見*Whose Justice? Which Rationality?*, pp. 366–367。

蘊含著不可翻譯性。

　　麥肯泰爾所提出的，如果一個傳統面臨知識論的危機時，另一個傳統可以幫它說明及解決這個危機的話，這個傳統就是較優越的。但是，這種事情是否真的能發生呢？他提到了說明(explain)及解決(solve)這兩個條件，很顯然的，說明是較為基本的一個層次，只有在瞭解及說明了某一種危機究竟是怎麼一回事以及它為甚麼會發生之後，我們才能對它提出解決的辦法。因此我們只要指出一個陷於知識論危機的傳統無法借助別的傳統來瞭解及說明它所面臨的危機的話，我們就可以反駁掉麥肯泰爾對相對主義的駁斥了。由於麥肯泰爾認為由傳統所構成的以及構成傳統的智性探究是反笛卡爾式並且反黑格爾式的，因此他承認我們對於理性、公正及證立(justification)等概念只有傳統內的標準，而沒有一個凌駕所有傳統之上的標準。在這裡，我們很容易的就可以指出，如果麥肯泰爾所採取的立場是反笛卡爾及反黑格爾式的話，則兩個不同且又互相競爭的傳統，對於「說明」及「瞭解」這類極為重要的概念也有不同的甚至是不可共約的瞭解。麥肯泰爾的說法如果能夠成立的話，則兩個傳統對於「說明」會有相同的瞭解，但是，如果是這樣的話，為甚麼我們不能說它們對於「理性」、「公正」、「證立」等概念都有共同的瞭解呢？事實上，麥肯泰爾所處的是一個兩難的境況，他要麼承認彼此競爭的傳統，在關鍵性的概念上都有不同甚至不可共約的瞭解，如果是這樣的話，兩個傳統對於甚麼才算構成對一個事件的說明也有不同的看法，因此，我們無法用A傳統所接受的說明概念來說明B傳統所面臨的境況；要麼他承認這兩個傳統對說明都有共同的瞭解，如果是這樣的話，為甚麼理性、公正等概念不能也是共約的呢？

　　事實上，在社會科學及歷史中對於說明這個概念有許多不同及不

能共約的瞭解。實證論者所提出的演繹 —— 律則的說明模式就被觀念論者認為如果將它應用到歷史及社會科學中是不恰當的。功能主義者所提出的功能式的說明又被實證論者認為是偽似的說明。對於說明的辯論所提示我們的正是，不同的傳統有著不同的說明理論及概念。因此，兩個相互競爭的傳統，也必定對於說明有不同的理論。麥肯泰爾想要借用這個概念來推翻相對主義的嘗試是失敗的。

麥肯泰爾第二個反對相對主義的論證是，沒有任何人能夠有一個立腳點可以提出相對主義的挑戰。一個站在任何傳統之外的人，是無法從事任何知性探究的。事實上，一個人不可能站在所有傳統之外，他總是屬於某一個傳統的。而一個屬於某一個傳統的人，總是會把他的傳統視為當然。因而也不會提出相對主義的挑戰。事實上是否真的如麥肯泰爾所說的那樣呢？首先，任何人都必須有一個傳統這點，是不容置疑的。人是歷史的動物，我們之所以有我們今天所擁有的一切，都是由於我們是在某一個傳統中生長所造成的結果。我們也可以同意麥肯泰爾所說的，一個在一個特定的傳統中生長而沒有接觸過其他傳統的人，是不會對自己的傳統提出根本性的質疑的。但是，是否這兩種人就窮盡了所有的人呢？對這個問題的答案是否定的。一個繼承某種傳統的人，也可以對別的傳統有接觸，他也可以學習別的傳統的思想模式及生活方式。在開始接觸這個對他而言是陌生的傳統時，他可能或甚至不得不用他自己的傳統中的概念架構來瞭解那個傳統。但是，久而久之他會發現有些瞭解是不恰當或是歪曲的。這時候，他必須把自己原來的傳統暫時擱在一邊，而用小孩學習新的事物的辦法來學習那個傳統。他這時候的學習所要達到的就像學第二個母語一樣。當他對這個傳統有了足夠的認識，並且也將它變為自己的一部份之後，他就成了一個擁有二種傳統的人，就像一個有二種母語的人一樣。一個

有兩種母語的人是一個真正能瞭解到有些甚麼東西是無法從一種語言翻譯到另一種語言的人。在這裡，一個雙母語的人會提出蒯因(Quine)所提出的翻譯上的不可決定性的適用性。同樣的，一個擁有兩個傳統的人，也是唯一能指出兩個傳統中那些東西是不可共約的。由於麥肯泰爾贊成兩個相互競爭的傳統有不可共約之處，因而無法比較，所以他必須接受翻譯的不可決定性這個論旨。麥肯泰爾對相對主義的駁斥是，沒有人有一個立腳點可以提出相對主義的挑戰。但是，如果雙語的人或是具有兩個傳統的人可能存在的話，則他們就是一批可以提出相對主義的挑戰的人。他們所立腳之處就在他們是橫跨兩個傳統這點上。因此，麥肯泰爾第二個對相對主義的駁斥也是失敗的。

六

在《德性之後》(*After Virtue*) 一書中 ❻，麥肯泰爾提出一個想像的境況，在一連串的環境大災難之後，大眾將責任推到科學家的身上。於是發生了一連串的反科學的運動，人們將科學書籍焚毀，把實驗室打爛，又把科學家處以私刑。最後一個「不要知道」的政治運動興起了，並且取得了政權，於是學校中的科學課程被停止了，還活著的科學家被關進監牢。過了一段時間，人們發現到知識是生活不可缺乏的東西。於是又來了一個復興科學的運動。但是人們已經忘記了科學是甚麼。他們這時所擁有的只是一些科學上的片斷知識：人們知道如何進行一些科學實驗，但是對於賦予這些科學實驗意義的科學理論卻絕大部份都被遺忘了；對於大部份的儀器該怎麼使用，人們也遺忘掉了；人們手上還擁有某些書中的幾個篇章以及某些論文中的幾頁殘餘。這

❻　Alasdair MacIntyre, *After Virtue* (London: Gerald Duckworth Co., 1981).

些剩餘下來的東西就是所有人們對於科學所擁有的東西。從事科學者
彼此之間辯論相對論、進化論及燃素論的優點與缺點。雖然他們對於
這些理論的知識是殘缺不全的，學生們背誦那些殘存的元素表以及一
些歐氏幾何的定理。沒有任何人瞭解到他們所從事的並非恰當的科學
工作⓱。麥肯泰爾認為現代西方的道德世界所處的正是這樣一個混亂
的狀況。他說：

> 我所想提出的假說就是，在我們所住的現實世界中，道德語言
> 正有如我上面所描述的想像世界中的自然科學語言一樣的處
> 於一個極大的混亂中一樣。假如這個看法是正確的，則我們所
> 擁有的是一個概念架構的一些片段，這些部份已經脫離了由它
> 獲得意義的系絡了⓲。

麥肯泰爾這個對自然科學的想像的境況以及他對於當代西方道德
世界的論斷使得我們很難不想到中國文化自從與西洋文化在十九世紀
以來接觸後的情況。我們的宇宙觀、世界觀以及價值觀，在受到西方
文化衝擊之後，面臨整個崩潰的局面，我們所處的也是一個大混亂的
狀況。身處在這種境況之中，中國從事哲學的人該做些甚麼是我們不
得不好好考慮的問題。我們再也不能像以前的哲學家們那樣去做哲學
了，因為他們所處的並非一個大混亂的時代，起碼在最根本的宇宙觀、
世界觀以及價值觀上，中國歷史上並沒有發生過根本性的動搖。而我
們這一百多年來所處的卻是那些方面的根本性的動搖，因而產生了大
混亂。麥肯泰爾指出，要瞭解這種大混亂是怎麼一回事，分析哲學完

⓱　見上書，p. 1。

⓲　見上書，p. 2。

全是沒有用處的。因為分析哲學的工作基本上是描述性的，它所描述的是現存的語言。在那個想像的世界中，分析哲學會把當時的科學語言當做模式而來對它進行分析。因此，它無法看得出這個科學語言究竟有些甚麼縫隙，同時，由於這個科學語言中也保持著一致性，因此分析哲學也無法指出經過災難後的科學世界乃是一個大混亂。同樣的，現象學及存在主義對於這種大混亂的瞭解也是無補於事的，因為所有的意向性將會是它們現在所表現的那樣。對現在這種自然科學的偽形提供一個知識論的基礎，就現象學的觀點來看，與對真正的自然科學提供一個知識論的基礎是沒有兩樣的。

　　雖然分析哲學及現象學在瞭解這種混亂這個問題上無法提供甚麼幫助，那麼我們要怎麼樣才能瞭解這種混亂呢？麥肯泰爾在這裡借用了黑格爾的哲學式的歷史 (philosophical history) 這個概念來說明他認為如何才能瞭解這些混亂。黑格爾的這個概念是一種對於理性如何在人類歷史中展現的過程的探索。它的工作是描述各個民族的精神結構，並且指出理性由早期在東方開始一直發展到現代的日耳曼世界，就達到了它最高的發展。前面我們已經提過麥肯泰爾認為由傳統所構成及構成傳統的探究是反黑格爾式的，因為這種探究並沒有一個終點。但是，他仍舊可以借用黑格爾的這種做哲學的辦法來從事哲學探究。他所要做的就是一個文化或一個民族本身的精神發展史。要寫這種歷史，它的辦法就是將這個文化的精神結構用敘述史 (narrative) 的辦法鋪陳出來。這種敘述史式的鋪陳使得我們瞭解到我們文化今天的狀況是怎樣的，同時也使我們瞭解到，為什麼我們的文化今天會處於這樣的境地。因此，只有哲學式的歷史可以使我們對自己有所瞭解，同時也可以脫離我們所處的困境。

　　我上面說過，中國文化目前所處的正是一個大混亂的狀況。我們

要瞭解這種狀況，我想所必須做的也是從事黑格爾的哲學式的歷史。只有透過這種精神敘述史的方式，我們才能掌握到我們的文化現狀究竟是怎樣的，以及為何會變得這個樣子。在這裡，對於傳統秩序的探究是最主要的工作之一。我們必須對我們的傳統作哲學式的歷史那樣的探索，看看它的結構究竟是怎樣的——在這裡，我們可能還得引介進結構主義的方法學，以顯示出我們的傳統是如何發展的。這也就是為甚麼我們必須對傳統以及傳統與現代要有一個有系統的哲學理論的緣故。中國文化的混亂，最主要的因素是由西方文化的衝擊所引起的。對於這種衝擊，我們提出了許多口號式的反應，例如，中體西用及西體中用。但是，對於這些口號背後所必須解決的哲學問題，卻很少有人做過深刻的反省。中體西用等所必須面對的是相對主義的問題。究竟兩個不可共約的傳統有沒有辦法互相翻譯的問題以及能夠翻譯到甚麼程度的問題都是我們在提出那些主張時所不得不考慮的。做哲學最難的部份之一是提出有意義的問題。我想現在是我們該仔細考慮甚麼才是對我們有意義的問題的時候了。

本文原載於《當代新儒學論文集——外王篇》（臺北：文津出版社，一九九一年）

現代化與中國當前的哲學課題

一

　　牟宗三先生在他的中年期的〈儒家學術之發展及其使命〉以及晚年的〈從儒家的當前使命說中國文化的現代意義〉都提到儒家第三期發展的問題。他認為中國與西方照面之後是儒學面臨新挑戰的時候。這個時期儒學最重要的工作是如何能開出新的外王。新外王的內容就是科學與民主。對於這個問題，牟先生有一種講法。其實開新外王也就是現代化的問題。對於開新外王所必須做的較為細節的哲學工作，牟先生並沒有詳盡地去處理，我在這篇文章中希望能指出究竟其中有些甚麼重要的哲學問題❶。

　　在一本標準的參考書《大百科全書》(*La Grande Encyclopédie*)中，利亞(Louise Liard)及譚納里(Paul Tannery)對笛卡爾的生平的描述是這樣開始的：

　　　　為笛卡爾做傳記，所有你所需要的幾乎只是下列兩個日子及兩

---

❶　見《道德的理想主義》(臺中：東海大學，一九五九年)，頁1-4，《時代與感受》(臺北：鵝湖出版社，一九八四年)，頁308-314。

個地名：他的出生：一五九六年三月三十一日，在圖蘭的拉赫，
以及死於一六五〇年二月十一日在斯德哥爾摩。他的一生，最
重要的是一個智思的生命；他的一生的故事就是他的思想的歷
史；他一生中外在的事件之所以會令人引起興趣只是因為它們
能夠對於他的內在天才的事件給予指引❷。

這段話很明顯所表現的是，笛卡爾這位現代哲學之父的思想及他
的思想歷程，完全是他個人內心的事。他的思想可以從他所處的時代
抽離開來。要瞭解他的思想，也無需對他所處的時代、環境及當時的
歷史有甚麼認識。這樣子看一個哲學家的思想體系，完全是將它非歷
史化及非脈絡化(decontextualize)。圖明指出，這種對哲學的瞭解是一
種錯誤。把一個哲學思想體系非脈絡化，我們將無法瞭解那個哲學家
為甚麼會處理他所處理的問題，以及他為甚麼會認為他提出的答案是
一種好的答案。他接著指出，笛卡爾之所以把追求確定(certainty)看成
是哲學的主要工作的原因，是由於受到當時兩個大的歷史事件的影響。
一是法國國王亨利第四的被刺，另一件則是自一六一八至一六四八的
三十年戰爭。亨利第四所面臨的時代是新教與天主教鬥爭的時代。他
想要調和這種鬥爭，因此提倡宗教寬容。但終究還是不成功而被刺身
亡。三十年戰爭也是新舊教之間的戰爭，打得兩敗俱傷。根據圖明的
說法，笛卡爾認為宗教間之所以不能相容，就是因為對立的雙方都自
認為是真理的掌握者，但是，大家都缺乏一種方法可以證明自己是對
的。笛卡爾之所以追求確定的目的，就是要建立一種方法，它可以帶
給我們不可懷疑的真知識。如果能夠成功，則對立的兩派都必須服膺

❷ 轉引自圖明(Stephen Toulmin)的 *Cosmopolis* (New York: The Free Press,
1990), p. 45。

於它❸。

　　不管圖明的講法是對還是錯，我們可以從其中學到的是，哲學並非獨立於文化的一種在共相中進行的活動，哲學家也是對他所處的時代發問題以及提出答案。就像黑格爾所說的，沒有一個哲學可以超越它的時代，哲學只是把時代的精神把握在思想中。

二

　　我之所以要講這段故事的理由是，中國自從鴉片戰爭與西方文化照面以來，它所處的歷史環境及脈絡也是一個特殊的歷史環境。它是中國歷史上從來沒有發生過的。正如李鴻章所說的，這是三千年來未有之大變。在這個特殊的歷史環境及脈絡中，我們所面對的是全新的東西，而我們所碰到的問題也是嶄新的問題。在這樣一個完全陌生的環境中，老的思想體系可能已經沒有辦法應付。這種沒有辦法應付不僅是沒有辦法解決自己目前的問題，甚至是沒有辦法瞭解自己以及指出自己所面對的是些甚麼問題。這從早期的洋務運動者開始，一直到今天的許多從事思想工作者的作品中都可以得到印證。最明顯的例子是提倡「中體西用」這個講法的張之洞。從他的〈勸學篇〉中我們可以看出他對中國及西方的瞭解都是浮面的。他更沒有對於體用能否分開所牽涉到相對主義與絕對主義的哲學問題作過甚麼探討。他只是希望把他認為東西方兩者之所長湊合在一起。但是，他也沒有一套理論來說明為甚麼那些他認為好的東西是好的。張之洞的例子並不是獨特的。從魏源提出「師夷之長技以制夷」以來，凡是不反對某種程度的西化的學者大概對於中國及西方文化背後的哲學、政治及經濟的瞭解

❸ *Cosmopolis*, pp. 46–62.

都是停在表面的。當然，中國西化之所以比日本落後那麼多，知識份子之無知只是原因之一。其他還有許多別的原因，例如經濟、家庭、社會及政治結構之根深蒂固，以及人民知識水準普遍之低落等。

我之所以說自從鴉片戰爭以來中國所面對的是一個從來未有的大變的理由並不是中國以往沒有被外族征服過。事實上，我們歷史上有幾次被外族征服的經驗，我之說它是一個全新的歷史環境也不是由於中國歷史上沒有發生過大的震盪，事實上，春秋戰國所面臨的禮崩樂壞的情況，也與十九世紀以後中國所面臨的環境有些相似之處。中國過去雖然曾經被外族征服過，但基本上，中國人對自己的文化並沒有失去信心。反而是征服者認為漢人的文化比他們要高，因此起而主動地仿傚，把自己漢化。北魏及滿清就是最好的例子。春秋戰國時代雖然面臨禮崩樂壞的大動盪，但是，當時中國文化本身似乎還有相當的資源，從其中可以吸取養份，成功地進行改造。而事實上當時禮崩樂壞的情況也沒有十九世紀以來那麼嚴重。十九世紀以來與西方照面的結果是，我們不但在武力上比不過別人而被征服，更有甚者，我們對自己的文化也失去了那種原來所有的自信心。這才有全盤西化的主張。以往當我們被外族用武力征服時，絕沒有人提出要全盤鮮卑化或全盤滿化的主張。與西方照面而被征服之後，我們發現他們有的長處並不能在我們自己的文化資源中找到。因此，要走出這樣的一個死巷，唯一的辦法是去學人家。這也不是春秋戰國時代所碰到的境況。當時列國交戰、生民塗炭，社會崩潰，但是它之所以會走到這個地步並不是由於外在一個在許多方面都比我們強的民族對我們進行征服所造成的結果。因此，要重建禮、樂及恢復社會秩序也只有從自己的文化中去找資源以進行改革或創造。

既然從鴉片戰爭以來中國所面對的是一全新的歷史環境，所面對

的是一個全新的歷史問題，那這究竟是一個怎麼樣的環境呢？我們又面對那些最尖銳的問題呢？這個全新的環境，就是中國文化有可能被消滅，而我們所面對的全新的問題是如何因應這樣的困境。在這個新的歷史環境中面對這個新的問題，知識份子共同的認識是，如果中國文化要繼續下去，就非得現代化不可。即使是保守派的人，也認為我們必須向西方學習某一些東西，中國文化才能延續下去。面對現代化的問題，唯有全盤西化論者認為，我們必須把中國文化完全放棄掉，把自己徹底西化，中華民族才得以生存。他們與非全盤西化論者在目的上是一致的，大家都認為中國必須現代化，不同的是，非全盤西化論者認為中國文化中還有很多東西值得保存，而且這些東西是我們比西方強的地方。從張之洞到當代新儒家所持的都是這種看法。全盤西化論者則認為，文化是一個有機體，你不可能只吸收別人文化中的某一部份，而不要另一部份，然後把那部份吸收過來的文化與自己原來的文化相接合。嚴復提出牛有牛體，馬有馬體，而兩者又各有所用，你不能有牛體而有馬用所代表的就是這種有機論的文化觀。全盤西化者一般都認為中國文化幾乎都是負面的東西，即使有些長處，它們在西方文化中也有，同時表現得可能比我們更好。

三

　　面對中國現代化這個課題，哲學當然也要因應它，那麼在現代化這個目標上，哲學能夠做些甚麼？首先，在談中國人當前的哲學課題之前，我要提出兩種我認為是對這個問題的錯誤的想法。第一，我前面提過，哲學並不是在共相世界中進行的活動，哲學問題有它的特殊的歷史根源，因此，那些認為我們目前從事哲學工作的人所面對的與

先秦、宋、明時代的人面對的是同樣的問題的這種想法，是一種錯誤的想法。這種想法就好像是現代西方人認為他們目前所面對的問題與中世紀的人所面對的問題是相同的那樣。這種把哲學問題視為是永恆的問題是現代哲學革命以來才有的想法。圖明指出，笛卡爾的哲學革命之後，時間性的(timely)被永恆的(timeless)所取代❹。但是很顯然的，奧古斯丁的問題與笛卡爾的問題是截然不同的，同樣的，王陽明的問題與我們的問題也是截然不同的。當然，這並不表示我們今天不應該或不需要研究孟子或王陽明。我們不僅應該而且需要研究他們，因為他們的思想構成了我們所承繼的傳統，而我們大家都是這個傳統的載體(embodiment)，因為只有這樣我們才能完成自我瞭解，而自我瞭解是自我解放及超越的不可或缺的條件。

其次，許多人喜歡提「中國哲學的現代化」這個講法，他們認為當前中國的哲學工作者所面對的工作是如何把傳統的中國哲學現代化的問題。從西方的經驗來看，這種講法也是很成問題的。笛卡爾之被視為現代哲學之父的理由並非由於他將中世紀或希臘的哲學現代化，而是因為他針對他的時代所面臨的問題——科學革命及宗教戰爭——提出了新的哲學問題及為它們提出答案。中國傳統哲學中的問題，如上面說，既不是現代的問題，它的答案又只是針對它自己的問題的，那麼我們如何能寄望於它給現代問題提供答案呢？如果要對傳統哲學

---

❹ *Cosmopolis*, pp. 33–35. 關於這點，也可參考Richard Rorty的*Philosophy and the Mirror of Nature* (Oxford: Basil 6 Blackwell, 1980), p. 8。洛爾斯(John Rawls)對哲學也持有這種脈絡主義(contextualism)的看法。他說，「政治哲學的目的要視它所針對的社會而定」。見他的 "The Idea of an Overlapping Consensus," *Oxford Journal of Legal Studies*, Vol. 7 (1987), No. 1, p. 1。

進行現代化的話，就非得作根本的重建，使得它能夠對應這個時代。但是這工作所牽涉到對傳統哲學的改造究竟是改革 (reform) 或是革命 (revolution)則是一個做了之後才能知道的事情。

我一再強調哲學的時代性及地方性，這並不表示我認為所有哲學問題都不是永恆的。例如，柏拉圖在《理想國》中的主要問題是「為甚麼我應該道德?」 而今天道德哲學家們仍然在問這個問題。這不是很顯然地把我的講法推翻了嗎? 但是如果做較為深入的研究，我們就會發現，柏拉圖時代對「道德」這個詞的瞭解與現代人對於「道德」這個詞的瞭解已經有了很大的不同。同時兩者對於這個問題的解決辦法則完全是南轅北轍的❺。我所指出的時代差異性並非指兩個時代的問題是完全不同的，很顯然，它們會有交集的地方。但是，一個時代之所以會成為一個時代當然是由於它具有某些別的時代所沒有的特色，而這些特色才是研究及瞭解那個時代的重要部份。

對前面兩種想法做了釐清之後，我們可以回到究竟在面對需要現代化這個民族課題時，哲學能做些甚麼? 以及在這個歷史脈絡中，甚麼是它的問題? 我想問題主要有三大類:⑴對自己的傳統的探究，⑵對於現代性的探究，⑶對於一些在兩個傳統照面時所碰到的較為抽象的哲學問題的探究。下面我將分別討論這三個領域中的哲學問題。

---

❺　見本書〈二種道德觀──試論儒家倫理的形態〉一文，討論古代道德與現代道德的不同的最好的書當然是 A. MacIntyre 的 *After Virtue* (London: Duckworth, 1981)，也可參考前引Toulmin的書，*Cosmopolis*, pp. 31–32, 75–77。

四

就一個人而言，自我瞭解是超越自己的不可或缺的條件。同樣的，對一個民族而言，要自我超越也必須對自己的傳統先有瞭解才能夠辦得到。五四運動那些提議把傳統文化徹底打倒的人的想法並不是主張先對自己做徹底的瞭解後，再把這些文化傳承丟掉。他們所主張的是立刻與傳統決裂，而去擁抱西方文化。這種想法之不可行可以從中國現代化道路之多災多難中得到印證。當你對傳統不去做探究而以為它對你並不構成任何影響時，事實上它也就會對你發生最大的影響。我們必須要先瞭解到自己所處的環境究竟是怎樣的，以及自身主觀所擁有的世界觀、價值觀究竟是怎樣的之後，才有可能擺脫它們對我們的羈絆。要改變自己及所處的歷史環境，是一項有意識的活動。而自我瞭解是這項工作的一部份。

自我瞭解既是自我解放或自我超越的必要條件，那麼要如何才能達成自我瞭解？很顯然的，要達成這點，我們必須對自己做一種知性的探究 (intellectual inquiry)，就一個文化而言，我們必須對這個文化傳統做知性探究才能對它有所瞭解。這就是我前面所提過的，雖然我們所面對的問題與王陽明所面對的問題已經是不同的問題，但是我們仍然應該及必須研究王陽明，因為王陽明是我們傳統的一部份，而我們身上仍有他的影子。如果王陽明在我們身上沒有任何影響，則要完成自我瞭解也就沒有必要對王陽明進行探究了。

我前面既然說過王陽明或孟子的問題並不是我們的問題，那麼對他們做研究該用什麼方式來進行？這裡我要提出麥肯泰爾從黑格爾那裡借來的一個對哲學的方法及性質的看法。黑格爾認為哲學是把時代

的精神把握在思想中，因此，哲學工作可以說是對於時代精神的描述。
黑格爾又提到哲學式的歷史 (philosophical history) 這個概念❻。它就
是一種對於一個文化的精神發展的描述。麥肯泰爾認為只有透過這種
哲學式的歷史的工作，指出一個文化的精神的發展途徑及軌跡，我們
才能對當今我們的處境，無論是主觀的部份或客觀的部份有所瞭解。
也只有透過這樣一種敘述式的(narrative)對於精神發展的描述，我們才
能對為甚麼我們會處在當前的這個處境中（主觀的及客觀的），　能夠
提出一個解釋。歷史知識可以說是自我瞭解的模式，因為人是歷史的
存在，所以，只有透過歷史，我們才能瞭解自己。

　　麥肯泰爾在《德性之後》中，一開始就描繪了一個想像的故事。
在經過了一系列由科技所引起的大災難之後，社會上興起了一種反科
學的運動。人們燒毀科學書籍，打爛實驗室，殺死科學家。結果所剩
下的是一些殘餘未被毀壞的東西，例如，不全的週期表，幾頁歐幾里
德的幾何學，以及一些躲過這場大難的科學家。過了一陣之後，人們
發現沒有科學是不行的，他們還是得需要知識才能應付生活及世界。
於是又有人開始一個科學復興運動。但是由於那場反科學運動所造成
的毀壞，使得人們對科學的瞭解變得極為有限。科學家們又開始建立
起實驗室，但是他們已經喪失了做實驗背後所需要的理論知識，因此，
也就無法真正地、正確地做科學實驗。科學家們把殘餘的歐氏幾何再
拿出來翻閱，但是有些定理卻無法得到證明，因為證明這些定理需要
用到前面的一些定理，但那些定理已經被燒毀了。面對這樣的一個處
境，如何才能瞭解這個處境的實況以及為甚麼他們會陷入其中呢？麥

---

❻　Alasdair MacIntyre, *After Virtue*, p. 3. 黑格爾對於哲學的或歷史的看法，
　　見他的 *Philosophy of History*, tr. J. Sibree（New York: P. F. Collier and
　　Son，無出版日期），pp. 51-55。

肯泰爾指出，分析哲學與現象學在此都是沒有用的。因為分析哲學只是分析現存的科學語言及概念，只要它們不是自相矛盾，分析的工作就可以進行下去。但是，這種工作並不能彰顯出他們現在的處境是在一個大毀壞之後所造成的結果。同樣的，現象學所要探究的課題主要是意識的結構。但是，人們的意識結構並沒有因為科學知識部份被摧毀後而有甚麼不同。麥肯泰爾指出，要瞭解他們為甚麼會陷入這種處境以及這種處境的面貌的辦法只有做一敘述式的歷史。上面那個故事雖然是虛構的，但是，麥肯泰爾指出，西方文化目前的道德世界卻正是這一個大毀壞之後的結果。要瞭解它的面目及它之所以會發生，也只有靠一個敘述式的哲學式的歷史才能完成。而他的《德性之後》及《誰的公正？那一種理性？》及《三種互相競爭的道德探究》所作的正是這種哲學式的歷史的工作❼。麥肯泰爾對於西方道德世界的評斷也正好是對中國現代世界的一個活生生的描述。從與西方照面以來，中國文化的處境正是一種經過了大劫難之後的情況。我們要瞭解自己怎麼會陷入這種處境中的辦法以及這是一個甚麼樣的處境，也是要做出一個哲學式的歷史才能完成。

讀過黑格爾的歷史哲學又贊成他對中國的看法的人會指出，黑格爾認為中國的歷史是一種非歷史的歷史 (unhistorical history)❽。因此，

---

❼ *Whose Justice? Which Rationality?* (London: Duckworth, 1988), *The Three Rival Versions of Moral Enquiry* (Notre Dame, Indiana: University of Notre Dame Press, 1990).

❽ 有關黑格爾對歷史哲學的看法，見他的 *The Philosophy of History*, pp. 176–203, 以及我的〈從歷史哲學到強制理性：黑格爾的中國觀〉，本文收入傅偉勳、周陽山編，《西方思想家論中國》（臺北：正中書局，一九九三年），頁23–74。

我們不可能對它從事哲學式的歷史探究。黑格爾之所以認為中國的歷史是一種非歷史的歷史的理由乃是由於他認為歷史是精神發展在具體世界的表現的一個過程。而精神的本質是自由，因此歷史就是自由的發展史。黑格爾認為中國文化自古代以來，就停滯不前，因此，也就沒有發展，既沒有發展，因此也就是非歷史的。不管黑格爾的講法是否能夠站得住腳，至少從十九世紀與西方文化接觸以來，中國文化是經歷了前所未見的大變化。因此，即使從漢朝到清朝，中國的社會並沒有結構性的變化，我們仍然可以採取上述的哲學式的歷史的方法來研究清朝中葉以來與西方文化接觸後為甚麼會帶給我們那麼大的衝擊，以及這些衝擊為甚麼會造成它所造成的結果。

前面我提到黑格爾認為哲學乃是把時代精神把捉在思想之中。但是如何去把捉精神呢？我們日常所接觸的文化都是具體的東西，像文學作品、音樂、科學、政治行為、風俗習慣等。哲學家的工作是去探究這些具體的文化背後所具有的是一種甚麼形態的價值觀、宇宙觀或知識觀等。黑格爾本人在《歷史哲學》及《法權哲學》中所作的正是這樣的工作。在《法權哲學》中，他討論了現代世界的政治觀念及制度，因而提出了現代世界的特殊的精神就是特殊性(particularity)的突顯。在討論特殊性的突顯這個特點時，黑格爾特別提出了市民社會(Civil society)在現代世界的出現就是這種特殊性興起的表現。黑格爾這種把具體文化作為精神表現的看法，泰勒把它稱之為表現主義(expressivism)❾。這種表現主義是德國浪漫時代大家共同持有的一種想法。

這種把哲學視為是對精神現象的描述與傳統上對哲學的瞭解並沒

---

❾　Charles Taylor, *Hegel* (Cambridge: Cambridge University Press, 1975), pp. 13-18.

有什麼不同。傳統上哲學所做的是展示一個文化的宇宙觀、價值觀、知識觀等的工作。任何一個文化總是有它的一種秩序(order)。而哲學所作的就是把這種最根本的秩序展示出來。這就與色拉斯 (Sellars) 所說的哲學所做的就是指出「在最廣義底下的萬事萬物如何可能在最廣義的意義底下聯繫在一起」(how things, in the broadest sense of the term, hang together, in the broadest sense of the term) **⑩**。這種萬事萬物的聯繫是把社會秩序、道德秩序、知識秩序等背後的精神提煉出來所構成的一個最廣大的秩序。在這個秩序中，人、自然世界、社會等都各有其位。這種最廣義的秩序所表現的就是一個文化的精神。

前面我曾經提到過，十九世紀中國與西方照面以來，開始時，我們不僅對西方沒有瞭解。在經過那麼大的衝擊之後，我們對於自己也變得不能瞭解。這並不是我們在對自己做貶抑，而是實際的情況。我前面曾經說過，從魏源以來一直到今天的許多思想家，實際上不僅對於西方的瞭解是極為浮面的，就是對於自己文化本身的瞭解，也停在很表面的層次上。大家都會說中國文化是一個倫理本位的文化，但是倫理本位的文化與現代自由主義的以個人為本位的文化有甚麼不同的哲學上的對人性的看法，就很少有人能夠講得出來了。我們之所以不能對自己有很清楚的瞭解其中的一個重要原因是，中國文化中知性探究的傳統向來就不是很強 **⑪**。但是，在與西方照面後，我們非得對自

---

⑩ 這句話轉引自 Richard Rorty。見他的 *The Consequences of Pragmatism* (Sussex: The Harvester Press, 1982), pp. xiv, 29, 226。

⑪ 牟宗三、張君勱、徐復觀、唐君毅四位先生在〈中國文化與世界〉中也承認中國哲學的傳統並沒有發展出像西方文化傳統中哲學那種精密的思辯及嚴格的論證。這個原因當然是極為複雜的。其中原因之一也許由於中國哲學所最注重的是生命問題，而生命問題靠思辯也許並不是最好

己做徹底的反思不可，而我們傳統現在所處的又是一個衰敗的時代，那麼要從事這項對自己的知性探究時，我們可能不得不向強勢的西方文化借用一些資源，希望能夠透過這些借用的資源，而加深對自己的瞭解。我想這是為甚麼中國人今天要從事西方哲學的理由之一。事實上，西方這個強勢的文化擁有許多我們所沒有的架構(framework)，這些架構可以幫助我們瞭解自己。當代儒家的學者像牟宗三先生等人都在解釋及整理傳統儒家時借用了西方的架構。當然在借用他山之石的時候，我們必須非常小心，因為如果用錯別人的架構時，我們不但不能瞭解自己，更可能會對自己產生誤解。

五

面對現代化這個課題，第二類我們所應該研究的問題就是究竟現代性 (modernity) 的內容包含些什麼東西?由於現代化是我們的目標，因此，對於這個目標本身究竟是怎麼一回事，我們當然應該對它做研究。從中、西在近代照面以來，即使最國粹派的人也無法否認，西方文化有許多長處是我們所沒有的。如果我們不對自己做相當程度的改變，則中國文化可能無法延續下去。我們所面對的就是這樣一個嚴峻的處境。現代化及向西方學習是大家共同的要求。這個特點是春秋、

的方法，所以中國人在這方面沒有什麼發展。順便可以提到的是，最近西方倫理學中也興起一股反理論的潮流，見 Stanley G. Clarke 及 Evan Simpson eds. *Anti-Theory in Ethics and Moral Conservatism* (Albany, N. Y.: State University of New York Press, 1989)。〈中國文化與世界〉這篇文章收在唐君毅的《中國人文與當今世界》一書中（香港：東方文化研究所，一九七五年），頁878-879。

戰國那個禮崩樂壞的時代所沒有的。當時社會秩序大亂，人們想要重建一個社會秩序。然而，當時人的心目中並沒有一個既定的秩序做為大家共同的目標，於是產生了百家爭鳴。清朝以來雖然也有不同派別的思想家爭論著中國出路的問題，但他們的爭論基本上是技術性的。大家的目標都一致是現代化。自由主義者與馬克思主義者所爭論的只是怎樣才能使中國最快速地達成現代化這個共同的目標。

既然大家有著共同的目標，那麼在這裡，很明顯的一項工作就是去瞭解現代性的內容。現代化先發生於西方。我們與西方文化接觸後，開始時是先對它有了一些表面的瞭解。由於要求現代化這個目標，我們當然應該及需要更深入地去瞭解現代化到底有些甚麼的內容。就一個從事哲學工作的人來說，這方面的主要課題就是去研究現代性的哲學內容到底是什麼？現代化是一個全盤性的革命。在西方，由中世紀轉入現代，文化上的各個領域都產生了革命性的改變。科學上由亞里士多德的物理學變為以機械論為基礎的現代物理學。十六世紀的宗教改革後所興起的各派的新教對天主教也做了很徹底的改革，因而有所謂的新教倫理。政治上的民族國家的興起以及在理性主義指引下的官僚體制的建立，以及民主政治的確立，使得現代政治與古典政治產生了截然的不同。經濟上由莊園經濟變為資本主義的經濟，更是天翻地覆的大變化。其餘的文化領域如道德、音樂、法律、建築等都有相應的改變 ⓬。當然，在這個革命性的改變下，整個現代也有了一套新的哲學體系。笛卡爾以來所建造的哲學傳統正是現代性的哲學體系。我們如果將它的特點概括地講的話，那就是「主體性的興起」 ⓭。在這

⓬ 有關現代化的特殊內容，韋伯對它做了很詳盡的描述，見他的"Author's Introduction"。本文的英譯放在 Talcott Parsons 所譯的 *The Protestant Ethic and the Spirit of Capitalism* 之前言(New York: Scribner's, 1958)。

種新的哲學體系下，人們對於自我、大自然、社會、人與人的關係、人與自然的關係等哲學問題，都有嶄新的看法。也就是說，現代世界所帶來的是一種新的秩序。上面所說的科學、政治、經濟、宗教等的革命，就是這種新的秩序在文化中各個領域的體現。

　　把現代化訂為目標，我們就應該對這套現代西方的文化去做研究，因為我們想要瞭解究竟我們所要的是甚麼東西。研究現代西方這項工作比前一類的工作要稍微有頭緒一些，但另一方面，它其中也有對我們而言特殊的困難。比起研究傳統的中國來，它之所以較為有頭緒是因為西方人自己也對現代性做了相當多及相當好的研究。西方人由於要瞭解自己，對於現代性的研究真可以說是汗牛充棟。從黑格爾開始，一直到今天西方的學者，他們所做的自我瞭解不能不令人敬佩。我們在這方面可以借用他們的成果。比起來，中國人對自己文化的研究就顯得相當貧瘠。只要舉傳統的中國政治理論這個課題就很容易可以看得出來。這方面的研究，除了幾本稍微深入分析的書之外，就幾乎完全只是對表面事實做一些描述的東西。我們之所以在這方面這麼落後，可能其中一個最重要的原因是大家所說的中國歷來只有道統而沒有學統。學統就是我前面所說的知性探究。至於中國為甚麼學統這麼薄弱，當然也是一個我們該探討的問題。

　　但是，研究西方（無論是古代或現代），對中國人而言，也有它的困難，它不是我們的傳統，我們對它多少都有陌生的感覺。研究它的哲學這種抽象的學問還比較容易上手，但是如果要進入它的文學、藝術及詩歌這種具體的領域時，隔閡馬上就顯出來了。就這點而言，我

⓭　有關主體性如何由希臘時透過奧古斯丁再發展到現代，泰勒 (Charles Taylor) 對它做了很詳盡的描述。見他的 *Sources of the Self* (Cambridge: Harvard University Press, 1989)，第二部份，第五章至第十一章。

們研究自己的文化傳承要來得方便得多。由於它是我們的文化傳統，我們對於它有一種直觀及熟悉感。只要我們能適當地在必要時與它保持一個距離，從事反思的工作，要掌握它就比較容易。

六

　　追求現代化時所碰到的第三類的哲學問題是較為抽象及普遍的哲學問題。但是由於我們所處的環境的特殊性，這類的問題就顯得特別尖銳及迫切。在這裡我打算談兩個屬於這個範疇內的問題。第一個是對於傳統這個概念我們應該怎麼理解的問題，第二個則是兩個不同的傳統究竟可不可以比較、翻譯的問題，也就是相對主義的問題。

　　自啟蒙運動以來，傳統被視為是保守、停滯甚至進步的絆腳石。我們應該將它全部揚棄，人類才能獲得進步。這種柏克 (Edmund Burke) 式的對於傳統的看法，一直支配著現代人。與傳統相對的是理性，它所顯出的是光明及進步。人類只要遵循著它的指引，則一切文化中負面的東西，例如無知、愚昧、不道德、不公正等就可以被克服。這種啟蒙運動的想法當然是繼承十七世紀笛卡爾的理性主義而來的。笛卡爾對歷史的輕視所顯現的正是這種對理性的無條件的投降。五四運動的反傳統者所持的正是這種受啟蒙運動影響的反傳統立場。打倒孔家店，把線裝書丟到毛廁去這一類的口號，背後的想法也是把傳統視為是包袱，及妨礙進步的絆腳石。但是，這種對傳統的瞭解是正確的嗎？我們真的可以把傳統一腳踢開再重新來過嗎？我認為這是由於對「傳統」這個東西沒有做深入的探究所發出來的奇想。只要稍微想一想就可以體會到，一個民族的文化傳統並不像一個人所穿的衣服那樣可以隨時脫掉。傳統不是一件外在於我們的衣服，而是一組內在

於我們心裡並且構成我們的自我的觀念、價值、世界觀等類的東西。當然，雖然傳統是構成自我的一部份，這也並不表示我們完全沒有可能放棄我們的傳統。但是，做到這點是非要經過莫大的工夫才能完成的。這好像一個人經歷了一種宗教轉變(religious conversion)那樣。然而宗教轉變是一種脫胎換骨的事情，絕不是說要就可以得到的東西。傳統的另一個力量使得我們無法輕易擺脫它的原因是，它在我們有能力對它抗拒之前就悄悄地進入我們心中了。反思是「自我」超越不可或缺的條件，但是，傳統是從我們出生那一刻就開始進入我們的。

　　啟蒙運動的時代以及今天西方這個繼承啟蒙運動的文化中，哲學家們最集中精力探討的是理性究竟是甚麼這個問題。從笛卡爾經過康德一直到今天的哈伯瑪斯(Habermas)，他們最關心的都是理性的問題。這當然是由於像韋伯所說的那樣，整個現代化就是理性化。它是理性在文化各個領域中的表現。而這種現代的理性觀是把理性與傳統對立起來的。傳統中所積澱的東西是沒有經過理性這個審判官所檢視的東西。訴諸傳統的證立方式是非理性的。要達到真理及善美的境界，我們必須放棄訴諸傳統這種非理性的辦法，而直接靠理性之光來引導我們。理性而非傳統才是最後的標準。在啟蒙運動這種思想體系中，傳統當然沒有地位。不但沒有地位，有時可能還會發生負面的作用。

　　但是對於追求現代化的中國人而言，也就是由於我們的傳統，使得我們陷入目前的困境中，我們目前是要放棄或至少修改我們的傳統。要走出這個困境，對於傳統的性質做深入的反思是不可或缺的一項工作。我們必須在這裡追問：傳統真的是與理性相對反的嗎？或是不同的傳統有不同的理性概念？所有訴諸傳統做為理據的證立辦法都是非理性的嗎？到底甚麼才構成一個傳統？

　　中國與西方文化照面是兩個幾乎完全獨立發展出來的傳統的碰

頭。兩者在競爭中，中國顯然是敗落了下來，因此，我們才要求現代
化。但是，在這裡我們要問，我們的敗落所顯示的是否是西方文化要
比中國文化優越？如果是的話，我們根據甚麼標準來下這種判斷？如
果我們所根據的標準是西方文化的標準，那麼是否如果我們根據中國
文化的標準來判斷兩者孰優孰劣的話，則中國文化比西方文化較為優
越？有人可以認為我們雖然在競爭中敗落，但是這只是我們某一方面
不如他們，而這方面又正好是我們不認為是重要的部份。或者，世界
上存在著一套普遍的標準，它對任何文化而言都是有效的。根據這套
普遍有效的標準，我們可以判定不同傳統的優劣。這當然是相對主義
與絕對主義的問題。這個問題從蘇格拉底以來一直爭論到今天，爭論
的雙方都沒有能夠得出足以使對方信服的論據。相對主義的問題對於
我們今天顯得特別重要，因為我們現在所處的環境是一個兩種文化相
比較的環境。

　　相對主義所牽涉到的另一面也對於我們今天的處境特別相干。前
面我提到過從張之洞以來，直到今天的許多思想家都希望能夠將中西
兩個文化之所長結合起來，這就是中體西用。在這裡，我們姑且先不
問他們是根據甚麼標準來判斷何者為優點、何者為缺點的，而只是問，
我們能夠做到這點嗎？前面也提過嚴復所說的牛有牛體、馬有馬體的
這種有機文化觀的想法。根據這種想法，你不可能從一個文化中只取
其中一部份而不要另一部份。這兩種看法所牽涉到的是傳統之間是否
可以翻譯及移植的問題。不同的理論對於這個問題也有不同的看法。
而這也是我們應該探究的問題。如果文化有機觀是對的話，則中體西
用這種想法就得放棄。當然，也有可能這兩種看法都是錯的，那麼我
們就可以提出其他的看法❶。

---

❶　關於傳統之間的可否翻譯性以及如果可翻譯的話，是否可以全譯或只能

七

最後，做為這篇文章的結束，我想很簡略地勾勒一下兩個有關的論點。第一是我們怎麼樣去更深入地瞭解做為中國文化主流的儒家思想，其次是儒家思想在現代世界中能有怎麼樣的地位。

最近西方一些反對自由主義、啟蒙運動甚至整個時代性的思想家掀起了一股思潮，這股思潮被稱之為社群主義(Communitarianism)。社群主義所直接針對的是自由主義❶。在存在論上他們指出自由主義對自我的性質及形成的理論是錯誤的，而在價值倡導的層面上，自由主義的理論無法給予社群內在的價值，這就導致了今天人們只把社會認為是一種只有工具價值的協會(association)。人與人在這種協會中也

部份翻譯，見MacIntyre的 *Whose Justice? Which Rationality?* 的第十九章，以及他的 "Relativism, Power, and Philosophy," *After Philosophy*, ed. Kenneth Baynes, James Bohmen, and Thomas McCarthy (Cambridge, Mass.: The MIT Press, 1987), pp. 385–411. 並見Donald Davidson的 "The Very Idea of a Conceptual Scheme"，本文收在他的 *Inquiries into Truth and Interpretation* (Oxford: Clarendon Press, 1984), pp. 183–198。

❶　社群主義者除了麥肯泰爾及泰勒之外，其他代表人物尚有沈岱爾(Michael Sandes)，華爾色(Michael Walzer)及安格(Roberto Unger)等人，見Sandel的 *Liberalism and the Limits of Justice* (Cambridge: Cambridge University Press, 1982)；Walzer, *Spheres of Justice* (Oxford: Basil Blackwell, 1983)，以及Unger的 *Knowledge and Politics* (New York: Free Press, 1975)。有關他們的辯論，見本書〈社群與個體──社群主義與自由主義的論辯〉一文。

只有外在的關係。社群主義者們提出另一套對自我及社群的看法。他們認為只有這種新的對自我及社群的看法，我們才能建立起真正的社群。

　　另一個與社群主義相連的思潮是在倫理學中，大家對於現代社會以來所興起的規則性的道德做了相當徹底的攻擊，指出這種道德觀的缺陷。而他們提倡回到亞里士多德的傳統去，這個傳統所主張的不是規則的道德，而是德性的道德(virtue ethics)⓰。

　　這兩個思潮對於瞭解儒家的思想都是極為有用的理論架構。前面我曾經提出目前我們這個弱勢的文化要對自我進行知性探究時，有可能必須借用別人的資源。我認為這兩個思潮對於我們這項工作是最有用的助力。同時，這兩個思潮基本上都是對現代的主要思潮提出異議的理論，同時又想走出現代，而儒家思想是與現代相當格格不入的。我想也許儒家思想也能夠對這兩個思潮有些貢獻。

　　本文曾發表於一九九五年十二月卅一日之「牟宗三先生與中國哲學之重建」學術會議。主辦單位：中央大學哲研所、東方人文學術研究基金會、中國哲學研究中心、鵝湖雜誌社。原載於《哲學雜誌》第十七期，一九九六年八月

⓰　見MacIntyre的*After Virtue*及Toulmin的*Cosmopolis*，並可參考本書〈二種道德觀──試論儒家倫理的形態〉一文。

從理性到歷史

——黑格爾論中國

黑格爾——「東方觀念的光榮在於『一個人』，
一切皆隸屬於這位客觀的存在，以致任何其他人皆無單獨的存
在，並且在他的主體的自由裡照不見他自己。」
黑格爾認為，中國文化只是延續，而沒有歷史，
因為要構成歷史，必須有變化、新生命，以及進步三個因素。
因此如果不是一個社會根本組織的改變，
使得文化由一個階段邁向一個更高的階段的改變，
都不是歷史性的變化，
那種改朝換代或人事的變化是沒有歷史意義的。

理性哲學的完成者

黑格爾 (Georg Wilhelm Friedrich Hegel, 1770–1831) 的哲學是一
個系統性極強的體系。馬庫色(Herbert Marcuse)在《性愛與文明》(*Eros
and Civilization*)一書中指出，「在黑格爾之後，西方哲學的主流已經
被窮盡了。統制理性 (The Logos of domination) 已經建立起它的體系，
跟著而來的只是結語：哲學只是留存下來作為在學院中具有一種特別
的（但不是很重要的）作用的東西」❶。

---

❶ Herbert Marcuse, *Eros and Civilization* (Boston: Beacon Press, 1955),

　　馬庫色這段話所要說的是，黑格爾是西方自亞里士多德以來，以理性為根據而去建立哲學的體系的完成者。只要對黑格爾哲學稍有涉獵的人，都會發現到他的思想像是一個天羅地網。如果你不被它這個龐大又嚴密的系統所嚇倒，而迷失在其中，則你就會發現它的深邃的洞見。我這篇文章所要討論的是他對中國的看法❷。由於他的哲學思想具有這樣強度的系統性，他對任何問題的提出及解答，都必須放在它的系統中，才能夠被充分地瞭解。因此，在討論他對中國的看法之前，如果不對他的系統有一個輪廓性的瞭解，就很難把握他所說的東西。例如他最有名的命題——「在東方，只有一個人是自由的，在希臘，一些人是自由的，而在日耳曼各國家，所有人是自由的」——如果不瞭解他的歷史哲學，則我們根本無法知道他這句話的意義。我所採取的這個整體主義式的進路，也符合黑格爾的方法學。他指出，要瞭解一個個體，如果不從他的文化背景著手，我們就無法達到目的。

　　黑格爾討論中國是作為他討論歷史哲學中的一個部份，也就是人類歷史（或世界史）發展中的一個部份。要把握他對中國的瞭解，就必須掌握他對世界史發展的看法。因此，首先讓我們對他的歷史哲學作一個介紹。

---

　　　p. 118.

❷　黑格爾對中國的討論主要見他的 *Philosophy of History*, tr. J. Sibree (New York: P. F. Collier and Son)（沒有出版時間）。以及他的 *Lectures on Philosophy of Religion*, tr. E. B. Speir and J. B. Sanderson (NY: The Humanities Press, 1962)，見Vol. 1, pp. 335–349。另外其他的著作中，例如 *Philosophy of Right*, tr. T. M. Knox (Oxford: Oxford Univ. Press, 1967) 也有多處討論到中國及東方。我這篇文章主要根據他的 *Philosophy of History* 來討論他對中國的看法。

歷史哲學是歷史思想的考察

　　當代英、美的歷史哲學家們將哲學式的對歷史的思考 (philo-sophical thinking about history) 分為二類，一類是對於歷史知識的性質的思考，例如歷史說明 (historical explanation) 究竟與科學說明是不是具有相同的形式？歷史學家是否可能在描述、說明歷史事件時不滲入任何自己的價值判斷等問題。這種對歷史的哲學思考，一般稱為分析的歷史哲學 (analytic philosophy of history) 或批判的歷史哲學 (critical philosophy of history)。另一類對歷史作哲學思考所討論的問題是：歷史究竟是否朝一個最終目的發展的？它有沒有任何模式可尋？它有沒有意義？這種哲學式的思考，一般被稱為思辯式的歷史哲學 (speculative philosophy of history)❸。歷史哲學之所以會有這兩個分枝，主要是由於「歷史」這個詞是歧義的。它一方面可以指實際上所發生過的事件，另一方面它又可以指人類對這些事件所擁有的知識。黑格爾的歷史哲學雖然也討論到前一種歷史哲學中的一些問題，但是它主要關注的卻是後一種歷史哲學中的問題。

　　哲學究竟能為人類對歷史的瞭解提出些甚麼貢獻？我們要瞭解人類歷史時，不要帶上哲學的框架豈不是可以更加客觀，更加接近真理？黑格爾指出，這不但是不可能的，而且如果這樣作的話，我們就不可能真的瞭解人類的歷史。那麼哲學能為理解歷史帶來些甚麼？為甚麼它是不可或缺的？黑格爾指出，「歷史哲學，只不過是歷史的思想的

---

❸　對這兩種歷史哲學的分別，見 William H. Dray, *Philosophy of History* (Englewood Cliffs, N. J.: Prentice-Hall, Inc., 1964), pp. 1–3, 及 W. H. Walsh, *An Introduction to Philosophy of History* (London: Hutchinson & Co., Ltd., 1951), pp. 15–29。

考察而已」❹。而在對歷史的思想考察中，「哲學用以觀察歷史的唯一的『思想』便是理性(Reason)這個簡單的概念；即以理性為世界之主宰，而世界歷史因此是一種合理的過程」❺。根據這段話，我們可以說，哲學由於是討論理性的結構、性質等的學問，而由於理性本身是一種能生的力量，因此，它必定會成為現實的；因此，無論在自然或人類的歷史中，理性都在其中體現出來。理性在自然中所表現的是它的律則性，而在歷史中所表現的則是精神。哲學對歷史研究之所以是不可或缺的，正是由於人類歷史乃是精神或理性在世界中的體現。因此，研究人類的歷史實際上就是研究我們的精神發展的過程，或者是精神回歸它自己的過程。這個過程發展到最高峰也就是精神的「自在」(in-itself)及「自為」(for-itself)的合一。黑格爾把這種對歷史的思考方式稱為哲學式的歷史(philosophical history)❻。

理性、精神與自由

　　黑格爾體系的根本論旨就是：人類的歷史是理性或精神在其中展

---

❹　見英譯本 *Philosophy of History*, p. 51。中譯我採用的是王造時與謝詒徵的譯本（上海：商務印書館，一九四六年），頁13。我會對他們的中譯作出修改。

❺　同上，英譯本，p. 52；中譯本，頁14。

❻　Alasdair MacIntyre認為，我們如果對這種哲學式的歷史稍作修改，它將是目前最合宜的從事哲學的方法。我們要瞭解一個文化的狀況，就必須瞭解它的精神結構，而要瞭解這點，又不可離開它的發展史。我認為我們目前要從事中國哲學的工作，這也是最合宜的哲學方法。見他的 *After Virtue* (London: Gerald Duckworth, Co., 1981), p. 3及本書〈傳統，理性，與相對主義——兼論我們當前該如何從事中國哲學〉一文。

現的歷史。但是黑格爾究竟如何瞭解「理性」及「精神」這二個概念呢？上面提到過，理性在自然世界中所表現的就是它的律則性。就自然世界中萬事萬物都服從自然律這點，我們說自然是合理的。但是，理性在人類世界中所表現的則是精神，精神的特點則是自由。人是精神性的存在，因此，人的本質也就是自由。為什麼理性在自然世界及在精神世界所表現的有這樣的不同？這是由於在自然世界中的萬事萬物缺乏自我意識或是反思的意識。由於缺乏這種活動的能力，它們只能順著宰制它們的自然律。但是人類由於具有反思的能力，他能夠以自己做為對象，而加以反思。這種能力使得他有可能脫離那些類似自然律的習慣，而創造出新的行為或思想。因此，在自然世界中，沒有新的事物發生，而只有在人類的精神世界中，新的事物才會發生❼。黑格爾這樣對人及精神的瞭解，與馬克思的說法是非常相似的。馬克思在《經濟學 —— 哲學手稿》中提到人與動物的不同時指出，動物與牠的活動是一體的，牠就等於牠的活動。但人卻不一樣，人以他自己做為他的意志及意識的對象，也就是由於這個理由，他的活動才是自由的活動❽。黑格爾對自由如何瞭解呢？他對自由的瞭解與邊沁(J. Bentham)或一般自由主義者的瞭解是不同的。邊沁及自由主義者們對自由的瞭解是「沒有人為的束縛」。因此，邊沁指出，任何法律都是對自由的限制。這就是有名的消極自由 (negative liberty) 的概念❾。

---

❼ *Philosophy of History*，英譯本，pp. 61–62及p. 104。

❽ Karl Marx, *Early Writings*, tr. & ed. T. B. Bottomore (NY: McGraw-Hill Book Company, 1964), pp. 126–127.

❾ 關於積極自由與消極自由這兩個概念，請看I. Berlin的"Two Concepts of Liberty"，本文收在他的 *Four Essays on Liberty* (Oxford: Oxford University Press, 1969), pp. 118–172及我的〈積極自由與消極自由 —— 柏林

黑格爾對自由的瞭解則傾向於積極的自由。根據這種瞭解，自由就是對於自己所制定的律則的遵從。因此，我們根據自己的意志所建構起來的客觀世界實際上並不是對我們的限制，而是我們的意志及精神的表現。在這裡，我們可以統一起自然與精神的世界。也就是，兩者都是對律則的服從。自然所服從的律則不是它自己所制定的，而人類或精神性的存在所服從的律則則是他們自己所制定的。在把精神的本質瞭解成自由之後，它好像與理性是相違反的。但是，黑格爾這樣對自由的瞭解，又使得它們（理性與自由）不但不相違反，而且是相符合的。

但是要瞭解黑格爾的自由概念時，最重要的就是，並非當一個人的意志意願某一樣東西時，他就是自由的。如果這是黑格爾的意思的話，則他就不會說東方世界中那個所謂自由的人實際上所表現的只是肆意(caprice)而已。當意志在意願時，它所表現的只是形式上的自由。但是，真正的自由是形式與內容合一時才能實現的。怎麼樣的情況下意志的形式與內容才是合一？黑格爾指出只有當意志將它自己當作它的內容與目標時，形式與內容才是合一的。也就是說，只有當意志意願它自己時(The will wills itself)，人才是真正自由的。但這些命題看起來像是既艱深又故弄玄虛。其實，它們並不很難理解。由於意志的本質就是自由，也就是說，意志不可能是不自由的。只要當我們承認一種存在是有意志的時候，我們就肯定了他是自由的。因為如果是不自由的話，說他有意志就變得沒有意義。正是由於意志的本質是自由的，因此，當我們說只有在意志以它自己為對象及目標時，它才是自

的自由概念述評之一〉及〈積極自由與消極自由——柏林的自由概念述評之二〉。二文分別發表於《法言》第二卷第二期（一九九〇年四月）及第四期（一九九〇年八月）。

由的。這也就是說，意志以自由本身為目標時，它的形式與內容就達
到了合一的境界。由於意志以自己為對象時，它再也無假外求，它是
一個自足的存在。但是，如果意志以其他的東西為目標時，例如，想
得到某人的愛，則它還是無法自足，而有待於其他的東西或其他的人。
這種對自由的瞭解，與我們日常對自由的瞭解也是相符合的。所以黑
格爾說：

> 精神，相反地，可以被界定為在它自身內有它的中心點的東西。
> 它在它自身以外，沒有甚麼統一性，它已經尋到了這統一性；
> 這統一性是存在於它自身之內，並與它共存。物質的主體是在
> 它自身以外；精神則是自足的存在 (Self-contained existence)，
> 而這正恰恰就是自由。因為我若依附他物而生存，那我就與非
> 我的外物相連，並且不能離開這個外物而獨立生存。反之，假
> 如我是依憑自己而存在的，那我就是自由⑩。

由於黑格爾的自由觀念是一個在他的哲學體系中最為關鍵性的觀
念，同時他又用很晦澀的辦法來表達它，所以我花一些篇幅來對它加
以一些疏解。

歷史是人類本質的展現

自由這個觀念的重要就在於黑格爾認為它是精神的本質，而人是
精神性的存在，因此，它實際上也就是人的本質。人類的歷史正是人
的本質在世界中展現的過程。因此，人類的歷史也就是實現自由的過
程⑪。他說：

---

⑩　*Philosophy of History*，英譯本，p. 62，中譯本，頁27–28。

真的東西是由內向外傳，將理性構築在實在的世界中的巨大的
躍進，全部世界歷史就是從事這一項工作。通過這項工作，文
明人實際上在法律及政府這種建制中給了理性一個載體
(embodiment)，並且也實現了對這項事實的認識的意識⑫。

這段文字所告訴我們的當然就是人類歷史乃是理性藉著法律與政
府（或國家）而客觀化的過程，以及人類對於這個過程的瞭解。他又
說：

其次，世界史不是單純的權力的判決，就是說，它不是盲目命
運的抽象的和非理性的必然性。相反地，由於精神是自在自為
的理性，而在精神中，理性對自己清楚地表現為知識，所以世
界歷史是理性各環節光從精神的自由概念中引發的必然發展，
從而也是精神的自我意識和自由的必然發展⑬。

這兩段話可以代表黑格爾對於人類歷史的看法。在《歷史哲學》
中，他也有類似的講法。歷史的目標就是精神的充分實現，也就是自
由的充分實現。但是，在精神的自我實現這個過程中，有二個重要的

---

⑪ 見John Plamenatz, "History as the realization of freedom" in Z. A.
Pelczynski (ed.), *Hegel's Political Philosophy* (Cambridge: Cambridge
University Press, 1971), pp. 30–51。

⑫ *Philosophy of Right*, § 270中Remark。我採用的中譯是范陽與張企泰的譯
本《法哲學原理》（北京：商務印書館，一九七八年），但我對它作了一
些修改。

⑬ 同上，§ 342。

問題必須注意: 第一, 精神或自由的實現並不是直線式的, 而是一種辯證的過程。在這個過程中, 不同的民族或文化, 都扮演過一段時期的角色。第二, 黑格爾所提到的必然性是一個一直引起爭議的問題。究竟他是否是一個決定論者, 如果是的話, 則精神就沒有自由不實現它自己, 這不是正好與它的本質——自由——相矛盾嗎? 這是一個很難的問題, 必須要好好地疏解一下。

先讓我們看第一個問題: 精神實現它自己的過程不是直線式的。有關這點, 黑格爾說:

> 自然有機體之發展是直接的, 不遭反對的, 不受阻擋的。在「觀念」和它的實現——原來的種子之主要的構造與從它發生的生存之適合於它——其間沒有騷擾的勢力能夠插足。然而關於精神方面, 則又大不相同。「精神之觀念」的實現是有意識與意志為媒介的; 這些意識與意志最初是埋沒於原係僅屬自然的生活之中; 它們的努力之第一個對象與目標便是它們的僅屬自然的使命之實現, ——但這種使命既受「精神」之鼓動, 所以就擁有無限的吸引力, 表現無限強大的力量和道德的豐富。所以精神是和它自己鬥爭著; 它自己可說便是它的最可怕的障礙, 它不得不克服它自己。講到發展, 它在「自然」界裡是和平的生長, 在「精神」界中卻是與它自己的凶悍的巨大的鬥爭。「精神」真正企求著的便是它的「理想的」存在之實現; 但在這樣企求之際, 它把那個目標遮蔽起來, 不給它自己看見, 而且傲然以與目標的隔絕為得意。
>
> 因此, 精神之開展, 並不像有機生活之開展那樣, 表示那種單純的生長之無害無爭的寧靜, 卻是一種嚴重的非己所願的, 反

對自己的工作。而且，它不僅表示那僅屬形式上的發展之概念，
而且是表示著要獲得一個確定的結果。獲得之目標我們在一開
始就決定了：這目標便是「精神」之完全，「精神」之主要的
本性，便是「自由」⑭。

　　無論是自然界的萬事萬物，或是精神，它們的發展都是由潛在發
展成實在。自然界的萬事萬物，由於沒有意識，它只是順著自然律把
它的潛在發展出來。當然它的發展也可能受到阻礙，但是這種阻礙卻
不是它自己，而一般是外在的條件。精神則不同，它由於需要意識與
意志作媒介。意識與意志本身雖是精神的表現，但是，在初階段時，
它們所表現的卻是與精神的本質相反的活動。意志以它以外的東西為
目標及對象，因此它成了非自足的存在，因而所表現的不是自由而是
肆意。這時候精神要與這種意志作戰鬥，使它回到它的本質。從這個
分析，我們可以看到，精神的發展並非直線性的，而是通過它與由它
產生出來卻對它違反的東西的戰鬥及克服才能完成它自己。黑格爾指
出，人類的歷史就是透過這種不斷的戰鬥與克服，而最後實現精神的
本質的過程。他將人類的歷史發展分為四個階段，第一是東方世界，
這包括中國、印度、波斯等；第二個階段是希臘世界；第三是羅馬世
界；第四則是日耳曼世界⑮。而在這個世界史的發展過程中，每個在
世界史中的文化都是根據一些根本原則為基礎而建立起來的。這些原

---

⑭　*Philosophy of History*，英譯本，p. 106，中譯本，頁90–91。

⑮　有關這四個階段的簡單的描寫可參看*Philosophy of Right*, pp. 354–360,
　　或 Dray, *Philosophy of History*, pp. 70–73, Shlomo Avineri, *Hegel's
　　Theory of the Modern State* (Cambridge: Cambridge University Press,
　　1972), pp. 222–270。

則之間有的是相衝突或對反的。但是，精神卻始終透過這些文化，朝向實現自己的目標邁進。

歷史的必然與自由的弔詭

如果精神是朝向自由這個目標不斷邁進，則歷史的過程是否變得是必然的呢？前面我們所引的黑格爾的話中提到必然性這個詞。如果歷史是這樣的話，那麼它所表現的豈不是一種自由的弔詭──精神沒有自由不朝向它的目標（自由）前進？這似乎是黑格爾哲學中的一個死結。黑格爾的歷史哲學是一種神義論(theodicy)。這從他的一段話中很明顯地表示出來：「上帝統治著世界；而世界歷史便是上帝的實際行政，便是上帝計畫之見諸實行。」⑯

這是神義論的最明顯的命題。上帝有一個計畫，世界按著上帝的計畫而存在及發展。如果是這樣的話，世界上所發生的事件就是不得不發生的了，因為它們都在上帝的計畫之內。那麼不但自然界的萬事萬物是沒有自由的，由於人類的歷史也是上帝計畫的一部份，自由似乎也不存在於其中，那麼所謂人的本質是自由的這個講法豈不是變成為假的？

最近艾倫・伍德(Allen Wood)對於黑格爾的神義論有所辯述⑰。他將黑格爾的神義論與萊布尼茲的神義論作了一個對照。他將萊布尼茲的神義論稱之為集體式(totalitarian)及批發式的(wholesale)。集體式的所意謂的是，世界中最小的細節也是神聖的計畫的一部份。上帝的睿智使得世界上沒有一個事件的發生是偶然的。如果能夠有足夠的知

---

⑯ *Philosophy of History*，英譯本，p. 84，中譯本，頁59。

⑰ Allen Wood, "Does Hegel have an ethics?" *The Monist*, Vol. 74, No. 3, 1991, pp. 361–367.

識與智慧，我們就會瞭解到，即使是最痛苦、最荒謬的事情，也是完成上帝計畫所不可或缺的一部份。另一方面，萊布尼茲的神義論又是批發式的，因為我們對於整個上帝的計畫不可能達到對每個細節都有充分的瞭解。神義論者只能顯示給我們看世界是上帝的計畫。但其中的許多細節，則由於人類的有限性而無法瞭解到。

伍德把黑格爾的神義論叫做零售式的及只是鬆散地合身 (loose-fitting)。零售式的意思是指，如果人類要對上帝的這個計畫有充分的瞭解及把握，則他們必須要在擁有主體自由的情況下，有意識地參加這項計畫，也就是，實現自己的本質（精神）才有可能。所謂它只是鬆散地合身的意思，則跟人的自由有不可分割的關係。萊布尼茲那種整體式的神義論中，上帝的計畫下達於最細節的部份，沒有東西不在他的計畫之內，因此，沒有東西是真正有自由的。黑格爾的講法則不認為一切世上所發生的都在上帝計畫之中。這是由於黑格爾認為，上帝的計畫必須在世界中實現，而這個世界本身卻充滿著偶然的因素。如果世界不是具有偶然的因素的話，它就是上帝的一部份或等同於上帝了，也就是說，世界就不再存在，正是由於世界不等同於上帝，所以它才會包含一些偶然因素及不完美。至於上帝是否能把世界造成一個完美無缺的東西，則不是黑格爾的神義論中所討論的東西。

但是我認為，如果上帝這樣做的話，則一切人類精神上的努力都變得不可能且不必要。由上面的分析顯示，從黑格爾的神義論中，我們只能得出某些大方向上的必然性，但卻無法得出每個事件的必然性。例如我們可以說，凡人都會死，但卻無法說出某人必然於某年某月某日某時會死掉。這個偶然論的講法用在人的歷史上，就可以允許自由的存在。雖然歷史是朝著一個目標邁進 —— 自由的實現 —— 但它的邁進並非直線式的，同時，歷史上每一個事件的發生也沒有必然不得不

在那個時候發生的強制性。用一個比喻來說，我們常說一個人的性格會決定他的命運。但是，性格所能決定的只是一個人一生會有甚麼樣的模式 (pattern)。例如脾性急躁的人，會比較容易與人發生衝突，因此，在他一生中，可能與別人摩擦的機會也會較多。但是，從這裡，我們卻無法推測出他一生中會與甚麼人有衝突，或是在那一個特定的時候與別人有衝突。上面這些事件都與偶然的因素有不可分割的關係。甚至可以更進一步說，由於他自己的反思意識 (reflective consciousness)，他還有可能在那些看來必然會引起衝突的場合，把它化解掉。這就是精神（自由）的力量。

從上面的分析，我們可以看出，黑格爾所謂的歷史的必然目標是甚麼意思，同時，我們也可以瞭解到，雖然他提出必然性的概念在歷史中所扮演的角色，但是，這個必然性並沒有把我們的自由剝奪掉。

熱情、慾望是行動的泉源

歷史的目標既然是精神的自我實現，到底精神或理念 (Idea) 用甚麼做為它的工具來完成這種自我實現呢？有關這個問題，黑格爾提出來兩項東西：第一是激情(passion)、欲望和需要等主觀的促使人去行動的動力，第二是世界歷史人物(world-historical individuals)。

首先讓我們看第一個要素。雖然人類的歷史是一部精神的自我實現史，但是，到底精神是透過人類來實現的。而甚麼是推動人類活動最有力的動力呢？很顯然的，並不一定是追求自由這種理性所提出的高貴的目標。事實上，對於人類的歷史的方向有所瞭解的人是極為少數的。推動人類最有力的力量莫過於他的欲望、激情及需要了。黑格爾說：「熱情、私己的目標，以及自私的欲望的滿足都是一切行動之最有效力的泉源。他們的力量就在於，他們全然不顧及道德與法律加

諸於他的要求。」[18] 每個人都為了自我的目標而奮鬥。擁有這些目標的
人不一定瞭解到他們乃是歷史的一部份，最終它們將帶領他們朝著精
神而邁進。這些擁有目標的人，他們的動機幾乎純粹是自私的，也就
是，實現自己的目標，而不理會別人。在這裡黑格爾對於歷史的瞭解
與亞當・史密斯對於社會及歷史的瞭解是相吻合的。史密斯在《國富
論》中那個有名的「無形之手」的理論所說的正與黑格爾在這裡所說
的是一樣的東西[19]。史密斯的經濟人所唯一關心的是自己的利益，他
認為，在每個人都不關心別人而只為自己的利益奮鬥的情況下，不但
每個人能獲得最大的利益，同時社會本身也獲得最大的利益。這後面
好像有一隻無形之手在那裡引導而達成這個後果似的。

　　就黑格爾的哲學而言，雖然精神本身是能動的東西，但是在人類
歷史發展的過程中，卻充滿著鬥爭與流血，精神不讓它自己糾纏在這
個血淋淋的鬥爭中而受到傷害[20]。它卻利用人類的欲望去鬥爭，但最
後得到勝利的卻是精神本身。這就是黑格爾的有名的「理性的狡猾」
(The Cunning of Reason)的論旨。他說：

> 特殊性與特殊性相互鬥爭，結果彼此都有所損失。那個普遍的
> 理念卻不摻入這種反對與鬥爭之中，那樣做將是危險的。它停
> 留在後方，在背景裡，不受騷擾，也不受侵犯。它驅使激情去
> 為它工作，激情從這種推動裡發展了它的存在，而激情則受了

---

[18]　*Philosophy of History*，英譯本，p. 65，中譯本，頁32。

[19]　見 Adam Smith, *Wealth of Nation* (NY: Modern Library, 1937), p. 423。

[20]　黑格爾指出「歷史並非幸福的劇場」而是「屠宰的工作臺」，在其中，
　　　人們的幸福、國家的智慧及個人的德性都是受害者。見 *Philosophy of
　　　History*，英譯本，p. 66及73。

處罰，蒙受損失——這或者可以被稱為「理性的狡猾」 **㉑**。

推動人類歷史的最大動力，莫過於自私的欲望的滿足。為了這種欲望的滿足，人類不惜生命去奮鬥。在這個奮鬥的過程中，極為少數的人能夠瞭解到精神原來是用他們作為工具在完成自己的實現。黑格爾這個講法乍看之下是非常玄虛的。真的在人類的歷史過程中，我們都只是被精神利用來達成它自我實現的工具嗎？真的在每個人的目標之上還有一個見不到的精神，而它也有它的目標，並且我們還是它實現自我的工具嗎？這些講法似乎很難被經驗論的人所接受。但是，如果我們在這裡提出一個幾乎被所有人都接受的觀念的話，則「理性的狡猾」的講法似乎就變得相當合理。這個觀念就是非意願的結果（unintended consequences）。人類的一項行為會產生許多結果，但是真正行為者所意願的結果可能是Ａ，而往往最後造成最大影響的及構成最大意義的卻是Ｂ。韋伯就用這個觀念來討論資本主義的興起。他認為資本主義的興起與宗教改革有極為密切的關係，但是實行宗教改革的人當時心目中的意願卻絕不包括資本主義這項東西。它如果能被稱為是它的結果之一的話，則這個結果完全不是當初宗教改革者的意願之一。但是資本主義卻是在人類歷史中使我們邁向自由的一個極為重要的里程碑。

歷史人物與跳躍的歷史觀

黑格爾的歷史觀中世界歷史人物也佔著一個極為重要的位置。這是由於他對歷史的看法不是直線式的進展，而是一種在關鍵的時刻有質的跳躍的歷史觀所引起的。這種質的跳躍所表示的就是，不同的歷

㉑　同上，英譯本，p. 80，中譯本，頁53。

史性的時期，一個文化所體現的是某一個特別的原則及目的。從一個
歷史時期到另一個歷史時期的轉變乃是這種目的及原則的轉變。而歷
史人物所代表的正是這種新的原則及目的的出現。當然，這種新的目
標及原則本身在表面上看起來也並不一定比舊的要更加接近歷史的目
標，歷史人物對於它們的擁抱也並不表示他們知道歷史的目標是甚麼。
理性或精神只不過是假他們之手，以他們做為工具，來實現自己的目
標罷了。黑格爾以凱撒為例來說明這種歷史人物的性質。

> 本質上屬於這類「世界歷史人物」者有凱撒，特別當他有喪失
> 他的地位的危險時——這時候也許不是喪失他的優越地位，但
> 至少是要喪失他與政府領袖們的平等地位，而且是保不住要屈
> 服於那輩瞬將成為他的敵人的時候。這輩敵人——他們同時正
> 在追求他們的私人目的——掌握著憲法之形式，和奉著正義在
> 表面上所授予的政權。凱撒為了保持他的地位、名譽與安全，
> 正與他們抗爭；……那種使他竟能克奏膚功，達到目的的東西
> ——這目的起初係屬消極的性質，即係取得羅馬之獨裁權——
> 同時卻是羅馬歷史上，以及世界歷史上，一種獨立地有其必要
> 的東西。於此可見，這東西不是他的私欲而已，卻是一種不自
> 覺的、無意識的衝動，要來完成那時機已熟的事業。一切偉大
> 的歷史的人物——這種人自己的特殊目的關聯著「世界精神」
> 之意志所存的那些重大事件[22]。

　　由於歷史的發展是透過質的跳躍，並且是階段性的，因此，歷史
人物所代表的就是一個時代到另一個時代的歷史的新頁。但是，他們

---

[22]　同上，英譯本，p. 76，中譯本，頁47–48。

仍舊只是理性的工具。也正是由於這一點，歷史人物對於他自己所代表的東西並不一定有很清晰的瞭解，他們甚至於對歷史目標完全沒有瞭解。關於歷史人物究竟對他所代表的東西有甚麼樣的瞭解這個問題，黑格爾在《歷史哲學》中的說法不很確定。有時候他似乎傾向於認為，他們只是行動的人物，因此，對於他們自己所負的歷史使命完全沒有瞭解，因此，他們只是無意識地在為理性的目標服務，有時候黑格爾又認為他們對於這個目標有清晰的體認，事實上，他們完全瞭解他們的使命乃是把人類帶到更高的精神境界去❷。

　　歷史人物雖然不一定能夠很清晰地瞭解到他們在歷史中所扮演的角色，但是，由於黑格爾認為歷史乃是「屠宰的工作臺」，它並不是「幸福的劇場」，因此，這些歷史人物的命運多半是以悲劇收場。「要麼像亞歷山大那樣英年早逝，要麼像凱撒那樣被刺而死於非命，或是像拿破崙那樣被放逐到聖海崙那島去。」❷

　　但是如果歷史人物不瞭解或起碼沒有清楚地瞭解自己的歷史使命的話，因為或因而對歷史的目標沒有瞭解的話，那麼誰才對它瞭解呢？

---

❷　Avineri 在他對黑格爾有關這個問題的討論中指出黑格爾犯了自相矛盾。有時候他持的看法是前者，有時候他則認為歷史人物對他們所扮演的角色有清楚的瞭解。他並且引了三段黑格爾的話來證明他的論點。Charles Taylor 則指出，黑格爾的《歷史哲學》乃是後人編輯出版的，所以他自己並未像那些準備出版自己的著作的人那樣好好地整理過。他認為黑格爾對這個問題的看法是：世界歷史人物對於他們自己所服務的更高一層的真理有所瞭解，但是他們卻是透過一層玻璃而隱隱地見到這點。見 Avineri 上引書，p. 233 及 Charles Taylor, *Hegel* (Cambridge: Cambridge University Press, 1975), p. 393, 註一。

❷　*Philosophy of History*，英譯本，p. 78。

黑格爾明顯地指出，只有他（哲學家）才對這點有所瞭解，因為哲學的工作之一就是對歷史進行哲學的審查。而這種審查所要瞭解的東西之一就是歷史的目的❷。

主體自由、分裂及統一

　　黑格爾用一個寓言來說明世界歷史的進展。他說：

> 試想一個盲人，忽然得到了視力，看見燦爛的曙色、漸增的光明，和旭日上昇時火一般的榮華，試想他的情緒如何。他的第一種感覺，便是在這一片清暉中，全然忘卻了他自己——絕對的驚詫。但當太陽既昇，他這種驚詫減少了：四周的事物均經覺察，個人轉而思索他自己的內在的存在(inner being)，他自己與事物之間的關係遂漸漸被發覺。他便放棄了不活動的思索而去活動，汩乎白日將歇，人已從自己內在的太陽裡築起了一座建築；他在夜間想到這事的時候，他重視他內在的太陽，更過於他重視那原來的外界的太陽。要知如今他和他的「精神」之間，結著一種「自覺的關係」(conscious relation)，所以也就是一種「自由的」(free)關係了。我們只要把上述想像的例子牢記在心，我們將明白這是象徵著歷史——「精神」在白天裡的工作——的路線❷。

---

❷　Avineri 在這裡指出，如果是這樣的話，則創造歷史的人卻不瞭解歷史，而瞭解歷史的人卻非它的創造者。這樣的講法可能沒有給予「瞭解」這項活動所應該具有的地位。瞭解自我或自己的文化，實際上是超越自我的必要條件。見Avineri, p. 234。

❷　*Philosophy of History*，英譯本，p. 163，中譯本，頁171–172。

　　這個寓言是用來描述世界史的發展進程的。世界史由矇矓開始，在這個階段，人完全埋沒在自然中，沒有主體意識的自覺；接著，在看清楚外界事物之後，他把注意力轉而向內，去對自己做探索。當他發現了自我之後，由這裡出發起而再把主體的精神客觀化。這個客體已不像未反省前的客體那樣，對他不構成限制，而是他透過自由的創造。黑格爾這種對世界史的瞭解，裡面有許多關鍵性的概念是我們所必須要把握的。只有把握了這些關鍵性的概念之後，才有可能充分地理解他為什麼這樣看人類的歷史。在上面所引的那段文字之後，他接著就開始闡明我們應該怎麼樣去把握這個寓言的意義。

　　第一個問題是，究竟他們在國家內的實際生活是一種不識不知的日常習慣呢？抑構成國家的各個人是有反思的，有人格性的，有一種主體的和獨立的生存的呢？在這點上客觀的自由與主體的自由必須分別清楚。客觀的自由〔或實體的自由(substantial freedom)〕是那種包含在意願中間的抽象而未發展的「理性」(Reason)開始在國家內發展它自己。但在這方面的「理性」中，仍缺少那個人的識見與意志，即是主體的自由(subjective freedom)；這只能在「個人」內實現，並且這是構成「個人」自己良心上的反思。在僅有客觀的自由的地方，命令和法律是被視為固定的，抽象的，是臣民所絕對服從遵守的。這類法律既無須適合個人的願望，一般臣民因此有如孩童，只一味服從父母，而無自己的意志或識見。但自主體的自由發生以後，人類從思索外物轉而思索他自己的靈魂，一經反思，於是內與外的差別也發生了，而有所謂「真實(或實在物)之否定」(Negation of Reality)。從實在的世界退出即形成一種對峙(antithesis)，一

方面是絕對的「存在」(Absolute Being)——神道 (the Divine)
——另一方面則為人的主體作為個體而存在。在東方所特具的
那種直接的，未反思的意識中，這二者迄未辨明。那客觀的世
界與個人是有分別了，但這對峙猶未在（絕對的與主體的）精
神(Spirit)之間創出一種分裂❷。

　　這是黑格爾的歷史哲學中極為重要的一段話。其中包括了他體系
中的許多重要概念，例如主體自由，分裂(schism)及統一(unity)等。在
文明之初，人類的意識對象總是他的感官所能觸受的外在世界，這就
像嬰兒及小孩子一樣。這時，他還缺乏反思的能力，因此，他以為唯
一的真實就是外在於他的世界。在這個階段中，人的意識是未經反思
的意識。在人類自己所創造的社會世界中，情況也相同。外在的社會
制度、法律規則等都被視為是有如自然律般的客觀而自主的存在。人
們甚至會認為這些由他自己所創造的東西乃是自然的一部份，因此，
也當然能夠獨立於他而存在。這時候，人們服從法律及社會風俗，而
構成一種統一(unity)。但是，這種統一卻是未經反思的統一。但是，
人類的文明卻不停留在此。種種原因使得他的意識由外而轉向內。其
中最重要的原因可能是由於人類在與不同的文化接觸時，發現到別的
文化與自己的文化有著不同的習俗與規則。這使得他開始想到，到底
這些被視為有如自然律般的法律、道德與習俗是否真的具有這種不可
變易的特性？當然，這種思想的發生並不是必然的。有的人會認為他
們的確擁有恆常不變的特性。與自己不同的文化所擁有的道德及風俗
乃是錯的道德及風俗。但是，如果他們不這樣想，而開始反思這些法
律、道德及風俗究竟是怎麼產生時，他們就很可能發現這些東西原來

---

❷　同上，英譯本，pp. 164–165，中譯本，頁173–174。

並不是外在強加給他們的，而是他們自己所創造的東西。

　　從這裡很容易再進一步地去認識到，如果這些是他們自己的創造，那麼這豈不是表示這是他們自由活動的結果。這時，他們的意識幾乎已經完全轉為向內的反思了。這種反思的結果，以及他們對於外在規則的新的看法，使得他們一方面領悟到，他們的主體與客體原來具有一種對立的關係，另一方面，他們也瞭解到客體對他們原來不但不構成限制，反而是他們的主體精神的客觀表現。這時候，他們體現到的自由也就是主體的自由。這與實體的自由（或客觀的自由）之不同在於，後者是一種在社會中客觀存在的東西，但主體卻未瞭解到這種東西乃是他們的本質的體現。所以，要發展出主體的自由的概念，與客體的分裂(schism)是不可或缺的一個步驟。黑格爾看人類的各種文化的階段就是用這個架構來進行的。

民族精神的體現

　　每個民族有不同的建構他們社會的根本原則，這些原則在政治、宗教、哲學、藝術、道德等文化建制中體現。這就是一個民族的精神。一個民族所體現的究竟是甚麼精神，就要看這個民族或文化中自由被體現的形態而定。黑格爾認為人類歷史的目標乃是精神的體現。不同的文化由於有不同的民族精神，因此，對於精神的體現也表現為不同的方式，同時，更重要的是對於精神也有著不同程度的體現。用上述的架構來進行為世界史的進展作描述時，黑格爾就提出了他那有名的四階段的人類歷史的說法：

> 東方人不曉得「精神」——人作為精神——是自由的；因為他
> 們不曉得這點，所以他們不自由。他們只知道一個人是自由的。

唯其如此，這一個人的自由僅係放縱恣肆；鹵莽——激情之赤
裸裸的衝動，或則又是欲念之一種柔和，這種柔和自身僅係自
然界之偶然現象——實與前者一樣的放縱恣肆。所以這一個人
只是一個專制君主，不是一個自由人。「自由」的意識首先出
現於希臘人中間，所以他們是自由的；但他們，還有羅馬人亦
然，只知道若干人或少數人是自由的，而非人人是自由的。便
是柏拉圖與亞里士多德也不知道這個。職是之故，希臘人蓄有
奴隸；而他們的整個生活和他們的光耀的自由之維持與奴隸制
度是息息相關的：這個事實，一方面，使他們的自由只如曇花
之一現，另一方面，又使我們人類共有的本性或人性，為之汩
沒無餘。各日耳曼民族在基督教之影響下，首先取得這個意識，
知道人之為人是自由的：知道「精神」的自由便是它的本質 **❷**。

中國和蒙古是神權專制主義的領域

「精神之光自亞洲昇起，所以世界歷史亦始於亞洲。」**❷**「歷史始
於中國和蒙古人——神權專制主義的領域。」**❸**

我們首須討論者係東方。其基礎為未反思的意識——客觀的，
精神的存在；主體的意志與這種意識最初所生的關係是信仰、
信心和服從。在東方的政治生活裡，我們看到一種理性的自由，
逐漸發展而未進為主體的自由。這是歷史的幼年時期。客觀的

---

❷ 同上，英譯本，pp. 62–63，中譯本，頁28–29。英譯本，p. 164，中譯本，
頁174也有同樣的講法。

❷ 同上，英譯本，p. 158。

❸ 同上，英譯本，p. 173。

種種形式構成了東方「帝國」的堂皇的建築，其中雖具有一切理性的律令與佈置，但各個人仍只是偶然的。他們圍繞著一個中心，圍繞著那位元首，他以大家長的地位——而非羅馬帝國憲法中的君主——居於至尊。要知他須執行道德法範：他須崇奉業已規定的重要律令；職是之故，在我們西方純屬於主體的自由範圍內的種種，在彼東方卻自國家的全體內發生。東方觀念的光榮在於「一個人」(the One Individual)，一切皆隸屬於這位客觀的存在，以致任何其他個人皆無單獨的存在，並且在他的主體的自由裡照不見他自己。……一方面是持久、穩定，——可稱為僅屬於空間的國家（與屬於「時間」者有分別）——乃非歷史的歷史(unhistorical history)；——例如中國，……另一方面則時間的形式與這種空間的穩定斷然相反。上述各國家本身不必有什麼變化，它們生存的原則也不必有什麼變化，但它們相互間的地位卻在不斷變化之中。它們相鬥相殺，從無休止，而促成了迅速的毀滅。那個相反的個性的原則也加在這些衝突的關係內，但該個性本身猶屬不知不覺的，僅是天然的普遍性，——這光明，猶不是個人靈魂中的光明。這部歷史(即前述的爭鬥)，亦然如此，它在大部份上實係非歷史的，因為它只是重複著那終古相同的莊嚴的毀滅而已。那新生的元素，以勇敢、機警、寬大諸形相，把先前的專制威儀取而代之，隨後卻又走上了衰退的老圈子。這裡所謂衰退者並非真正的衰退，因在這一切不息的變化中，實未嘗有任何的進展❸。

精神之光雖起自亞洲，但是，正如上面所引過的黑格爾的一段話

---

❸　同上，英譯本，pp. 165–167，中譯本，頁174–176。

中所說的，在亞洲，無論是中國或印度，它們的文化都尚未達到反思意識的階段，因此，主體精神尚未從客觀世界中分裂出來，它仍舊被浸沉在自然之中。另一方面，亞洲文化所建立的國家只是屬於空間性的，因此，它並沒有真正的歷史。它的歷史只是非歷史性的歷史。這兩個特性黑格爾認為在中國文化與印度文化中都表現了出來。我認為這是黑格爾對於東方文化的最根本及一般的瞭解。所以我打算在這裡先對它們作一個討論。黑格爾對於中國文化中各個特殊領域，如政治、法律、宗教等的瞭解，都是從他這兩點一般及根本的瞭解而來的。

東方世界缺乏主體的自由

　　㈠自覺意識尚未出現，所表示的是人的意識還停留在最初的階段。意識所指向的是自己以外的世界，而意識的對象也是自己以外的世界。這個意識的初階段的對象當然是感官所能觸及的世界。在這個階段的意識世界裡，人們缺乏自我意識。由於缺乏這種反觀式的自我意識，因此，人與自然，主體與客觀的對立尚未發生。主體事實上還是被埋沒在自然及客體之中。支配中國人的宇宙觀中很重要的一些想法，例如，「與天地並生，與萬物合一」就是這種主體精神沒有冒出的表現。這種把人視為自然的一部份，而不是與自然相對立的想法，在運用到人的世界中時，所表現的就是人世間的各種秩序，例如道德秩序、政治秩序等，也是自然的一部份。因此，構成道德秩序的道德律也是自然世界或客觀世界的一部份。在這種情況下，道德律對人而言變成一種外在的規範，而不是人經由自己的自由所創造出來的東西；由於它是自外而來的規範，因此，它成為對人的自由的一種限制。這一切都是由於意識還沒有進入反思的階段，而以它自己為對象所造成的結果。

　　黑格爾一再的指出，東方世界的最大特色就是它缺乏主體的自由，

雖然它有合理的或實體性的自由。但是缺乏主體自由的意思就是人還沒有主觀地瞭解到自己的本質是精神，而精神的本質就是自由。也就是說，人還沒有瞭解到他的本質就是自由。由於沒有這種理解，人們也就無法瞭解到，一切外在的客觀世界中的規律（指人的世界中的那些規律），　原來是人們依據自己的自由的創造物，而不是外在強加於我們的規定。由於人不瞭解自己的本質是自由，因此，他也就缺乏主體的自由。因為這種自由必須透過自覺才能被體現出來。黑格爾指出，不但東方文化沒有瞭解到人的本質是自由，因為他的本質是精神，就是人類歷史中的青年期的希臘文化對這點也還沒有真正的把握，這就是為甚麼黑格爾說柏拉圖與亞里士多德也不瞭解到人的本質是自由的原因。只有到了日耳曼的文化時期，人們才對這點有真的認識。而這種認識所表現的是特殊性 (particularity) 及個體性 (individuality) 的出現。特殊性的出現也是認識到人做為人，就擁有一些自然權利的這個事實。這是現代世界的成就❸❷。

　　在一個缺乏主體自由的文化中，它的統一無法建立在特殊性的分化之上，也就是特殊性出現後再經由普遍性(universality)將它統一起來。這種統一黑格爾認為是現代文化的成果。在現代國家中，人的特殊性透過對人權的肯定而得以出現，國家的統一則是這種特殊性經過自由的選擇所建立起來的統一。在主體自由沒有出現以前的統一只是未經分化的統一。因此，它的統一並未經過對個體的肯定這個階段。所以它的統一只能建立在一個實體之上。在中國所表現的就是這個統

❸❷　有關特殊性的出現，見黑格爾的 *Philosophy of Right* 中市民社會的那一章；§§ 182–256。並可參考本書〈市民社會與重本抑末——中國現代化道路上的一些障礙〉一文或我的〈個殊性原則與現代性：黑格爾論市民社會〉，《當代》第四十七期，一九九〇年三月，頁20–28。

一乃是建立在皇帝身上，皇帝就是這個實體❸。

非歷史性的歷史

㈡其次要談的是東方的歷史實際上是非歷史性的歷史。它只有延續，但是它並不是真正的歷史。我們中國人常常指出自己是一個歷史悠久的文化，黑格爾也指出，在古代民族中，中國文化的特性之一是其他民族所沒有的，這就是我們具有一部很完備的寫的歷史。但是，他既然這樣說了，為甚麼他會認為中國文化只是延續，而沒有歷史？為甚麼他把我們的文化稱之為非歷史性的歷史？要解答這些問題，我們必須先明白黑格爾對歷史這個概念的瞭解。他指出，一個文化僅僅是在時間中綿延並不表示它有歷史，它一定要包含三個因素才能構成歷史。這三個因素就是變化(change)、新的生命，以及進步❸。當然，任何一個文化如果延續下去的話，都會有變化，但是，這些變化也許只是純粹人事上的變化。改朝換代是較大的變化。但是，黑格爾卻不認為這些變化是歷史性的變化。由於他認為人類的歷史是自由實現的過程，因此，如果不是一個社會根本組織的改變，因而使得文化由一個階段邁向一個更高的階段的改變，他都不認為是歷史性的變化，那種改朝換代或人事的變化是沒有歷史意義的。

其次，要有新的東西的出現才能構成歷史。這當然與上面對於變化的解釋有著不可分割的關係，事實上如果對變化作上述的解釋的話，則它與新事物的出現就是等同的。但是新事物的出現也不表示就是有歷史。黑格爾所指出的第三個歷史的條件就是，這個新的事物必須是

---

❸ 有關未分化的統一，見本書〈市民社會與重本抑末 —— 中國現代化道路上的一些障礙〉一文。

❸ *Philosophy of History*，英譯本，pp. 126-127。

進步的。黑格爾在這裡提到火鳳凰從灰燼中再生的神話。它看起來好像是不斷的新生，但是黑格爾指出這種輪迴的思想並沒有由於不斷的再生而使生命的層次不斷地提高，因此，它也並非真正的歷史性的變化。黑格爾認為這種輪迴的思想是亞洲形上學中的最高思想。輪迴並不表示進步，因此，它也沒有歷史的意義。精神的歷程則是在不斷的生滅中永遠往上一層境界的邁進，也就是，自由的不斷的提昇。這當然是西方現代啟蒙運動的典型思想。

如果我們接受黑格爾對於歷史這個概念所必須具備的三個條件的說法，則他對中國或東方所下的判斷——非歷史性的歷史——似乎也變得可以理解，甚至使我們不得不同意。中國自秦統一天下成為一個專制帝國以來，它所經歷的變化基本上是非歷史性的變化。也就是說，在價值觀、宇宙觀、社會結構等根本的哲學觀念上，中國文化並沒有經歷過革命性的改變，有的只是一些枝節性的變化。就這個意義上講，辛亥革命以前或甚至以後一直到今天，我們基本的哲學原則仍是幾千年前的那些原則。我們可以想像一個漢朝的人，如果驟然被投到清朝，他不會感到有甚麼變化使他大吃一驚，或是感覺到他是進入了一個嶄新的世界。漢朝的士、農、工、商，或清朝的士、農、工、商的生活大概也不會有太大的差別。西方世界的歷史則經過一些結構性的轉變。由希臘羅馬的奴隸社會，到中世紀的封建社會，再到現代的工商業資本主義社會，這些變化是結構性的變化。用哈伯瑪斯的話來說，這些社會用以奠立自己合法性(legitimacy)的根本方式是不同的 ❸。黑格爾更會指出，這些結構性的變化，構成了文化中一個階段向另一個階段

---

❸　見 Jurgen Habermas, "Legitimation Problems in the Modern State"，本文收在他的 *Communication and the Evolution of Society*, tr. Thomas McCarthy (Boston: Beacon Press, 1979), pp. 183–186。

的跳躍，而每一次的跳躍也使得人類的精神向上提昇了一級。

但是，為甚麼東方或中國的歷史會是這樣非歷史性的呢？要對它提出解釋，就還是得回到黑格爾對東方的根本看法──主體自由沒有出現。由於主體自由沒有出現，人不瞭解人作為人，他的本質乃是自由的。因此，人與自然的區分沒有真正發生。在自然之中，是沒有新的事物的。如果人仍是浸沉在自然之中，則一切都是順著自然律，那麼新的事物，也就不會發生了。所謂「不識不知，順帝之則」所表現的正是這個境界。只有當人從自然中分裂出來，瞭解到自己的本質乃是自由之後，人才可能用這個自由去從事創造活動，才會瞭解到，自然是自然，它們的律則並不能對我們精神構成限制。也只有這樣，歷史才可能發生。這個黑格爾式的解釋究竟是否能站得住腳，是可以爭論的。他認為東方的歷史是非歷史性的這點，似乎也有許多人不同意。但是，如果你同意他所提出的歷史的條件的話，則要反駁他的看法也不是很容易的事情。

道德、法律是自然律

談過了他對中國及東方的一般及根本的精神的看法之後，黑格爾接著分別地討論到他對中國文化中各個特殊領域的看法。這些包括道德、憲制、行政、司法、宗教及文教藝術。這些領域中，黑格爾花了絕大部份的篇幅討論憲制、行政及宗教。我將主要敘述他對中國人的道德、憲制、行政及宗教的看法。

首先，讓我們看道德這個領域。對於東方的道德，黑格爾講了這樣一段話：

　　東方世界在「道德」方面有一種固有的和顯著的原則即「客觀

的」（「命令的」Prescriptive）。我們首先看見那放恣的意志是
被克服了，被歸併在這個實體性裡面。道德的特色與規定雖表
現為各種「法則」，但主觀的意志被這些「法則」管束著，彷
彿是一種外界的力量所管束著。所有性向、「良心」、形式「自
由」等主觀的東西都是未獲承認的。司法只是照了外在性的道
德而行使，政府僅被當做強迫的特權而存在。我們的民法實在
包含若干純屬強迫性的勅令。我可以被迫放棄他人的財產，或
被迫遵守自己所訂的契約；但我們（指西洋人）並不把「道德」
當做純粹的強迫，而把它當做主體的性向——他們對於法律所
要求的認同。道德在東方亦被視為屬於立法的正當範圍內，而
縱令道德的規定（東方「倫理」的實質）是怎樣的完善，那應
該作為內部的主觀的情操終是被當做為一種外在的安排。可以
指揮道德行動的那一種意志雖不缺少，但從內心發出以從事這
些道德行動的這一種意志卻沒有。「精神」既尚未取得主體性，
所以在表面上是依舊未脫「天然」情形的。外面的、內部的，
法律的與道德的既尚未分別清楚——尚形成一種未分的單一體
——宗教和國家亦然如此㊱。

對於中國人的道德觀，黑格爾基本上也是這樣看的。他說：

在中國人心目中，他們的道德法律簡直是自然律，——外界
的，積極的命令，——強力所規定的要求——相互間禮貌上的
強迫的義務或規則。「理性」之各種重要決定要成為道德的情
操，本非有「自由」不可，然而他們沒有「自由」。在中國，

㊱ *Philosophy of History*, 英譯本, pp. 171–172, 中譯本, 頁183–184。

　　道德是一樁政治的事務，而它的若干法則皆是由政府官吏與法律機關來主持的[37]。

　　這種對於道德觀的看法很顯然的是從他對中國文化的根本精神的看法而來的。由於缺乏主體自由及自覺意識，因此，中國人不瞭解道德乃是精神透過自由創造而產生的。因此，它對於人們來說，不但不是主體精神的客觀化，卻反而成了束縛人們的外在力量。荀子對於禮的起源的說法很能表現出這點道德的外在性的特質。他說：「禮起于何也？曰：人生而有欲，欲而不得，則不能無求，求而無度量分界，則不能不爭。爭則亂，亂則窮。先王惡其亂也，故制禮義以分之，以養人之欲，給人之求。使欲必不窮乎物，物必不屈於欲，兩者相持而長，是禮之所由起也。」[38]

　　這段話說明瞭禮的起源及作用。它是先王、聖人所制定用以防亂的。但是，這所表示的卻是，禮乃是聖人制定而不是所有人所共同制定的東西。也就是說，對大家而言，它乃是別人制定而加於他們的外在的約束。聖王制禮故然表示他是憑著自由意志而創造，但是，對百姓而言，他們並沒有參與這項工作，因此，禮對他們並非經過自由意志的選擇而對自己訂下的律則，這就構成了它的外在束縛性。這裡可以順便一提的是，如果接受像黑格爾對自由所作的瞭解，則由於禮是聖王所制定而沒有別人的參與，則黑格爾所說的東方只有一個人是自由的這句話的意思也就變得更清楚。如果我們同意中國的道德的外在性，則黑格爾所提的在中國道德中，主觀性向、良心及形式自由都未獲得承認也變得是必然的結果。

---

[37]　同上，英譯本，p. 124，中譯本，頁116。

[38]　《荀子·禮論》。

其次，他指出中國人把道德律視為是自然律，因此，它不是主體透過自由而創造的東西。《詩經・小雅》上所說的「天生烝民，有物有則。民之秉彝，好是懿德」似乎也印證了這種講法。荀子在〈禮論〉中也說，禮的作用可以達到「天地以合，日月以明，四時以序；星辰以行，江河以流，萬物以昌」，這似乎也意味著禮或道德法律是自然的一部份。

良心與道德主體

但是，黑格爾對中國人的道德的瞭解真的是恰當的嗎？許多人一定會不同意他的看法。中國人的道德觀雖然認為道德有客觀根據，但是，如果說中國的道德系統中缺乏了主體的性向、良心等因素，卻很難叫我們接受。《中庸》一開始所說的「天命之謂性，率性之謂道，修道之謂教」這句話不僅包含了道德原則的客觀基礎，同時也提出了道德實踐乃是主觀的修為的結果。中國道德中一再強調反求諸己的重要，這些所表示的都是，道德並非是外在強加於我們的束縛物，而是發自內心的一種自我的體現。這所表示的是，在中國道德中，主體精神並不是不存在的。所以牟宗三先生在討論黑格爾對中國的看法時就指出，中國文化雖然缺乏政治主體，但是卻擁有道德主體及藝術主體❸。反對黑格爾對中國道德看法的人會指出，雖然中國的道德觀是建基在客觀的基礎，也就是，天道之上的，但是人卻秉受了天道，因此天道成了我們內在的本性。道德的實踐，乃是這種本性的呈現，所以良心在中國道德中佔有極為重要的地位。如果道德是自我的實現，那麼，它就不是外在強加於人的束縛。黑格爾是否有辦法回答這個講

---

❸　牟宗三，《歷史哲學》（香港：人生出版社，一九六二年），第三章，頁53–82。

法呢？就他對人的本質以及道德的本質出發，他似乎可以做出這樣的回應。人是精神的存在，而精神的本質是自由。上面所引的黑格爾的話中有這樣的一句話：「理性之各種重要決定要成為道德的情操，本非有自由不可，然而他們沒有自由。」❹這句話所表示的就是 —— 道德必須是人經由自由活動的創造品，只有當它是這樣的東西時，它才不構成對人的束縛。因為只有當它是這樣時，我們遵循道德規律才是在遵循自己。而只有這種道德才能真正地體現自我，因為它是我們自由的表現。中國道德雖然肯定道德源本於人性，但是，中國人卻沒有瞭解到人性的本質乃是自由。因此，即使道德源於人的本性，但道德的實現卻並不等於自由的實現。如果我們不實現自由，則我們就沒有真正地實現人性。但是，由於道德不是我們的創造品，因此，對它遵循仍然構成一種對人的束縛。道德實踐如果不是人的自由創造，則自律就無法實現，而不含自律因素的道德，不是真正的道德。雖然中國道德中不乏主體的因素，但是中國人的道德觀中卻從來沒有把道德視為是自由意志所創造的成品，所以它還是外在的。即使它是天加給我們的，但這卻仍不能表示它的來源是人自己。黑格爾這樣的答辯是否能夠駁倒上述為中國道德辯護者的論證，是一個有待作更詳細討論的問題。我在這裡無法再對它申論下去。

法理缺乏個人權利

如果說，中國道德是否能體現主體的自由是一個尚待解決的問題，中國憲制則明顯地表現出，中國人缺乏政治上的自律。這從中國政治、法理的理論中缺乏個人權利這個概念就可以得到印證。牟宗三先生在指出中國擁有道德及藝術的主體自由的同時，也同意黑格爾對於中國

❹　見❸。

政治中缺乏主體自由的看法。

黑格爾怎麼看中國的憲制與行政呢？在指出中國的六經的一般性質之後，他說：「這些典籍便是中國歷史、禮俗以及法律的基礎。」❹接著極為簡單地指出一些中國歷史上的日期之後，他就轉而討論中國憲制的精神。

> 如今讓我們從中國歷史上的這些年月日，轉而探索那終古無變的憲制的「精神」。這個，我們可以從那條普遍的原則，即實體「精神」與個人的直接統一，演繹出來；但這憲制的「精神」即是「家庭的精神」，它在這裡普及於世界上人口最多的國家。在發展的這個階段上，我們無從發見「主體性」的成分，主體性者，即個人意志的自己反思，與「實體性」（係包括著主體性的那種權力）成為對峙者；……像在猶太教內，那個「忌妒的上帝」係為「個人」的否定是大家知道的。在中國，那個「普遍的意志」直接命令個人應該做些什麼，個人則敬謹服從而成正比例地放棄其反省與獨立。……所以政治整體內固然缺少主體性的成分，同時這個整體又缺乏一種主體的道德性向之基礎。「實體」僅只是一個人——皇帝，——他的法律便是一切。話雖如此，這樣漠視個性並不指有任性，因有任性即有個性——即主體性與流動性。可見中國的「國家的一尊」(the One Being of the State)是至高無上的，——那個實體仍極堅硬剛強，與其他一切概不相似，——並不包括其他的成分的。
>
> 因此這種關係，表現得更加切實而且更加符合它的概念的，便是家庭的關係。中國純粹建築在這一種道德的結合上，而國家

❹ *Philosophy of History*，英譯本，p. 178，中譯本，頁193。

的特性便是客觀的「家庭孝敬」(Family Piety)。中國人自視為屬於他們的家庭，而同時為國家的兒女。在家庭之內，他們不是人格，因為他們在其中生活的那個團結的單位乃是血統關係與天然義務。在國家之內，他們一樣缺少獨立的人格；因為國家內大家長的關係最為顯著，皇帝猶如嚴父，為政府的基礎，治理國家的一切部門❷。

很明顯的，這個對於中國憲制的看法仍然是從那根本的原則——中國文化沒有主體性的自由——所推演出來的。由於缺少主體性的自由，所以它的統一只能是直接的統一 (immediate unity)。所謂直接的統一所意謂的就是指沒有經過特殊性的分化的統一。特殊性是在個人權利被肯定，每個個體都成為一個獨立的人格後才能出現的。缺少這一個發展的統一不可能是一種奠基在普遍原則上的統一，而只能是一種統一於某一個實體性的東西內的統一。而在這種統一中，個體被埋沒在這個實體之內，也就是說，個體作為一種人的本質並不能真正地表現為個體。在中國，就憲制上而言，這個統一一切的實體就是皇帝。這種未分化之前的統一事實上是一種家庭的關係。在家庭的關係中，家庭的成員事實上所表現的不是人格(personality)。各成員之間的關係不是權利關係，而是一種愛的關係，這種關係基本上是一種感情上的關係。黑格爾指出，中國的政治組織原則，事實上是將家庭的組織原則擴延到整個國家去而成的一種家長政治。

父母官與家長政治

這個對於中國政治組織的看法，很可以解釋中國政治上的許多基

❷　同上，英譯本，pp. 181–182，中譯本，頁196–197。

本的觀念——皇帝乃是民之父母，我們是他的子民，他的責任是要愛
護我們就像父母愛護子女一樣，而我們對他也應該像對父母一樣，把
對父母所應盡的孝道，移到對皇帝而盡忠。不僅皇帝是我們的父母，
即使代表皇帝的地方官也被稱為父母官。這是很徹底的一種以血緣與
自然的關係來建立政治組織的辦法。黑格爾會認為這種辦法缺少了理
性的成份，因為血緣的關係只是一種偶然，因而，它不是奠基在理性
之上的。這種家庭關係不僅表現在政治組織上，同時也表現在社會組
織上。中國人的理想是「天下一家」，「四海之內，皆兄弟也」。在現
實上，我們見到比我們年長的陌生人也會叫伯伯或叔叔。這都是從這
種理想所延伸出來的現象。

　　家庭關係既然是一種奠基在愛上的關係，很自然的，這樣的組織
中，法律的觀念一定就很淡薄。不僅是很淡薄，而且法律會被視為是
一種背離理想的東西。其中一個理由是由於法律關係基本上是一種奠
基在權利上的關係，奠基在權利上的關係是一種利害的關係。這就是
為什麼中國傳統的政治理論中，除了法家之外，都認為如果一個國家
的基礎要靠法律來維持的話，則它所表示的就是這個國家將要崩潰了。
有關這點，最有名的是《左傳》昭公六年鄭鑄刑書後，叔向對子產所
說的那段話了。

　　三月，鄭人鑄刑書。叔向使詒子產書，曰：始吾有虞於子，今
　　則已矣。昔先生議事以制，不為刑辟，懼民之有爭心也。猶不
　　可禁禦，是故閑之以義，糾之以政，行之以禮，守之以信，奉
　　之以仁；制為祿位，以勸其從；嚴斷刑罰，以威其淫。懼其未
　　也，故誨之以忠，聳之以行，教之以務，使之以和，臨之以敬，
　　涖之以彊，斷之以剛；猶求聖哲之上、明察之官、忠信之長，

> 慈惠之師，民於是乎可任使也，而不生禍亂。民知有辟，則不
> 忌於上。並有爭心，以徵於書，而徼幸以成之，弗可為矣。
> 夏有亂政，而作禹刑；商有亂政，而作湯刑；周有亂政，而作
> 九刑：三辟之興，皆叔世也。
> 今吾子相鄭國，作封洫，立謗政，制參辟，鑄刑書，將以靖民，
> 不亦難乎？……民知爭端矣，將棄禮而徵於書，錐刀之末，將
> 盡爭之。亂獄滋豐，賄賂並行。終子之世，鄭其敗乎？肸聞
> 之，「國將亡，必多制」，其此之謂乎！

　　當然，叔向這段話並沒有牽涉到權利這個概念，但是很明顯的，
他之反對將法律成文化是由於他「懼民之有爭心也」。也就是，靠法
律來維持社會秩序會破壞淳樸、善良的風俗。這就是為甚麼中國人始
終贊成「立一法，生一弊」這種想法了。

只有平等而沒有自由

　　至於皇帝乃是這個統一體的實體這點，從行政上更能表現出來。
黑格爾認為，嚴格地說，中國是沒有憲法的，因為憲法必須假定每個
個體或團體有它們的獨立的權利，但是，中國政治組織中卻沒有個人
權利的概念。因此，嚴格地說，整個帝國只是一個行政機構。由於中
國缺乏自由（主體的以及政治的），而又由於中國並沒有由血緣所來
的貴族，因此，所有人都是平等的。只有平等而沒有自由所造成的政
制只能是專制的政制。在這個專制政制中，皇帝是一切的中心。但是
他依賴一個官僚體系去執行他的命令。這個官僚體系由文、武百官所
構成。文官尤其在這個體系的運作中佔有重要的地位。為了使這個體
系得以運作，官僚必須具備知識，這些知識主要是歷史、法律、官僚

組織以及基本的道德原則等。這也就構成了中國學術中最重要的部份。中國學術由於都是以實用為主，因此，始終沒有出現過純知性的理論科學。

　　由於皇帝是一切的中心，他是否能對他的職務勝任乃是決定這個秩序是否能正常地運作的決定性的因素。因此，中國政治歷來所能依賴的只有聖君賢相。如果這個中心能夠把持得好，也就是如果有個好皇帝的話，則國家也就能上軌道，如果君主不能勝任他的工作，則這個秩序也就會受到破壞。這就是人治而非法治的政治形態。在人治的政治形態下，對於君主的要求是非常之高的。黑格爾認為，在中國有可能出現所羅門王式的有智慧的政治家，但是，在近代歐洲的立憲國家中，則不可能也不需要所羅門王式的聖君。人治的另一個現象就是，隨著不同的政治領袖，可能會有完全不同的政策。這當然就是中國傳統上所說的「人存政舉，人亡政息」這種政治形態了。

宗教在中國本質上就是國教

　　最後，我要討論的是黑格爾對中國宗教的看法。黑格爾認為一個民族或文化的宗教乃是構成該民族文化的最根本的基礎。因此，國家也是奠基在宗教之上的。他指出，「所以，宗教的形式決定一個國家以及它的憲法」❹。

　　對於中國的宗教，黑格爾提出了幾點看法。首先，他指出在中國，宗教與國家是合一的。宗教也就是國家宗教(State-Religion)。他說：

　　　　這裡我們便要討論中國這個國家的宗教方面。在家長制度的情
　　　　形下，宗教上的造詣無非是一種人間的事──簡單的德性與行

---

❹　同上，英譯本，p. 101。

善。「絕對」本身一半被視為是這種行善的抽象的簡單的規則
——永久的公正；一半則被視為首肯它的那種權力。除掉在這
些簡單的形態上面，自然世界的一切關係，主體性——屬於心
及靈魂的——的種種條件，是完全被抹殺漠視的。中國人在大
家長的專制政治下並不需要與「最高的存在」(the Highest
Being)有那種聯繫或調和，因為他們感到有需要的那一切聯繫
或調和業經包羅在教育、道德與禮制之法律，以及皇帝的命令
與行政中了。天子既係一國的至尊，故亦即宗教的教主。結果，
宗教在中國本質上就是「國教」(State-Religion)**㊹**。

被政治與道德取代的宗教

　　這段話基本上所說的就是，中國的宗教是被道德及政治所取代的。
在日常生活上，人們沒有感覺到有直接與「絕對」接觸的必要，因為
中國人認為宗教上的境界在他們的日常道德行為中已經表現了出來。
這就是為甚麼我們會常說，中國文化是一個相當俗世性的(secular)文
化。人生的理想及所追求的精神境界，可以在日常的倫理生活中得到
滿足的表現，而不需要在這個世界以外另外追尋一個與現世脫離的所
謂的靈魂世界。當然，這並不表示中國宗教沒有超越的一面。因為，
日常人倫中所表現的道德生活最後仍是與天相連接的。而天子是宗教
的領袖，他是可以祭天的人。黑格爾指出中國人對天的瞭解與西方的
基督教不同。耶穌會的教士最初把西方的 "God" 這個字譯為中國的
「天」，但受到別的教派的抗議，教皇最後派了一個主教到中國，才
將"God"改譯為「天主」。黑格爾心目中認為中國的天具有自然的意義
及主宰的意義，但卻缺乏精神的意義。所以他認為中國的宗教是一種

㊹　同上，英譯本，p. 194，中譯本，頁210–211。

俗世性的宗教。其次，上面那段話中所指的是，在中國，宗教與國家
是合一的。天與人之間有一種感應的關係，甚至是一種因果的關係。
這種對天的瞭解，很明白地與西方人對於上帝的瞭解是截然不同的。
如果人的行為能影響甚至決定天將作出甚麼反應的話，則天也就不得
不依從某一種規律，如果天不得不依從某一種規律的話，則它顯然就
不是絕對自由的。因此，在天人感應的思想下的天不可能是一個至高
無上、無所拘束的至高的存在。人們只要憑藉自己對於因果律（也許
不是自然的而是別種意義底下的，例如中國人所說的善有善報、惡有
惡報這種觀念）的把握，就能控制天應該怎麼做。這種天很顯然的就
只能是世界中的一部份，而不是超越的、絕對的存在。

　　基督教的上帝（尤其是宗教改革後的喀爾文教派的上帝）則完全
是一個超越的存在。韋伯在談到新教倫理時很明白地指出了這種上帝
觀之對上帝的看法。他說，「假定人類的優點或罪惡在決定人的命運
時，具有一些力量的話，這就等於是認為上帝的絕對自由的命令……
是可以由人的影響而改變的。這是一個不可能存在的矛盾。」❹這是新
教的上帝，也是黑格爾心目中的上帝。這個超越的上帝是絕對自由，
不受任何律則所限制的。黑格爾認為只有這樣的上帝才能符合上帝的
概念。任何神或天只要是能夠受他以外的東西所影響或決定的話，則
都不可能是絕對的。就一個宗教中的上帝是否被視為是具有這種絕對
的超越，也就是說，不受任何律則的決定，這個觀點看來，中國的宗
教由於認為人可以影響或甚至決定天會怎麼做，因此不可能是一種超
越的宗教。這點也可以解釋到中國文化的俗世性(Secularity)的性格。

---

❹　Max Weber, *The Protestant Ethic and the Spirit of Capitalism* (NY:
　　Charles Scribner's Sons, 1958), p. 103.

自我瞭解才能自我超拔

　　任何一個民族，只要他們的文化發展到一定的程度，都會開始對自己民族文化作探究的工作。這種探究工作是一種自我瞭解的工作，自我瞭解是自我超越的一個必要條件。如果沒有自我瞭解，則一個民族文化只能停滯在那種幾乎具有自然律般的力量的習慣之中，而無法自我超拔。人文及社會科學從事的是這種自我瞭解的工作。當然，社會科學，尤其是受實證論影響之下所作的社會科學，只是這種工作的最初步的階段。文化是人類精神的客觀表現，而一個文化的精神就是理性在該文化中的體現。而哲學所研究的對象正是理性本身，因此，要對於自己的文化精神有所瞭解，我們就得對理性本身先有瞭解，然後才能探究理性以甚麼樣的形態在它之中表現。這正是哲學家所從事的工作。由於自我瞭解一方面具有內在的價值，一方面又是進步及自我超越不可或缺的條件，因此，哲學這項看來沒有實用價值的學問，實在是人類精神提昇所不可或缺的東西。

　　當一個文化在走下坡到了某一個程度時，一方面出現越來越多這個文化本身的資源所無法解決的問題，另一方面，僅是依據這個文化本身的資源已不足以瞭解及解釋這些難題。這時候，我們唯有採取下列的兩種途徑之一才能逃離這個困局。要麼我們去借助於另一個文化的資源，以它的觀念，理論架構來幫助我們瞭解自己所面臨的困難究竟是甚麼，以及是否可能找到一條出路。當然，採用這個辦法會面臨相對主義的問題，這個問題就是，我們可能無法用別的文化中的資源來幫助我們作自我瞭解及解決困難，因為兩個不同的文化有許多東西，尤其是核心部份的東西是不可共約的(incommensurable)。究竟我們可否借用別的文化來幫助作自我瞭解，是一個必須實際去作了才知道的

事情。反對相對主義的人，則沒有這個困難。另一種辦法，則是從事新的革命性的創造。這就是西方的現代化運動所走的途徑。當然表面上西方的現代化是由文藝復興開始的，而文藝復興是回到希臘的文化中去找靈感，但實際上現代化卻是一個革命性的轉變。它所建造的宇宙觀、價值觀、社會政治秩序及經濟結構都是嶄新的東西。

中國文化從一八四〇年以來，所面臨的正是這樣一個一路走下坡的情況，我們碰到了許多難題。對於這些難題我們不光是不能解決，甚至也不能瞭解，中國老的那套架構在這裡是完全用不上了。因此，我們嘗試著借用西方的觀念來解釋及解決這種困難。究竟是否行得通，則是必須要實際去作了之後才能決定的。我這篇文章以及其他有些文章所作的就是這樣一個嘗試。

黑格爾哲學是一個龐大的思想體系，像是一個無所不包的天羅地網。他從這個體系的基本原則來討論中國文化所表現的精神，他把中國文化看得很低。我們看了之後在情緒上很自然地會覺得不好受。但是，問題是他的瞭解是否恰當，用他那套思想體系來分析中國文化的精神是否貼切？如果不同意他的看法，我們必須指出他的瞭解究竟錯在那裡。只是情緒上的反應不但不能幫助我們對自己的瞭解增加，可能會使我們陷入更為矇蔽的境地裡去。

本文原載於傅偉勳、周陽山合編《西方思想家論中國》（臺北：正中書局，一九八三年）

社群與個體
——社群主義與自由主義的論辯

一

自從十七世紀洛克首先有系統地提出自由主義的理論以來，西方即不斷地有人構築自由社會的哲學理論。這種情況一直延續到今天。洛爾斯的《一種公正理論》一書被公認為是當代關於自由主義理論最有系統及份量的辯護者❶。一九七一年此書出版以來，引起了無數的討論及批評。在七〇年代時期，主要是從效益主義 (Utilitarianism) 及馬克思主義的立場來對它進行批判與反駁。但是，八〇年代以來，英美哲學界及政治理論界出現一個新的反對自由主義的思潮。

這個思潮的思想家一方面批評自由主義，另一方面則提出他們自己的理論；這個哲學理論被稱之為社群主義 (Communitarianism)。這個思潮的主要代表者是麥肯泰爾 (Alasdair MacIntyre)、沈岱爾 (Michael Sandel)、泰勒(Charles Taylor)及華爾色(Michael Walzer)等人❷。他們雖然最終都提出了自己的理論，但是在建構這個理論的過

---

❶ John Rawls, *A Theory of Justice* (Cambridge, Mass.: Harvard University Press, 1977).

❷ 這四個社群主義者的主要代表作有：MacIntyre, *After Virtue* (London:

程中，都深入的分析及批評自由主義。有的思想家的對象不僅是自由
主義，而是整個啟蒙運動以來的西方的現代性。麥肯泰爾在《德性之
後》一書中所作的就是要指出現代性的失敗，泰勒的《自我的源泉》
一書則詳細地敘述了現代自我究竟是如何構成的以及究竟有些甚麼問
題。沈岱爾的《自由主義及公正的限制》一書則幾乎全部是用來分析
及批評洛爾斯的公正理論的。雖然這些思想家有不同的著重，但是也
有共同之處。他們的共同之處就是以社群的觀點來批評自由主義的理
論。

　　所謂以社群的觀點來批評自由主義的理論所含的意義是甚麼？怎
樣用社群的觀點來批評自由主義？所謂以社群的觀點來批評自由主義
可以分成兩方面來說：第一，社群主義者指出，自由主義者對於個體
與社群的關係的看法是錯的，個體並非像自由主義理論中的個體主義
所描繪的那樣是先於社會而可以獨立地存在的。泰勒把這個論旨稱為
存在論的論旨 (the ontological thesis)❸。其次，社群主義者指出，在
自由主義的社會中，真正的社群沒有辦法建立，自由主義的社會只是
一種協會(association)性的組織。協會性的組織的成員無法有共同的目

Duckworth, 1981), *Whose Justice? Which Rationality?* (London: Duck-
worth, 1988); Sandel, *Liberalism and the Limits of Justice* (Cambridge:
Cambridge University Press, 1982); Taylor, *Hegel and the Modern State*
(Cambridge: Cambridge University Press, 1973), *Sources of the Self: The
Making of Modern Identity* (Cambridge, Mass.: Harvard University Press,
1989); Walzer, *Spheres of Justice* (New York: Basic Books, 1983).

❸ 見Charles Taylor, "Cross-Purposes: The Liberal Communitarian Debate",
本文收在 *Liberalism and the Moral Life*, ed. N. Rosenblum (Cambridge,
MA.: Harvard University Press, 1989), pp. 160–163。

標以及共同的價值(common good)。他們所能有的只是一種泰勒所謂的輻輳式的價值(convergent good)❹。在一個協會中，每個人只是把這個協會作為工具，以達到自己的目的，因此，社會只具有工具性的價值。社群主義者想要提倡的是，社群本身即具有內在的價值。因此，在價值取向上，自由主義與社群主義也顯出了互不相容。泰勒把這個問題稱之為倡導的論旨(The advocacy thesis)❺。

二

前面說過，有些社群主義者像沈岱爾，主要是透過對自由主義理論的批評以建立起自己的論旨。而他們所建立起的論旨，也與自由主義互不相容。因此，介紹社群主義理論最好的途徑就是順著這個方式進行。

根據德我肯(Dworkin)在〈自由主義〉一文中的說法，自由主義最主要的論旨就是所謂中立性的論旨(the neutrality thesis)❻。這個論旨所說的是，政府應該給予所有公民平等的關注及尊重，也就是說，每個公民都有平等的關注及尊重的權利(right to equal concern and respect)❼；一個理想的社會中，制約及規定人們之間外在關係的原則，

---

❹ 同上文，pp. 168–169。

❺ 同上文，pp. 160–163。

❻ Ronald Dworkin, "Liberalism"，本文收在Stuart Hampshire所編的*Public and Private Morality* (Cambridge: Cambridge University Press, 1978), pp. 114–143。

❼ *Ibid.*, pp. 122–123. 並見他的 *Taking Rights Seriously* (Cambridge, Mass.: Harvard University Press, 1977), pp. 272–273。

也就是組織該社會的公正原則，不應該偏袒任何一種人生觀或人生理
想。公正原則應該對任何人生理想給予平等的待遇。因此，建立公正
原則時，我們不應該把任何價值觀念 (conception of the good) 考慮進
去。從公正觀點看來，理想的社會是一個不歧視任何人生理想的社會
（當然，如果一種人生理想與公正原則衝突的話，則將不被允許）。這
也就是洛爾斯所提出的「對優先於價值」(The right is prior to the good)
這個論旨 ❽。根據沈岱爾的說法，「對優先於價值」有兩個意義：一個
是道德上的意義；另一個是基礎上或知識論上的意義 ❾。道德上「對
優先於價值」所指的是，公正是社會的首要德性。任何價值與之衝突
時，與公正不相容的價值都要被排斥，這也就是洛爾斯所說的公正是
社會的首要的德性的意思。但除了這種道德上的優先性之外，「對優
先於價值」還有一層基礎上或知識論上的意義。所謂基礎上或知識論
上「對優先於價值」的意思是指，「對」並非奠基於價值之上的；而
具有獨立於價值的基礎。這是倫理學上所謂的義務論式的 (deonto-
logical)理論。

　　中立性的論旨之本身當然是一個政治道德理論中規範性的論旨，
指明在組織社會時採用某一類的公正原則才是對的。但是，這個論旨
本身的基礎是甚麼呢？自由主義者為甚麼要提倡這個論旨？這是一個
複雜的問題。這裡只能作一個很大綱式的陳述。與中立性的論旨緊密
而不可分的有另外兩個論旨：一個是有關價值的性質的論旨，另一個
則是有關自我的性質的看法。這個對自我的看法與「對優先於價值」
是牢不可分的。我們可以說，中立性的論旨、對優先於價值、自由主
義的價值觀以及笛卡爾式的自我(Cartesian Self)是構成自由主義的哲

---

❽　*A Theory of Justice*, pp. 30–33, 498–499, 560.

❾　*Liberalism and the Limits of Justice*, pp. 2–3, 15–17.

學的四個不可分割的要素。

　　自由主義為甚麼提倡中立性的論旨？他們為甚麼認為組織社會的基本原則，不應該對任何人生理想有任何偏袒？這主要是由於他們對價值採取了一種主觀主義的看法。自從休姆(Hume)指出由事實無法邏輯地推導出價值以來，價值就被認為是主觀的。事實與價值的區分在西方已成了一個文化建制(cultural institution)❿。這是整個古代宇宙論崩解後所必然會產生的後果。如果價值只有主觀的基礎，則不同的價值就沒有辦法比較，因為我們沒有一套客觀的標準可以用來作為評定甲乙二種價值高下。如果沒有客觀的標準可以用來評定價值之間的高低，則當人們組織社會時，最好的辦法是把價值放在括弧中，在我們選取公正原則時不讓其扮演任何角色；這當然也就是中立性的論旨的意義了。從上面的分析，很清楚地可以看出古代宇宙論的崩解或是世界的解咒 (disenchantment of the world)，很自然地就引出了價值的主觀主義，而由價值的主觀主義，很自然地就引出了自由主義 ⓫。

　　一般人都把自由主義視為一個政治哲學的理論，所關注的主要問題是政府的權限；與「自我」這個形上的問題沒有任何關連。但是沈岱爾的《自由主義及公正的限制》一書出版之後，這種對自由主義的看法就顯得太過狹窄。沈岱爾所要論辯的是，自由主義所提倡的「對優先於價值」這個論旨必須假定一個關於自我的看法，這種看法把自我等同於一種做選擇的能力。人的認同不需要靠任何外在於它的東西

---

❿　見 Hilary Putnam 的 *Reason, Truth and History* (Cambridge: Cambridge University Press, 1981), p. 127。

⓫　有關世界解咒、價值的主觀主義，請參考我的〈多神主義的困境——現代世界中安身立命的問題〉，《當代》，第七十期，一九九二年二月，頁16–31。

就能夠建立起來，沈岱爾把這種自我名之為沒有負荷的自我 (unen-
cumbered self)。這種對自我的瞭解是笛卡爾以來現代人對自我的瞭
解。現代人視自我為一個可以獨立於外在的世界而存在的實體。笛卡
爾的「我思故我在」此一命題所表達的就是這種可以獨立於世界而存
在的自我⓬。為什麼「對優先於價值」這個論旨必須假定這樣一個自
我的概念呢？沈岱爾作了極細密的論證。由於相對於「對」這個範疇，
價值是次要的，而價值是每個人選擇的結果。每個人可以選擇不同的
價值，同時也可以改變其選擇。因此，自我不能等同於他所選擇的目
標及目的。如果目標及目的構成自我的話，則每次改變目標及目的豈
不是等於自我也要隨之而改變？所以，構成自我的並非所選擇的價值，
而是這個能夠做選擇的能力。洛爾斯指出，「自我是先於其目的的，
這些目的由自我所肯定」⓭。如果自我是先於其目標的話，則其目標
就不是自我的構成要素。那麼自我只能是由能夠選擇目標的這個能力
所構成。

　　自我與目標的分離，使得自我成為一個可以不必通過它以外的東
西來界定的實體。由於人所選擇的目標和價值不可避免地是從他所存
在的社會中選擇出來的，只有生存在世界中人才能作選擇，但是既然
人可以被獨立地界定，因此，他的存在也是前於社會的。人之前於社
會的看法在契約論中表現得最為明顯。根據契約論的說法，在訂立契
約之前，人們就存在於前社會 (presocial) 的自然狀態中。自然狀態中

⓬　*Liberalism and the Limits of Justice*, pp. 15–24. Taylor把這種笛卡爾式的
　　自我稱之為自我界定的自我(self-defining self)，見他的*Hegel* (Cambridge:
　　Cambridge University Press, 1975), p. 6。對於這個朝向內部的過程，見
　　泰勒的*Sources of the Self*, Chs., 6–11。

⓭　*A Theory of Justice*, p. 56.

的人已經擁有自己選擇的目標及價值。它們並非社會化的結果。人們
訂立契約的目標是為了更有效地實現這些目標及價值。因此，社會只
有工具性的價值。

這些自由主義理論的最主要的幾個論旨之間的關係，雖然可能並
不是邏輯的蘊涵關係，但卻也不是偶然地組合在一起的，這些自由主
義理論的多個部份構成一個內在相融合的整全體。其中的一個論旨如
果被這個整全體以外的論旨所取代，這個整全體就減少了其融合性，
甚至可能會解體。

三

社群主義者對於自由主義的理論提出了各種的批評；不同的思想
家有不同的側重面，個別的社群主義者也提出了自己的理論。但是，
他們對自由主義的批評主要是從兩方面進行。第一，他們認為自由主
義的自我觀以及自我與社群的關係的看法是錯誤的。針對自由主義的
個體主義，他們提出了整體主義。這是前面說過的存在論上的
(ontological)爭辯。至於倡導方面(advocacy)，社群主義者提出，由於
自由主義無法說明社群的內在價值，因此，他們只能把社會看作是一
種只具有工具性價值的協會。這所引出的是，所有價值都是個體性的；
社群性的價值如家庭、友誼等很自然地被推到邊緣去了。

首先，讓我們來看社群主義者認為自由主義的自我觀為甚麼是錯
誤的。自由主義者將自我等同於個人選擇的能力；而所選擇的價值及
目標卻不是構成自我的部份。這是一種志願論式的(voluntaristic)對自
我的瞭解。但是，由於價值的主觀主義，當一個人在做選擇時，有甚
麼標準可以依賴用來做選擇呢？如果人純粹只是由他的選擇能力所構

成，而外在世界又不能提供給他客觀的價值標準（價值的主觀主義），則
他的選擇無可避免地是一個任意的決定。這就是韋伯所說的決策主義
(decision)以及沙特所說的根本的選擇(radical choice)。麥肯泰爾指出
現代人的自我是一個無標準的(criterionless)自我❹。一個無標準的自
我在做選擇時沒有任何根據，那麼有甚麼理由一定要選甲而不選乙？
如果一個人所做的選擇是沒有任何理由的，那實際上等於是說，他的
一切選擇都是不能加以解釋及瞭解的。不僅別人不能瞭解他為何做某
項選擇，他自己也無法瞭解及解釋為何要做該項選擇。除非我們把人
的行動視為物理事件，用因果律去作說明，則他的人生變得無法瞭解
(unintelligible)。

其次，如果不把一個人的目的、目標及價值視為自我不可分割的
部份的話，而自我只是由選擇能力所構成，則一個自我與其目的之間，
不能是一種不可分割的關係。這也就是說，人的目的可以隨時改變，
而這種改變並沒有對他的自我有任何影響。如果自我與其價值、目的
之間是這種非內在的關係的話，則一個人的目的與價值對他而言將只具
有偶然性；他與他的目的之間的關係，只能是一種擁有(possession)。
這不僅是那些日常上瑣碎的小目的及小目標，甚至連生命中視為最重
要的人生終極目的及價值，也都只具有這種地位。這些終極目的及價
值也不能構成他自我的一部份。不僅如此，自我如果只是由他的選擇
能力所構成的話，則他的性格、愛好等這些人生中較為恆常的項目，
對他而言也只能是一種偶然。由於根據志願論式的自我觀，自我只包
含人的選擇能力，因此，無論一個人多麼全心全意地去接受某些價值
及目標，這些目標與他之間仍然存在著一個鴻溝。假如這個鴻溝永遠
無法去除的話，那麼我們很可以懷疑一個人怎麼樣能夠全心全意地去

---

❹ *After Virtue*, p. 30.

接受這些目標及價值。如果一個人對他所全心全意接受的目標可以放棄的話，我們很難不懷疑他是否真的全心全意地接受了這個目標。而一個對於任何目標都沒有全心全意接受的人，也是一個缺乏深度的人。從上面的分析看來，一個把所有價值只作為選擇對象的理論，是無法說明人的生命的深度的。

第三，人有許多不同的能力，例如認識及瞭解世界的能力、欣賞藝術作品的能力等，選擇只是人的各種能力中的一種。當然，這是一種非常重要的能力。但是自由主義者有甚麼理由將之獨立出來而視為只有此才是構成自我的要素呢？為甚麼認識及瞭解這種能力不能佔有這種特殊的地位。當然，這與現代性的興起以及個體性的突顯，有不可分割的關係，同時也與世界的解咒以及價值主觀主義的出現是同一回事情。但是，自由主義者對於這種志願論式的看法卻沒有提供充分的理據。

存在論上的第二個爭論點是個人與社會之間的關係的問題，這個問題當然與自我觀有很密切的關係。自由主義者所採取的是個體主義的立場。根據這個立場，個人是前於社會而存在的，個人的基本目的與價值是在他進入社會之前已經被確定了。這種人前於社會就已經擁有他的目的及價值的思想，在契約理論中表現得最為清楚。根據契約論，前於社會的人已經具有他的目的及價值，但是，如果不通過合作的話，無法很有效地達到這些目的及價值。而且，生活在前社會的自然狀態中，生命充滿了不安、恐懼及殘酷❶。由於人們一方面有理性，另一方面又有欲望，大家才訂立一個契約，共同遵守一組規則。自由

---

❶　對於自然狀態中生命所面臨的恐怖、不安及殘酷，霍布斯有很深入的描寫，見他的 *Leviathan*, ed. Michael Oakshott (London: Collier-MacMillan Ltd., 1973), p. 100。

主義者採取個人主義的立場，與契約論在這點上相吻合；他們也認為個人的目的是進入社會之前已經具有的，至於這些目的及價值是怎麼來的，幾乎都沒能夠提供很好的解釋。社群主義者認為自由主義這種對於人的價值的來源的看法是錯誤的，雖然他們不否認人具有生物性的一面，沒有人可以不攝取食物而存活。但是，社群主義者指出，即使是人的生物性的需求，也是以文化的形式表現出來；不同文化對於同一個生物性的需求——例如性，也以不同的方式表現出來。人類的需求是這種以經過文化的媒介所表現出來的；所以同樣是性的需求，也許在甲文化中以想結婚的形式出現，而在乙文化中卻以想有一段浪漫的戀愛方式出現。即使在最簡單的需求上，人都必須透過文化媒介才能表達出來，更何況是複雜的人生理想及價值。這也就等於是說，人是社會化的結果。一個沒有文化的人只是一種虛幻的構想。即使是個人主義這種思想模式，也是社會化的結果。泰勒指出，「一個人只有處在其他的自我中才能成為一個自我」。所表達的正是這個意思❶。而馬克思所說人是一種種屬的存在(species-being)所指出的，也正是人的這種社會性。

　　與自由主義的存在論上的論旨最能構成一個融合體的是某一類的倡導上的論旨。沈岱爾甚至認為自由主義所提倡的一些倡導上的論旨，必須預設一些存在論上的論旨。例如他認為把「對」視為優先於價值或是把公正視為社會首要的德性這個自由主義的論旨，就必須預設一個無負荷的自我這種形上學的理論。但是究竟存在論上的論旨與倡導上的論旨是否都具有這種預設的邏輯關係呢？這是一個複雜的問題，我不打算在這裡討論，只打算提出社群主義對自由主義所提出的倡導上的論旨的批評。

❶ *Sources of the Self*, p. 35.

當自由主義者認為人的目的及價值是前於社會就存在時，這很顯然地就引導出了人本質上不是一種社會的動物的看法。社會是人為的(artifical)產物。當我們說社會是人為的產物時，這所表示的是，人可以獨立於社會而生存，只是可能生存得較差一點罷了。人組織社會是為了較有效地達到自己的目標；人與人之間只是為了自利而進行合作。這所表示的是，人與人之間的關係沒有內在的必然性，人們不擁有共同的目標及共同的價值 (common good)。由於不擁有共同的價值，所有人們所追求的價值基本上是個人主義式的。同時，社會只具有工具性的價值。社群主義者認為一方面這不是一種理想的人生形態，另一方面，也不是一種理想的社會形態。

理想的社會形態是一個有統一(unity)的社會，而並非只是一個人與人之間沒有內在關係的社會。社會統一之能夠達到是靠大家有一共同的計畫 (common project) 才有可能實現的。麥肯泰爾指出，希臘時代的城邦的理想就是這樣一個具有共同計畫的統一體❿。麥肯泰爾並且指出，友誼是這種人際關係的最典型的表現。友誼的形成必須通過朋友之間的共同努力才能達到，而達成這個目標也不可能是個人主義式的，因為如果是個人主義式的話，則甲只顧他自己的目標達到就成了，但如果真是只顧自己的目標而不是也真的關照乙的目標的話，友誼就不存在了；個人主義者基本上是一個自利主義者，他與自利者不同之處只是他尊重別人所具有的權利。但是一個自利主義者的人生不太可能是一個理想的人生❽。在個人主義的社會中，人不僅把社會當

---

❿　*After Virtue*, p. 146 ff.

❽　參閱Jesse Kalin對這個問題的講法，"In Defense of Egoism"，本文收在 David Gauthier 所編之 *Morality and Rational Self-interest* (Englewood Cliffs, N.J.: Prentice-Hall, Inc., 1970), pp. 64–87。

作是只具有工具性價值的東西，由於每個人的目標及價值都是個人主
義式的，故而也把別的人當作只有工具性的價值。市場這個機制對於
工具性這種特性表現得最為明顯。在市場這種模式下，人們把市場所
具的機制只視為是可以達到目的的工具，而人與人之間在市場中也只
是一種互利的關係，只有當別人對他有利時，他才會與別人進行市場
上的交易。同時，市場中的人際關係基本上是最非人格化的
(impersonal)。兩個進行交易的人，除了瞭解與對方進行交易對自己有
利這點之外，可以對對方沒有任何其他的瞭解。他不需要知道對方的
性格、嗜好、宗教信仰、藝術品味、政治主張等構成人格的部份。這
種市場式的社會是無法構成一個有內在價值的團體的。自由主義者當
然可以說，在自由主義的社會中，人們可以根據自己的興趣及愛好去
組織志願式的社群，人們在這種社群中可以有共同的計畫。自由主義
社會所提供給人們的自由使得這種社群的存在成為可能；事實上，自
由主義的社會中充滿了這種志願性的社群。社群主義者完全同意這點。
他們所要指出的只是，根據自由主義所建立起來的這個大社會本身無
法成為真正的社群，因為在這個市場式的大社會中，人們沒有共同的
計畫，因此，社會也無法完成真正的統一。就實際的情況來看，個人
主義式的價值不僅瀰漫在大社會中，也逐漸侵入了傳統上視之為真正
是社群的組織，例如，家庭的關係也逐漸地被契約這個個人主義式的
概念所侵入。要想改變這種情況，唯有徹底的檢討個人與社會的關係，
而社群主義所做的正是這項工作。

本文原載於《當代》第一一四期（一九九五年十月）

輯　二
倫理與教育

二種道德觀
——試論儒家倫理的形態

一

艾勒斯德爾・麥肯泰爾(Alasdair MacIntyre)在《德性之後》(*After Virtue*)一書中指出,當代人的世界觀基本上是韋伯式的(Weberian)❶。麥肯泰爾的意思是,韋伯的理論不但勾劃出了現代的特性,同時它本身也表現了現代性(modernity)所具有的特點❷。研究現代西方社會的特徵,是韋伯一生工作的重心。他的結論是,這個社會是建基在一種理性主義的基礎上的。想要對西方社會有所瞭解,首先我們必須展示

❶ Alasdair MacIntyre, *After Virtue* (London: Gerald Duckworth & Co., Ltd., 1981), p. 103.

❷ 現代的(Modern)、現代性(Modernity)等名詞,在我們的語言中,帶有很重的情緒意義(emotive meaning),它們常與「進步的」、「好的」等意義連在一起。尤其是在東方社會,這些名詞更意謂著值得追求的目標。我在這裡用「現代的」、「現代性」等名詞,不是這種評價式的。現代(Modern Age)是人類歷史發展的一個階段。它是在西歐文明中首先發生的。這個歷史階段有一些特性。在這篇文章中我從道德觀這個角度來指出現代的特徵,並且將現代式的道德觀與古典式的道德觀作一個比較與對照。

出這種理性主義及它所表現的「理性」的特色；其次，我們必須指出，
這種理性如何貫穿西方各個文化的領域。韋伯從經濟、政治、法律、
宗教等方面入手，企圖建構起一套理論，用以說明現代西方社會乃是
理性化的結果。經濟上的資本主義，政治上的官僚行政體系，法律上
的形式主義以及喀爾文派 (Calvinism) 的教義所表現的都是這種理性
主義的精神。韋伯對於現代道德談得較少，但是他的理論卻蘊涵著主
觀主義的論旨。在終極價值的領域中，最後我們所能訴諸於的只是個
人的選擇，而選擇所能依據的只是主觀的感覺與情緒。因此，雷蒙‧
艾倫(Raymond Aron)在闡述韋伯對價值的看法時指出，根據韋伯，「價
值是由人的決定所創造的，……每個人的良心都是不可被推翻的，……
而價值乃奠基於選擇，它只能擁有純粹主觀的根據」 ❸。在這篇文章
中，我並非要討論韋伯的理論，而只是想借用他對現代性的洞察，來
探討道德的問題。我想指出，現代人對於道德的觀念及理論與現代人
對其他如政治、經濟、科學等人類活動一樣，都與古代人有著質上不
同的看法。事實上，西方進入現代社會，是一個整體性的變化。如果
現代人還使用一些古代的語言，那只是一些遺跡，它在社會中已經是
可有可無的殘餘。這兩種道德觀念及理論標誌著現代社會與古代社會
的分際。在本文中，我也想勾劃出，儒家的倫理思想，在基本上是非
現代性的。但這並不表示它有甚麼不好。現代的倫理觀，有它本身不
可被克服的限制及致命傷。

---

❸　麥肯泰爾於上書中 p. 25 引艾倫的話。原文見 Raymond Aron, *Main Currents in Sociological Thought*; trans. R. Howard and Weaver (Middlesex: Penguin Books Inc., 1967), pp. 206–210，及192。「理性主義」一詞是迫隨韋伯的特殊用法。

二

　　麥肯泰爾在上述的書中指出二種不同的道德觀。他分別將它們名之為「規則的道德」(morality of rules) 及「德性的道德」(morality of virtues)。前者是現代式的道德觀，而後者則是古典式的道德觀。如果用亞當・史密斯在《道德情操之理論》一書中的說法，我們可以將前者比之為「文法的規則」，而將後者比之為批評家們心目中一篇美的文章所必須具備的特徵。文法的規則乃是分別甚麼樣的文字連結是被允許的，甚麼樣的文字串連是不被允許的。它們的作用是要使人們可以表達及溝通思想。一段文字符合文法的規則乃是它成為人類語言一部份的最低要求。如果不合文法，上述的表達及溝通思想的目的便無法達到。同樣的，「規則的道德」在人類社會中所具有的功能，也是維持人類社會存在所不可或缺的最低限度的條件。至於一篇美的文章，則它所具備的不僅僅是合乎文法就夠了，合乎文法在批評家的心目中是不成什麼問題的。它所必須具備的是某些特徵及性質。一篇文章所具備的這些特徵及性質可能含有程度上的不同，同時，批評家們對於諸種特徵及性質可能也含有主觀上的好惡。但是一個批評家如果具有批評家該具有的性質──公平、不存偏見──則即使是一篇並不很合乎他的品味的文章，他也必須承認它是具有了某些好文章所該具有的特徵與性質。同樣的，「德性的道德」所強調的也是一個道德主體所該擁有的德性。它的目的是一種人格的培養，道德實踐是一種精神提升的活動。

　　用亞當・史密斯這個文法與修辭的比喻，雖然有它的用處，但是也有它的危險性。在語言文字上，合乎文法一般而言是文章典雅的必

要條件，一篇完全不合文法的文章，很難是好的。但是，「規則的道德」與「德性的道德」之間的關係卻並非如此簡單。事實上，這二種道德觀可能有基本上的衝突及不相容處。這二種不同的道德觀，對於人性、自我、道德的功能、實然與應然之間的關係等基本哲學問題都有迥然不同的看法。

三

任何人如果稍加注意，就很容易會發現，在現代道德哲學的討論中，哲學家們主要的注意力都是集中在道德原則或規則這個概念上。與這點成為對比的是，他們很少談到德性 (virtues) 以及它在人類道德生活及整個人生中所據有的位置。一方面，他們提出一些實質性的道德原則，另一方面，則替這些規則建立及提出理據。康德的「可普遍化性」(universalizability) 以及彌爾 (J.S. Mill) 對於傷害原則 (The harm principle) 所提出的理據很可以作為這種道德哲學趨勢的代表者。「可普遍化性」是一種測驗，任何格準 (maxim) 如果要成為道德律，必須通得過這個測驗。根據康德，它是道德原則的既充足又必要的條件。彌爾的「傷害原則」本身是一條實質上的道德原則。任何行為只要是沒有違反這個原則，就不是不道德的。康德及彌爾的道德哲學中的問題，我們這裡無法討論。提到他們的目的，只是想用他們兩個人的道德哲學來說明現代道德哲學的趨勢。將道德問題看成主要是建立道德規則的問題究竟蘊涵著些甚麼？有些甚麼因素促使現代道德哲學家採取這樣的一種立場？

洛爾斯 (Rawls) 曾經指出，道德哲學中最重要的二個概念是對 (right) 及價值 (good)。一個道德理論之所以具有某種特性，完全決定於

它如何瞭解這二個概念，以及如何安排這二個概念。事實上，現代人所持有的道德觀念的特徵乃是將價值這個概念排除在道德領域之外。這句話的含意究竟是甚麼？要對它有所瞭解，我們必須作較為詳細的分析。

自從休姆提出實然(is)與應然(ought)之間在邏輯上有一條不可逾越的鴻溝之後，這個論旨除了偶爾有些哲學家對它提出質疑，一般而言，大家都覺得休姆的論點是站得住腳的。休姆認為，事實與價值之間不具有邏輯上的推導關係。世界只是由事實所構成，它並不包含價值。價值只是人們主觀所賦與事實的。而這種主觀取向，由於人們的文化、歷史、性格及個人的嗜好之不同，也就有所不同。甲認為有價值的東西，可能乙會認為不但毫無價值，而且是有害的。由於價值不能由事實演繹出來，因此，它的根據完全在於主觀的因素；又由於事實上人們有不同的價值系統，因此，它也不擁有任何普遍性。如果接受休姆的這個原則，則只有自由主義的理論才是可以被接受的。除了自由主義之外，沒有別的理論能夠不或多或少地提出一種普遍的價值觀，也沒有任何理論能夠不或多或少地將這種價值觀強加於每個人的身上。

然而，價值雖然因人而異，可是，人要組成社會卻必須依賴大家遵守某些共同的規則。如果沒有這些共同遵守的規則，則會陷入一種對大家都不利的混亂狀況。如果任何人都被允許做他認為是有價值的事情，我們將無法想像社會存在的可能性。這組規則所牽涉到的是有關甚麼行為是被允許的，甚麼是不被允許的。一個人做了不被允許的行為時，他就是犯了錯誤，而這種錯誤，是有害於維持社會的存在及茁長的。我們將這種錯誤叫做道德上的錯誤。這組維持社會的存在以及茁長的規則，被稱為道德規則。這組規則所牽涉的是對與錯、應該

與不應該等問題。它的基礎是甚麼乃是現代道德哲學家們所最關注的問題。有的人認為是契約，有的人認為是效益。

由於接受事實與價值之分的結果之一是，價值的領域是純粹主觀性的，因此，由於道德規則是有強制性的，所以，我們應該將價值領域排除在道德規則之外，使道德規則無法以命令的方式，要人們去選擇某種價值系統或人生方式。這就是我上面所指出的，現代人的道德觀的要旨乃是將「價值」這個概念排除在道德領域之外的意思。它的基礎乃是事實與價值的區分。自由主義的政治理論最能表現這種精神。根據這個理論，政府對於哪一種生活方式才是好的生活方式這個問題應該保持中立。政府的作用只是提供一些服務及設施，以使得每一種生活方式都能在它的服務及設施之下生根茁長。當然，任何一種生活方式及價值系統都不能侵害到別人。這是彌爾提出的傷害原則的要旨。根據這種自由主義的理論，道德活動中最重要的問題乃是遵守原則，而道德哲學的首要任務乃是建立道德原則。一個人只要不違反道德原則他就盡了一個做為道德存在的本分；而一個道德哲學只要能建立一組道德規則，它也就完成了它的任務。至於個人的道德修養及德性的培養，則最後只被縮減到一種性向，這種性向就是對道德原則的服從。它與美滿的人生可以是完全沒有關係的。古代道德哲學中認為最重要的問題：「甚麼才是一個美滿的人生？」完全被屏除在道德的領域以外。被取而代之的問題乃是「為甚麼我應該道德？」這個問題在現代道德哲學中被認為是「終極的問題」。雖然，我們在柏拉圖的《理想國》中也碰到這個問題，但是，只要稍微注意一下蘇格拉底在其中所提出的答案與現代道德哲學中所提出的答案是如何的不同，就可以更清楚地看到現代的道德觀與古代的道德觀的距離了。這種「規則的道德觀」起碼蘊涵了下列二點對道德的基本看法。

㈠道德的工具化──現代道德哲學中最根本的問題是如何解決自利主義者(egoists)之間的利益衝突。霍布斯的契約道德理論最能表現這種看法。自然狀況(State of nature)是一切契約論的起點。這是一個前社會的狀況。處在這裡的人們，每個人都是自利主義者，他們所關心的只是自己的利益，而各人按照這個目標去行事。但是由於自然資源是有限的，人卻有著無窮的欲望，因此，利益衝突時而發生。人們瞭解到，繼續停留在自然狀況中，對大家都是不利的，因此，大家一起來訂立一個契約。這個契約是由一組規則所構成，而這組規則是用以規定在人們發生利益衝突時，如何用大家同意的辦法去按照該組規則來解決衝突，而不像在自然狀況中那樣用武力來解決一切的糾紛。很顯然的，霍布斯這個對於道德的看法，是把道德規則視為一種工具的看法。它的功用是使社會能夠得以建立，衝突得以用非暴力的手段解決，而大家能夠在這組規則所建立起來的社會中追求自己的利益。道德規則之所以有價值，乃是因為它能夠使人們得以實現或獲取更大的利益。它本身並沒有內在的價值。人們之所以要遵守道德規則是一件不得已的事情，因為違背道德規則對大家都不利。實踐道德本身並沒有內在的價值，立約者也並不認為實踐道德有利於他的精神發展。這種道德觀──將所有道德的問題化減為只是公正的問題──碰到許多困難。首先，一個人如果在某個情況下違反道德比遵守道德能給他帶來更大的利益，而又不會被抓到，那麼他就沒有任何理由不違反道德規則：這是免費搭順風車(Free rider)的問題。其次，由於大家都是自利主義者，根據工具主義的道德觀，利他主義(altruism)是一種不能被瞭解的動機及行為。

雖然在談工具主義的道德觀時，我用契約論作為代表來指出這個現代道德觀念的特性，但是這種看法不僅是限於契約論者，即使是效

益主義這個極具影響力的理論，由於效益原則所包含的結果論 (consequentialism)這個因素，它也必然地會採取工具主義的道德觀。我們只要想一下市場這個概念在現代社會中所扮演的角色，就可以瞭解到工具主義道德觀的普遍性了。市場是現代人活動的中心，而市場的關係就是一種典型的契約關係。

㈡技術性的知識與實踐性的知識—— 麥可・歐克夏 (Michael Oakeshott)在〈政治中的理性主義〉(Rationalism in Politics)一文中❹，把知識區分為二種。他分別稱它們為技術性的知識 (technical knowledge)及實踐性的知識(practical knowledge)。他認為任何人類的活動中，都必須包含這二種知識。前者所指的是在從事某種活動時，我們必須遵循某組規則去作所獲得的知識。這種知識的特性是：它可以被公式化，可以被記載在書本上。後一種實踐性的知識則只有在人們運用這種規則的時候，才能夠體驗或領悟到。技術性的知識可以說是對於規則的把握及記憶，而後一種知識則是對於規則的運用。一組規則本身並未標明我們在甚麼場合及如何去運用它。因此，如果沒有實踐性的知識，則技術性的知識也沒有甚麼作用。例如一個醫生，從書本上學了許多知識，他知道甚麼病有甚麼病徵，如何會引起的以及該用甚麼藥，但是一個醫生的好壞，卻不是完全決定於他記憶了多少這些資料，而是在他如何能運用他的這些資料。而運用這些規則及資料本身，所需要依賴的不是這些技術性的知識及規則，而是實踐性的知識。這個區分同樣地可以應用到科學、藝術等各種人類活動的領域中去。歐克夏接著指出，對現代人而言，只有技術性的知識才是知識，或是說，只有由技術性的活動所造出的成果才是知識，實踐性的知識不是

❹ Michael Oakeshott, "Rationalism in Politics"，此文編入他的*Rationalism in Politics and Other Essays* (New York: Methuen & Co., 1962), p. 36。

知識。把歐克夏這個區分應用到道德討論的領域中，也可以看出現代式的規則道德的特點。根據這種道德觀，所謂道德知識只是對於道德規則的掌握，而這些道德規則是可以記載在書本上的。對於道德領域中實踐知識的一面，根據規則式的道德，它是完全不存在的。道德哲學發展到當代，最大的理想是能像在命題邏輯中那樣，建立起一套決定程序(decision procedure)。決定程序是一套機械性的東西。如果這套程序得以建立，則道德判斷可以完全由一個電腦來作。更進一步，如果我們採取邏輯實證論的立場，在道德領域中根本沒有知識的存在。上面提及技術性知識之所以是知識乃是由於運用這些技術的結果可以導致知識，但是，在道德的領域中，我們即使掌握了道德的規則，並且運用了實踐性的知識作了某一個道德判斷，這個結果本身仍不是知識。它只是一個判斷或行為。

四

現代式的道德觀，將道德所管轄的範圍縮小到只關涉到人與人之間利害衝突的場合。根據這種道德觀，道德的領域即等於公正(Justice)的領域，在這種道德觀下，德性並非完全被排除掉。但是，古代人所談的諸種德性，在現代道德世界裡，只被減化為單數的德性。這個德性就是一種服從道德規則的性向(disposition)。

與這種現代式的道德觀所對立的是古典式的道德觀。根據這個道德觀，道德問題並非僅限制於人與人之間有利益衝突時才發生的。道德的主要功能是告訴我們怎麼樣的人生才是一個美滿的人生。道德實踐是追尋美滿的人生的一種不能間斷的活動。而道德實踐所依賴以及所成就的，就是各種德性。在西方，亞里士多德的道德理論最能表現

這種道德觀。儒家式的道德觀,也是這種強調德性的道德觀。

　　亞里士多德指出,所有人的活動都是要達到某項目的。這個目的
對該活動而言,就構成了它的價值(good)。一個人的生命,也是為了
實現某個目標,這個目標就構成了人生的終極價值(ultimate good)。
亞里士多德排除了金錢、名譽、權力等項目作為人生的最終極價值。
他認為人生最終極的價值,乃是幸福(Eudaimonia)。當然,這樣的講
法仍是完全形式化的。根據這個講法,我們並不知道甚麼才是構成人
類幸福的要素。幸福主義(eudaimonism)所指出的只是,人類的活動是
目的性的(teleological),但是,它並未能指出人的目的(telos)究竟是甚
麼。要替這個形式化的目的觀填上內容,亞里士多德必須指出,到底
甚麼才是構成幸福的要素。在這裡,他提出了"ergon"這個觀念。一般
都將"ergon"譯為功能(function),但是肯尼(Kenny)在〈幸福〉❺一文
中將它譯為特有的活動(characteristic activity)。一種東西特有的活動
乃是只有該東西能夠有的活動。亞氏認為人特有的活動就是理性的活
動,或是理性靈魂(rational soul)的活動。人與其他動物都具有營養及
感覺的活動,而只有人能夠從事理性的活動。特有的活動這個觀念相
當接近於本質的觀念,這就是亞里士多德有名的「人是理性的動物」
這句話的意義。這種就本質來講人性的方式與孟子講人性的方式是相
同的。只是孟子講人的本質時提到了善的本性,而亞里士多德所提的
是理性的活動。有了特有的活動及理性活動這二個概念之後,亞里士
多德的幸福主義中人生的背後目的就可以有了內容。這個內容就是理
性的活動。因此,他認為理性的活動是構成人類幸福的要素。究竟他
的這個講法是否能夠成立仍是值得爭辯的。我們可以問,「為甚麼只

❺　Anthony Kenny, "Happiness", 此文編入Joel Feinberg所編之*Moral Concepts* (Oxford: Oxford U. Press, 1969), pp. 43–52。

有在一個東西從事他所能夠的特有的活動時，他才能幸福?」起碼「一個人從事非理性的活動，有時會給他帶來幸福」並非一個矛盾句。要解決這個問題，我們必須要深入地探討亞里士多德對於理性這個概念的瞭解。但是，這不是本文所要探討的。我們所要探討的是，在這樣一個目的論的道德理論中，德性到底佔一個甚麼樣的位置? 德性與最終極價值的關係究竟是怎樣的?

首先，德性就是那些能夠達到實現最終極的價值所必需的一些品質。就這個意義而言，德性與幸福的關係仍是工具與目的的關係。但是，這種工具與目的的關係並非現代人所瞭解的工具與目的的關係。現代人所瞭解的工具與目的的關係乃是一種純粹外在的關係。這種關係可以用因果的關係來界定。A是B的工具的意思就是: 如果A這個事態的出現可以導致B這個事態的出現。在這種情況下，如果一個人想得到B，而先去創造A，則B是目的。這種關係純粹是一種技術性的關係。A與B可以彼此獨立地被描述出來。如果C也同樣地可以導出B，而且製造成獲得C的方法比製造成獲得A的方法更簡單，則我們沒有任何理由不由C到B而仍要採取由A到B這個途徑。但是，德性與幸福之間的關係，卻不是這種技術性的手段與目的的關係。上面已經講過，幸福只是一個形式的概念，就像「應該」這個概念一樣。當我告訴你「去做你所應該做的事」這句話時，你還是不知道你該做甚麼。幸福這個概念能被具體地應用，以指導我們的人生的話，我們就必須要對它填上內容，而德性正是這些內容本身。因此，我們無法將幸福與德性獨立地加以描述。甚麼構成幸福? 一個實踐或展現德性的人生就構成一個幸福的人生。甚麼是德性呢? 德性就是那些可以使我們獲得幸福的品質。這種關係與上述的技術性的工具與目的的關係是完全不同的。

根據這種德性的道德觀，我們也可以提出下列二點作為與規則道德觀的對比：

㈠道德本身就是目的——很顯然的，由於人生的目的是追求終極價值及幸福，而幸福本身無法離開道德的活動及德性而被獨立地界定，因此，道德並非只是有純粹工具性的價值。在這種道德理論中，由於幸福與道德實踐是二而一，一而二的，沒有人不具備德性而可能獲得幸福，也沒有人可能有德性而不幸福。因此，道德實踐及德性培養本身就成為目的。很顯然的，困惑現代道德哲學的最大的一個問題——德與福是否合一，在傳統的道德哲學中有一個相當圓滿的答案。而自利主義所提出的「為甚麼我應該道德？」這個問題，也同樣地可以得到一個解答。

㈡德性之知與智慧——由於德性的道德觀所注重的是如何培養人的道德品質，因此，在道德活動的領域中，它所強調及注重的乃是如何使自己養成一種習慣，這種習慣使得道德成為第二性。德性道德觀並非完全否定道德規則的存在或重要性，它只是說，規則在人類的道德活動中所扮演的角色只是第二義的，也就是說，道德實踐的最終目的不是掌握某些道德規則，而是培養一個能體現道德的人。完全沒有道德規則，我們固然無法有道德活動，但是對於規則的掌握及了解，只是道德生活的第一步。同時，道德規則就像法律一樣，永遠是普遍性的，我們的道德實踐卻不是在共相世界中進行，道德實踐進行的場合乃是每一個特殊及具體的場合。因此，要把普遍的原則及規則應用到這些具體的場合，我們所最需要的乃是判斷的能力，這種判斷的能力不能遵循一種規則，無法從書本上學到。就像前面提到過的實踐性的知識一樣，這種應用道德規則的能力，不是一個將道德規則死記住的人所能辦得到的。道德實踐所最依賴的乃是能夠將道德內在化，而

這種內在化的結果，就是德性。一個好的醫生不僅是背了許多書本的知識的醫生，而是一個能在每次診斷及治療時作出正確的判斷的醫生。同樣的，一個道德的存在，也不是背誦了一大堆道德規則的人，而是知道在甚麼時候應該怎麼作的人。歐克夏指出，實踐性的知識不是能從書本上學到的，也不是像一般知識那樣可以傳授的。只有透過師徒式的關係，徒弟觀察師傅的一舉一動，慢慢自己體悟出要領來，他引了《莊子・天道》中一個輪匠與齊桓公的對答來說明這種知識的特性。輪匠說，書本上的東西，都只是聖人的糟粕。真正重要的東西是無法被記載下來的。就像作輪子下刀時力道的大小一樣，他也無法傳授給他的兒子。只有靠自己在實踐中不斷體驗，才能夠領會得到。在道德活動中，我們可以說這種體驗的結果就是德性的內在化。也許現代人不願意將這種東西稱之為知識，我想也許智慧是更恰當的名詞。一個有知識的人知道如何得到他所要的東西，他知道採取甚麼手段可以達成他的目的。但是，他對於自己究竟要甚麼，卻並不是那麼清楚。一個有智慧的人，如果用上面對於幸福與德性之間的關係的分析，則不但知道如何達到目的，他對於自己的目的也能有充分瞭解。

五

對於兩種不同的道德觀作了分析之後，我想來討論一下儒家倫理的形態問題。很顯然的，儒家的道德觀不是現代式的道德觀。第一，無論是《論語》、《孟子》或者《荀子》中，我們幾乎很難發現有像現代道德典籍中那種結構作得很工整的道德原則。道德不是以律則的形式出現。我們所碰到的，大部份是描述德性的字彙以及教人如何去做道德實踐的工夫。其次，儒家的道德觀絕不僅僅將道德的領域限制在

人與人之間利害衝突的解決上。道德實踐及道德生活是無時無刻都不能稍有懈怠的。道德的主要作用不是解決利害衝突，而是人的品格的培養，所以儒家倫理中再三強調慎獨的重要性。有許多人指出中國文化是一種泛道德主義的文化，也不是完全沒有理由的。現在我就這兩點分別來談儒家倫理的特性：

㈠《論語》及《孟子》中所常提到的一些概念，例如：智、仁、勇、義、信、孝、恕，以及《中庸》中的誠，都不是規則性的概念。這些概念是形容人的德性的概念。如果這些概念是規則的話，則我們應該可以替它們下定義，用一種很確定的理論語言，將它們的意思明確地表達出來。但是，每次當弟子問孔子甚麼是「仁」，甚麼是「孝」等概念的意思時，他總是因人的不同，而有不同的說法。譬如樊遲問「仁」，孔子就說「愛人」，子張問「仁」，孔子就說「能行五者于天下為仁矣」。這五者就是「恭」「寬」「信」「敏」「惠」。又說「夫仁者，己欲立而立人，己欲達而達人」「剛、毅、木、訥近仁」。對於孝等概念，也都是用這種隨機的方式表明它的意義。這種方式所表示的乃是，這些概念本身不能用一個普遍的形式將它定義化，不能定義化也就表示它不能構作成一個如現代道德觀中的原則。我們前面曾經提過，所有原則都是普遍性的，而實踐道德的場合都是特殊的。孔子這種解說德性概念的方式充分顯示出他對這點有相當的瞭解。因此，他用這種隨機的方式來說明這些概念。這個論點可以用另外一個方式來加以說明。前面曾經說過，規則可以寫在書上的，我們學習規則或技術性的知識，最可靠的途徑就是書本。但是，即使我們看了多少本有關討論「仁」這個概念的書籍，就成為一個有德的人這點來講，可能是毫無作用的。一個人從書本上學到科學知識，自己再寫書討論科學問題，他就成了一個科學家。但是，一個人看了許多有關道德的書，同時也

寫了有關道德的書，卻不能使他成為一個有德之人。一個有德之人是具有德性的人，而要成為有德之人，唯一的辦法是靠實踐道德這種行為才能夠成就。儒家的倫理學的目的並非是道德概念的分析，而是要人成為有德之人。由於這個目的，它強調德性而相對地不重視原則是很自然的。

　　㈡現代人認為道德的唯一課題是解決自利主義者們之間的利害衝突，使得大家都能從這個制度(institution)受益，道德問題也僅限於利害衝突所發生的問題。因此，基本上所有的道德問題都被化約成分配公正 (distributive justice) 的問題。儒家的倫理思想就這個意義上講，完全不是現代的。荀子的道德系統雖與現代人對道德的想法有較為相似的地方。但是，即使對荀子，道德的作用還是遠超過解決利害衝突。他提出「古之學者為己」，「君子之學也，以美其身」，以及學習之義「始乎為士，終乎為聖人」，這些講法，都不是現代式的道德觀念。儒家的倫理思想，基本上把道德視為一種人格培養的活動。《大學》中所說的「德潤身」最能表現這個意思。儒家整個學問可以說是一套「成德之學」或「內聖之學」。所謂成德、內聖或是為己，所指的都是把道德實踐及德性的培養作為目的的一種活動。這種活動的最終目的是成聖成賢。但是，我們如何瞭解德性在儒家倫理思想中的地位呢？儒家道德思想沒有像亞里士多德那樣提出一個明顯的目的論 (Teleology)，以及德性在該目的論系統中的地位。剛才說，成德之學把道德實踐視為目的，如果這個講法是正確的，我們對於德性在儒家倫理思想中所佔的位置就可以有一個較為清晰的瞭解。事實上，如果這個講法是對的，德性就成為該系統的中心觀念。我現在借用麥肯泰爾在《德性之後》中所作的一個區分來闡述德性的意義。

　　在談到這個區分之前，我們必須先介紹「實踐」(Practice)這個概

念。麥肯泰爾對「實踐」的瞭解如下：在形式上，一項實踐(practice)是任何在形式上一致並且又複雜的人類社會性及合作性的活動。從事這種活動者，在嘗試達到這項實踐本身所規定的卓越標準(standards of excellence)時，相對於這種活動形式的內在價值(internal goods)得以實現。這些標準，對該活動而言，一方面是適當的，另一方面也部份地界定了它❻。讓我們用一個例子來加以說明。

我想教一個小孩子下象棋，但是，他不想學，可是我知道他很想要一個皮球，於是我就告訴他：「如果你跟我下象棋，並且能夠贏我的話，我就買皮球給你。」他答應了。如果這個小孩的目的，純粹只是要得到皮球的話，他就沒有理由不用欺騙的手段來打敗我，如果有別的更經濟的辦法可以得到皮球，他也沒有理由不採取那個辦法。他的目的純粹只是皮球，而皮球與棋藝沒有任何內在的關係。這個小孩如果只有這項動機，他很難能夠瞭解到下象棋本身可以給他帶來的樂趣。當然，也許多下幾盤，在他慢慢瞭解象棋這個遊戲之後，他可以從下棋本身獲得樂趣。他逐漸瞭解到怎麼樣的棋叫做好棋，也就是說，他瞭解到那些象棋中所具有的卓越標準，而在瞭解到這些標準之後，他也想去達到這種標準。但是，在這種現象還沒有發生以前，他唯一關注的是皮球。皮球對他而言是一種價值，但是對象棋這種遊戲本身，卻是外在的。下象棋不一定能夠帶來皮球。但是，下棋時能夠走出一步好棋，以及下出這些好棋後所帶來的樂趣，卻是內在的價值。

麥肯泰爾的這個區分雖然不是甚麼新的東西，但是它對於德性這個觀念的闡明卻很有用處。德性就是那些在達致內在的價值時所必須要具備的一些人類的特質。就以下棋為例，想要獲得下棋的內在價值，我們起碼必須具備智慧、誠實這兩項德性。不誠實的話，就像小孩為

---

❻ *After Virtue*, p. 175.

皮球而下棋，他可以用欺騙的辦法獲勝。但是，這樣做卻無法使他獲得下棋這種活動的内在值值。

但是如何用這個區分來闡明儒家的倫理思想，以及德性在這個系統中所佔的位置呢？當然，儒家的倫理系統與亞里士多德的理論不同。在儒家系統中我們無法找到亞里士多德式的目的論(Teleology)，但是孟子所提的四端以及性善說，卻與亞里士多德的 ergon 有相同的地方。ergon 根據肯尼的翻譯是「特有的活動」(characteristic activity)。一種只有該種生物能具有的活動，就是它特有的活動。亞里士多德指出對人而言，這是理性靈魂的活動，除了人之外，沒有其他生物能有這種活動。孟子認為，道德的活動是人類特有的活動。除了人之外，沒有別的動物能作這種活動。而德性正是道德實踐的中心。我們作道德實踐以修養或獲得德性，同時德性可以使我們的道德實踐不斷地進步。所謂「苟日新，日日新，又日新」正是這個意思。道德實踐就像人類的其他實踐活動一樣，有内在的價值。這個價值本身也像其他的内在價值一樣，是不能用其他方法得到的。孟子所說的「禮義之悅我心」就是道德實踐所帶來的内在價值。而一個沒有德性的人，就沒有辦法得到這種道德實踐所能帶來的内在價值。在這裡，我們又可以看出就儒家的系統而言，「德」與「福」的結合乃是必然的。當然，這裡所謂的「福」是指内在的價值而言。如果像現代人對價值那種效益主義式的瞭解的話，「德」與「福」的結合是一個偶然的事件，因為「德」與「福」並沒有内在的關係。「德」與「福」在儒家倫理中乃是一種内在的連結關係這點可以從孔子稱讚顏回的話中充分表達出來。他說顏回是能夠做到「一簞食，一瓢飲，在陋巷，人不堪其憂，回也不改其樂」。這種樂絕不是外在的價值帶來的樂趣。孔子說這句話時，他是充分地瞭解到甚麼是内在的價值的意義的。儒家的理論中

雖然沒有像亞里士多德那樣明顯地提出一個目的論來，但是，也許這正是它的長處。因為目的論，很容易陷入將價值瞭解成外在的。孔子所說的「仁者安仁」這句話，正充分地表現出他所瞭解的價值是內在的。在儒家這個倫理系統中，道德實踐或德性的培養永遠是目的，而不是手段。

在《知識與人類的興趣》一書中，哈伯瑪斯 (Habermas) 將科學 (Science)分為三種，並且將各種知識與人類某一方面的興趣連起來。第一種是經驗─分析的，第二種是歷史─詮釋的，第三種是批判的。經驗─分析的知識是由人類對自然及社會環境想要擁有技術性的控制所引發的，這是以普遍的定律(general law)的形式出現；歷史─詮釋的知識是人類對別人的行為的意義想要瞭解所引發的，它的特性是對對象的解釋(interpretation)，第三種批判性的科學，是由人類要求解放的興趣(emancipatory interest)而來的。這種批判的知識，是透過自我反省，瞭解到有些甚麼內在及外在的阻力妨礙自己的發展，從而由這種瞭解以衝破這種阻力，得到自我解放。哈伯瑪斯把弗洛伊德式的心理分析視為這種科學的典範。這種知識不能以律則的形式出現，因為它想衝破的正是一些由於心理上沒有覺悟而支配我們的律則。用精神分析的術語來作類比的話，這種自我反省的作用及目的，就是將潛意識的東西帶到意識的層面，由於透過這種對自我分析後所獲得的瞭解，因而得以不再受向來埋藏在潛意識中未被發覺的因素所支配。哈伯瑪斯的這個理論並未假定一種目的論，人的解放與進步是否一定要假定一種目的論乃是一個值得探討的問題，這裡無法討論。但是，我們卻可以用哈伯瑪斯第三種形式的科學來瞭解儒家的方向。它也是一種由自我解放的興趣作為基礎所建立起來的一套學問。它的目的是能夠達到德性的境界，在這個境界中，外在與內在的阻力，逐漸地被排

除掉。在德性實踐活動中，他可以得到德性實踐所能夠給人帶來的內在價值，他能夠做到「仁者安仁」。

六

我在這篇文章中將兩種道德觀作了一種對比，然後指出儒家倫理思想的一些特質，如果我的分析對瞭解儒家倫理有所幫助的話，則很顯然的，它對現代社會所能做的貢獻是提出一套與現代社會完全不同的倫理觀。事實上，對西方現代社會從事深入研究的人，很少對它不抱一種憂慮與失望的態度的。從馬克思開始，到韋伯及法蘭克福學派以及麥肯泰爾。羅素的一句話最能道出現代社會的特質。他說：「現代人認為做所有的事情都必須是為了完成別的東西，而從來不是為了它本身。」❼ 我們也可以說，現代人不瞭解有所謂「內在的價值」這樣東西，所有的價值都是外在的價值。這點在邊沁的效益主義中表現得最為明顯。馬克思所提的「異化」，韋伯的「理性化」，都是對於這個現象一針見血的描述。

本文原載於劉述先編《儒家倫理研討會論文集》（新加坡：東亞哲學研究所，一九八七年）

---

❼ Bertrand Russell, "In Praise of Idleness"，此文收在 Erich Fromm 所編之 *Socialist Humanism* (New York: Doubleday & Company Inc., 1965), p. 256。

韋伯的比較宗教學：新教、儒教與資本主義

一

　　韋伯不是漢學家，他也不懂中文。他對中國的瞭解及知識都是透過第二手的資料得來的，其中有許多不正確甚至極為錯誤的地方。但是，一位漢學家卻指出：「韋伯對漢學做出了根本性的貢獻是不容爭辯的，特別是在對中國社會及社會建制的研究上。」❶當然，對中國社會及宗教的研究只是韋伯整個研究計畫中的一部份，他的主要工作是對現代西方文明作一個全盤性的瞭解。一九二〇年，在臨去世前幾個月，韋伯為他的《宗教社會學論文集》(Collected Essays in the Sociology of Religion)寫了一篇導言。這篇導言中道出了韋伯一生工作的線索，他清晰地指出了他的主要工作乃是：⑴指出現代西方文明有別於其他一切文明之處，就是它顯現出了一種特別的理性主義；⑵他工作的中心就是去瞭解及說明這種特別的理性主義❷。為了完成他的

❶ O. B. Van der Sprenkel, "Max Weber On China," *History and Theory*, Vol. III, 1963, p. 38.

❷ Max Weber, *The Protestant Ethic and the Spirit of Capitalism*, trans. Talcott Parsons (New York: Scribner's, 1958), AI, p. 26. 這篇文章由

目的，將西方這種特殊的文化與別的文化作一個比較，似乎更能夠突顯出它特別的地方。這就是為甚麼韋伯會對其他許多不同的文明作研究的理由。對於韋伯的這個比較研究，我們應該作一個交代。韋伯將他的比較宗教研究系列稱為「世界宗教的經濟倫理」(The Economic Ethic of the World Religions)。這個系列中的第一本書就是對中國宗教的研究，本名為《儒家與道家》(*Confucianism and Taoism*)。英文的譯本則將它名為 *The Religion of China*，出版於一九五一年❸。

許路喀特(Wolfgang Schluchter)指出，研究文化的學者可以分為兩派，一派是演化論(Evolutionism)，而另一派則是比較論(Comparativism)❹。演化論的論旨是，人類的歷史發展是有階段性的，由一個

Talcott Parsons 所譯，一般將它稱為 Author's Introduction，簡稱 AI; Rogers Brubaker, *The Limits of Rationality* (London: George Allen and Unwin, 1984), p. 8。

❸ 在一九六二年再版時，加上了楊慶堃寫的一篇長的導言。《中國的宗教》一書原來是在 *Archiv für Sozialforschung* 這份學報的九月號那期發表的。而在這篇文章之前，該期同時刊出了韋伯對「世界宗教的經濟倫理」這個系列的一篇導言。這篇導言被英譯為 "The Social Psychology of the World Religions" (SPWR)，而收在葛斯(H. H. Gerth)與米爾斯(C. Wright Mills)所編譯的 *From Max Weber* 一書中。以後韋伯又寫了一篇文章作為他對印度宗教、猶太教、回教等研究的導論。這篇文章也被英譯而收在葛斯與米爾斯的選集中。它的英譯名為 "Religious Rejections of the World and Their Directions" (RRW)。這些文章及書最後都被收集在上面所提過的《宗教社會學論文集》中。Stephen Molloy, "Max Weber and the Religions of China: Any Way Out of the Maze?," *British Journal of Sociology*, Vol. 31, No. 3, 1980, pp. 378–379.

❹ Wolfgang Schluchter, *The Rise of Western Rationalism*, trans. G. Roth

階段，進入另一個階段。一般演化論者都會認為後一個階段比前一個階段進步。孔德(Auguste Comte)、黑格爾、馬克思都是演化論者。比較論則認為不同的文明有它不同的形態。我們無法指出哪些是必經的階段。許路喀特認為韋伯是一個比較論者。比較論者認為，對不同的文化作比較研究，可以使得我們對兩者都有更深入的瞭解。韋伯的比較宗教學也是抱著這種宗旨而開始的。我對韋伯的中國研究有興趣，也主要是由於他將中國與西方做比較以顯出兩者的特性而引起的。雖然上面我提到韋伯對中國的知識都是第二手的，同時有許多錯誤，但是，他對中國的瞭解仍舊充滿了睿識。由於他有一套整全的理論架構，因此，他對中國文化的形態的勾劃也就比那些只具有枝節知識的人來得深刻得多。

韋伯舉出了現代西方理性主義的文化所獨具的一些成就。這包括了科學的發展、理性法理學及形式法律的創制、現代式的科層組織、合理的和諧音樂(rational harmonic music)、哥德式的拱頂作為分散壓力的建築以及現代的資本主義等❺。接著韋伯就問：「為甚麼科學的、藝術的、政治的或經濟的發展沒有在印度、在中國也走上西方現今的特有的這條理性化道路呢？」❻

當然，韋伯的問題並非在西方以外的世界為甚麼沒有出現那種特殊的理性化，而是「要找尋並從發生學上說明西方理性主義的獨特性，並在這個基礎上找尋並說明近代西方形態的獨特性」❼。對我們中國

(Berkeley: University of California Press, 1981), pp. 1–2; 140–141; 141.

❺ 同❷, Weber, AI, pp. 13–18; 21。

❻ 同❷, Weber, AI, p. 25。中文翻譯我所採用的是于曉、陳維綱等譯：《新教倫理與資本主義精神》(北京：三聯書店，一九八七年)，頁15。

❼ 同❷, Weber, AI, p. 26；同❻于曉、陳維綱等，頁15。

人而言，韋伯所最關心的問題並不是我們最切身的問題。對我們最切身的問題反而是：中國社會何以沒有走上西方現代社會那種模式的理性化的途徑？我這篇文章所要處理的，只是集中在經濟理性化的問題。因此，它的問題也就是：為甚麼中國沒有出現資本主義？

提出為甚麼某個文化沒有出現某種制度或宗教這一類的問題，是一個極為奇怪的提問方式。因為它的答案可以是極無意義的。例如，當有人問「為甚麼中國沒有出現回教？」這個問題時，我們可以給一個正確但是毫無意義的答案：因為默罕莫德不是在中國出生。假如默罕莫德是回教出現的不可缺少的條件之一的話，則上述的那個答案當然是對的。但是，沒有人會認為這是一個有意義的答案。也許對於這樣的一個問題，根本就沒有好的答案。但是，如果對於「為甚麼某種制度或宗教沒有出現在某種文化中？」這個問題，我們能夠提出一種答案，而這種答案所蘊涵的，是這個文化與該種制度或宗教互不相容時，則這個答案不僅是好的答案，它也使得這個問題本身變得有意義。當韋伯問為甚麼中國及印度沒有走上現代西方理性化的道路時，他心中所構想的正是由於這兩個文明中有些要素是與西方的理性主義不能相容的。而他所作的比較宗教學的工作也正是要指出，中國、印度等文明形態在甚麼地方與現代西方理性主義不相容。

二

韋伯的《新教倫理與資本主義精神》一書，一般被視為是對馬克思的歷史唯物論的一種反駁的唯心主義的歷史觀。這個對韋伯的解讀並不是沒有根據的。他自己就不只一次地說過唯物主義的錯誤。例如他說：「在這裡談論理想的上層建築中物質狀況的反映顯得毫無意

義。」❽這個對韋伯解讀的一個有力的證據見諸他在一九〇五年四月二日給李克特(Heinrich Rickert)的一封信中，韋伯說：「在六月或七月，你將會收到一篇談文化史的文章，它可能會使你感到興趣：新教的禁欲主義(Protestant asceticism)作為現代志業的文明(vocational civilization)的基礎──一種對現代經濟的精神主義式的築構。」❾許路喀特也曾指出，照韋伯自己的想法，對於新教倫理的研究以及對比較宗教及經濟的研究是具有一種精神主義及反唯物論的色彩的❿。

　　但是對於這種唯心主義的解釋，韋伯卻在《新教倫理與資本主義精神》一書的結尾中，提出了嚴重的警告。他說：「但是，以對文化和歷史所作的片面的唯靈論(Spiritualistic)因果解釋來替代同樣片面的唯物論解釋，當然也不是我的宗旨。每一種解釋都有同等的可能性，但是如果不是作作準備而已，而是作為一次調查探討所得出的結論，那麼，每一種解釋都不會揭示歷史的真理。」⓫從這段引文中我們可以看出，韋伯所要提倡的是一種多原因說法，以對抗馬克思的單因說。歷史事件的發生不單只是一個原因就能決定的，而是由多種不同的原因湊合起來才能促成該事件的發生。因此，唯心或唯物這種單因的理論都應該被摒棄。然而，《新教倫理與資本主義精神》一書所作的工作卻只是單方面的。它所要探究的是宗教對於經濟倫理以及精神的及物質的利益(ideal and material interests)的影響⓬：

---

❽　同❼, p. 75，頁55。

❾　同❹, pp. 140–141。

❿　同❹, p. 414。

⓫　同❼, p. 183，頁144。

⓬　同❼, p. 90，頁67。

……我只是試圖闡明宗教力量在我們這一仍在發展著的世俗
近代文化之網的形成過程中，在無數不同的歷史因素的複雜的
互相影響中所發揮的作用。從而，我們只是想問：在甚麼程度
上，這種文化的某些特性可以歸因於宗教改革的影響。

由於採取了這種多因說的理論，韋伯當然反對唯物論者將一切上層建
築視為經濟因素的反映。宗教、政治、道德、法律等上層建築的要素，
有它們的獨立性，它們本身就有力量來影響經濟。

觀念有它獨立的存在，它可以影響人的行為，包括經濟行為。那
麼宗教觀念究竟在哪些方面可以構成一種力量，而影響經濟行為呢？
韋伯認為在下列兩方面，觀念對於我們的行為有影響的力量。

㈠在對於我們社會、經濟及政治制度的合法化(legitimation)的要
求上，觀念是不可或缺的要素。由於人類的組織總是牽涉到權力的分
配，在任何形態的人類組織中，總有一些人會擁有比別人多的政治、
經濟等權力。如果這種權力的擁有者不能提供正當的理由來說明他為
甚麼該擁有比別人多的權力時，這個社會中擁有較少權力的人，一定
會認為他們社會中權力的分配是不合理的，因而也就不能被接受。要
使一個社會中的制度合法化，該社會必須有一套大家都共同接受的理
念。根據這套理念，該社會中權力的分配被認為是合理的。在資本主
義的社會中，財富的分配是極為不平等的。有些人富可敵國，有些人
卻貧無立錐之地。但是由於大家接受了自由主義哲學的緣故，所以這
種不平等的權力分配也就被絕大多數的人所接受。如果沒有自由主義
這套觀念，或者大家接受了另外一套觀念，則資本主義的合法性就可
能會受到挑戰，而它的穩定性也就不容易保住。因此，觀念的第一個
力量是為社會提供合法性的基礎。其次，在各人的行為上，觀念也發

生了同樣的效用。如果我們不接受某種觀念，則有些行為就會被視為是不正當的。例如中世紀天主教的教義中認為謀利是不道德的行為，因此，禁止人們收取利息。對於一個深信這種教義的人，他就很不可能去從事謀利的行為。但是在新教改革之後，基督教告訴人們謀利是完全正當的行為，接受了這種觀念的人，當然就不會像接受中世紀天主教教義的人那樣不去從事謀利。相反地，他在謀利時會感到心安理得。

　㈡觀念的第二個力量在於我們在謀利的行為中，必須依靠它們作導引。在一段有名的話中，韋伯說出了觀念與利益之間的關係❸：

> 直接支配人類行為的是物質上與精神上的利益，而不是理念。但是由「理念」所創造出來的世界圖像，常如鐵道上的轉轍器，決定了軌道上的方向，在這軌道上，利益的動力推動著人類的行為。人們希望「自何處」被拯救出來，希望被解救到「何處去」，以及──讓我們也別忘了──「要如何」才能被拯救，這些問題的解答全在於個人的世界圖像。

韋伯這段話非常清楚地說明了他認為理念或精神在人類行為中所扮演的角色。利益固然決定我們行為的方向，但是利益本身卻沒有或不能告訴我們自己當下的處境是甚麼，以及怎樣才能夠獲得那些利益。如

---

❸　Max Weber, "The Social Psychology of the World Religions," *Essays in Sociology*, trans. and eds. Hans Heinrich Gerth and Charles Wright Mills (New York: Oxford University Press, 1946), p. 280. 中譯採用康樂及簡惠美譯：《宗教與世界》（臺北：遠流出版事業股份有限公司，一九八九年），頁71。

果我們心中缺少對世界的圖像，則只有心中的利益並不能決定我們該怎麼做。世界圖像的第一個作用是告訴我們「自何處」出發，「自何處」所包含的是我們自己所具備的一切能力、性向、信仰等主觀因素，以及我們周遭環境所包含的客觀因素。例如我身處的是一個傳統式的社會或是自由主義式的社會。前者所包含的客觀因素與後者是有極大距離的。世界圖像所包含的第二個要素是「何處去」。雖然不同文化中的人都擁有一些共同的興趣及利益，例如大家都想要物質上的安全感、社會上的榮譽、得到靈魂上的安寧等，但這些要求及欲望本身都只是形式性的。怎麼樣叫做靈魂上得到安寧，以及甚麼可以給人們帶來社會上的榮譽，則因不同的社會及文化而有所不同。在基督教的文化及社會中，構成靈魂安寧的條件是得到上帝的恩寵，而在儒家文化中，一個人在能夠有好的人倫關係的境況下，他的靈魂就可以得到安寧。至於社會的榮譽，當然也因為不同的價值觀而會有極大的差異甚至相反的情況。

　　理念的最後的一個作用是指出被拯救的方法，如果我們知道自己的利益之所在，同時也知道了「自何處」及「何處去」這二項的具體內容，我們仍然需要知道如何才能達到目的。這也只能依靠理念才能提供給我們。新教徒認為被拯救之道是透過禁欲主義的辦法來宰制世界，而印度教則認為拯救之道必須透過冥想的方法才能達到。這兩種不同的達到拯救的途徑，並非由精神和物質的利益而來的，而是由我們的理念而來的。

　　由這些分析，我們可以瞭解到韋伯思想的複雜性。他既不是一個唯心論者，當然更不是一個唯物論者，但是我們所要討論的卻是他偏向觀念的重要性的一面。

三

　　資本主義是理性化在經濟領域中的表現。韋伯認為資本主義之所以會出現，其中一個主要的推動原因是資本主義精神。而資本主義精神本身與新教倫理之間有一種選擇的親和性 (elective affinity) 的關係❶。楊慶堃將韋伯所勾劃的資本主義精神歸納為下列五點：

　　㈠追求金錢的活動本身就是目的，並非達到其他目的的手段，也不是一種罪惡；

　　㈡利潤的賺取是永無止境的，既不受生活水準之需求的限制，也不受限於傳統的滿足感受；

　　㈢用以追求的手段與傳統的運作模式二者皆不具絲毫神聖不可侵犯及更動的性格，它們隨時可以被更改變革；

　　㈣努力工作被認為是一種責任，也是一種道德義務；

　　㈤強調紀律與控制，著重為經濟上的追求而奮加進取，並具有有系統且持續不斷的理性的忠誠工作態度❶。

　　至於韋伯所瞭解的新教倫理，哈伯瑪斯則將它歸納成下列幾點：

　　㈠徹底放棄巫術的方法及所有的聖禮作為追求得救的手段；

　　㈡在一個受物質性的偶像性崇拜之危險所威脅的世界中，個人信仰者的無情的被孤立，並且，在一個被拯救的社群中，否定任何被選

　❶　同❷, Weber, AI, p. 91；同❹, Schluchter, p. 142。Parsons 把 elective affinity 譯為 correlation。

　❶　Max Weber, *Religion of China*, trans. Hans H. Gerth (New York: Free Press, 1951)；中譯採用簡惠美譯：《中國的宗教：儒教與道教》（臺北：遠流出版事業股份有限公司，一九八九年），頁29-30。

者的可見的認同；

㈢建基在始於路德的天職或志業觀念之上，根據這點，信者通過他在世界中對他志業所帶來的責任的履行以證明他自己是上帝在這個世界中的工具；

㈣把猶太－基督教對於現世的拒絕作一種轉化，而成為一種對自己的天職無休止地盡力的內在於世界中的禁欲主義；現世的成功雖然不代表個人贖罪命運的基礎，但是它卻代表知道它的基礎；

㈤最後，方法上嚴格的一種依原則的、自我控制的、自律性的生活方式，它滲入生命中的每一個領域，因為它統屬於確定自己得救的想法之下❶。

從這兩段對資本主義精神及新教倫理的描述，我們可以相當清楚地看出它們之間的相似性。尤其是天職的概念，內在於世界中的禁欲主義以及方法上的嚴格的生活方式這種倫理教條，幾乎與資本主義的精神完全是若合符節的。韋伯對於這兩種東西之間的因果關係的態度是極為曖昧的。一方面他一再指出他不願意說資本主義精神的出現是由宗教改革所引起的❶，但是他又不斷地強調宗教信仰對於志業倫理的影響❶。但是韋伯卻極為肯定地認為資本主義精神及新教倫理對於資本主義這種經濟制度的影響力。他指出在十四、十五世紀的佛羅倫斯已經有很興旺的貨幣及資本的市場。而這些東西在十八世紀的賓夕凡尼亞卻極為缺乏，因而不得不淪為以物易物，然而資本主義卻沒有

---

❶　Jürgen Habermas, *The Theory of Communicative Action*, Vol. 1, trans. Thomas McCarthy (Boston: Beacon Press, 1984), pp. 164–165; 202–203; 202.

❶　同❷, Weber, pp. 90–91。

❶　同❷, pp. 27, 40。

在前者發展，反而在後者發展及茁壯成長。這完全是由於前者缺乏資本主義精神及新教倫理，而後者卻具有這兩者之故所引起的[19]。

　　由於韋伯有這種看法，因此，他希望透過比較宗教的研究，來對他的論旨做一個更加肯定的證實。他的目的是指出，中國、印度等文明之所以沒有出現資本主義，乃是由於它們沒有出現西方新教的那種倫理上的理性化。他提出的論旨甚至要比這個來得更強一點。他指出，中國及印度的宗教與西方那種理性化是不相容的。許多人把韋伯的比較宗教研究所用的方法視為是彌爾 (J. S. Mill) 所提出的差異法[20]。韋伯自己也談到了這種方法[21]，這個方法指出兩組現象在所有的先行條件中除了一個之外都是相同的，因此，造成這兩組現象不同的原因就是那個不同的先行條件。當然，中國與西方文化並非除了新教倫理之外其他的因素都是相同的，因此，嚴格地說，彌爾的差異法在這裡並不能被有效地使用。韋伯所作的事實上是指出，中西文化中各有許多有利及有礙資本主義發展的因素，但這些因素都不是決定性的。在西方對資本主義的發展有影響的乃是新教倫理及資本主義精神，中國不但沒有它們，而且中國宗教與它們有不相容處。因此，新教倫理及資本主義精神乃是資本主義發生的極為決定性的原因。

---

[19]　同[2], pp. 74–75。

[20]　Talcott Parsons, *The Structure of Social Action*, Vol. II (New York: Free Press, 1988), pp. 541–542; Alasdair MacIntyre: "A Mistake about Causality in Social Science," in Peter Laslett & W. G. Runciman ed.: *Philosophy, Politic and Social* (Oxford: Basil Blackwell, 1972), p. 49.

[21]　同[2], p. 27。

四

《中國的宗教》一書的最後一章是〈儒教與清教〉(Confucianism and Puritanism)。韋伯在這章中將這兩種宗教做了一個詳盡的對比，但是他的比較相當缺乏系統性。性質極為不相關的東西，穿插其間。我則希望能夠將這兩種宗教根據兩個範疇來作一個比較。這兩個範疇一個是形上學及宇宙論的，另一個則是倫理及社會的。當然，把這兩個範疇劃分開來並不表示它們是可以截然劃分的，事實上這是做不到的，它們之間也互相滲透，有些項目也很難劃定它屬於哪一個範疇。比較的結果是希望能弄清楚韋伯的論旨：為甚麼資本主義與儒教是不相容的。

前面已提到過，韋伯認為資本主義是現代西方理性主義中的一個環節，是理性主義在經濟領域中的表現。但這種西方理性主義究竟具有甚麼內容呢？韋伯認為它的特性就是：世界的解咒(the disenchantment of the world)。阿培爾 (K. Apel) 對於這種理性化作了極為精簡但卻是正確的描述❷：

> 對於理性化(rationalization)這個概念，他（韋伯）的瞭解是把工具—目的的理性力量放入到社會文化系統中的每一個部門去所做成的進步。尤其是把科學與技術上的進步所做成的影響

---

❷ K. Apel, "The Common Presuppositions of Hermeneutics and Ethics: Types of Rationality beyond Science and Technology," in John Sallis ed.: *Studies in Phenomenology and the Human Science* (Atlantic Highlands, N.J.: Humanities Press, 1979), p. 37.

應用到經濟與科層行政(bureaucratic administration)上去。

然而，宗教的理性化又是以甚麼形態出現的呢？它有些甚麼標準？韋伯提出了兩個標準來判定一個宗教是否已經理性化了。

其一是：這個宗教對巫術斥逐的程度；其二則是它將上帝與世界之間的關係，及以此使它本身對應於世界的倫理關係，有系統地統一起來的程度❷。

韋伯認為新教已經完全擺脫了巫術，而儒教則對巫術還採取容忍的態度。我們可以從「子不語怪力亂神」這句話以及《論語》中提到孔子對祭祀的態度——「祭如在，祭神如神在」來印證韋伯的這個看法。因此，就上述理性化的標準來看，新教是理性化了，而儒教則仍未達到這點❷。

在對儒教與新教作比較之前，我首先要指出的是，韋伯認為宗教在各文化中之所以會發生是因為每個文化都面對了兩個相同的問題。第一個問題就是受苦 (suffering) 的問題。大家要探究受苦的意義究竟是甚麼❷？與這個連帶的問題是世界上各人的命運的不平等。第二個問題宗教所要回答的是這個宇宙的意義問題。在談過了人們希望從許多不同種的人生的負面性中拯救出來後，韋伯說❷：

---

❷　同⓯，p. 226，頁293。

❷　這並不表示儒教本身還沒有理性化。它所表示的是儒教的理性化與新教的理性化是不同性質的理性化，韋伯常用儒教的理性主義 (Confucian rationalism)一詞。見⓯，p. 226, 241 ff。參考❷, Brubaker, pp. 46–47, 注13。

❷　同⓭, p. 275。

❷　同⓭, p. 281，頁72。

> 凡此種種可能的背後，總有一面對現實世界——特別讓人感覺
> 到「無意義」的——的態度；相應於此所隱涵的要求則是：世
> 界秩序整體無論如何會是、可能是，也應該是個有意義的秩序
> 界。

一切宗教都是為了要建立一個意義的秩序而產生的。

現在我們就來看新教與儒教所建立起來的是怎麼樣的意義秩序？
它們的差異何在？首先我要從形上學或是宇宙論的角度來對它們作比
較：

㈠哈伯瑪斯在討論韋伯時，用了一對名詞來描繪東方與西方宗教
的不同，這對名詞是「宇宙中心主義式的」(cosmocentric)與「神中心
主義式的」(theocentric)❷。韋伯一再地指出，西方的宗教，從猶太教
到新教都是一種神中心主義式的宗教❷。這種神中心主義式的宗教認
為有一個超越的、至高無上的神是宇宙的主宰。世界是由祂所創造的，
現世中的人只是神的工具，用來實現神的意旨。我們也應該對自己與
神的關係作這樣的理解。東方的宗教則不同，它的教義中最高的一點
是一個神聖的宇宙秩序(cosmic order)，人是這秩序中的一部份，因此，
不像西方宗教那樣，得到拯救並非由上帝的恩寵而來，而是由人溶入
這個神聖的宇宙秩序之中而成❷。西方式的神中心主義所表現的是行
動之神(God of action)，耶和華是這種典型的代表。而東方式的則是秩

---

❷　同❶，pp. 202–203。

❷　Max Weber, "Religious Rejection of the World and Their Direction,"
Essays in Sociology, trans. and eds. H. H. Gerth and C. Wright Mills (New
York: Oxford University Press, 1946).

❷　同❶，p. 228。

序之神(God of order)，它在印度的婆羅門教中顯現得最清楚 **㉚**。在神中主義式的宗教中，由於至高無上的神是一切的主宰，人能否得救完全由祂而定，這在韋伯談喀爾文教派的教義時，表示得最為清楚，因此，這種宗教多為他力式的，而宇宙中心主義式的宗教則多為自力式的，因為得救所依憑的是自己在宇宙的秩序中找到自己的適當位置。其次，在神中主義式的宗教中，由於信徒們希望得到的是上帝的恩寵，他必須有所表現才有可能達到他的目的。因此，這種宗教大多數是以行動來作為得救的途徑。而宇宙中心式的宗教由於是要探究宇宙的奧秘，因此冥想(contemplation)是一般所用的途徑。韋伯在談神中心主義式與宇宙中心主義式的宗教的差異時，印度教及佛教是他心目中的典型。儒教雖然也是宇宙中心式的，但是冥想似乎並非它主要的達到拯救之途。

神中主義式的宗教由於肯定有一個超越世俗的至尊之神為我們訂立做人處世的至高無上的標準，因此，它隨時表現出這個世界是一種不完美的處所，人們必須抗拒它。由於這種原因，神的要求與俗世生活之間就出現緊張 (tension)。而在宇宙中心式的宗教中，由於並沒有一個至高無上的神對現世不斷地作出要求，因此，這種神界與自然界的緊張就不存在 **㉛**。韋伯一再地指出在儒教中，這種緊張沒有它的

㉚　同**⑯**, p. 202。

㉛　格蘭姆(A. C. Graham) 指出，中國並非沒有二元論的思想，但是與西方的二元論的思想不同之處是，西方的二元思想中的兩極的對立關係是一種衝突的對反(conflicting opposites)，例如真、假、善、惡、本體、現象、神、魔。而中國的二元對立則是互補的對立 (complementary polarities)，例如陰、陽，動、靜，天、地等。當然這並非說中國就沒有衝突的對反，而西方就沒有互補的對立。問題只是那一種在各個文化中佔主要的地

位置❸。同時，基督教更認為世界是充滿著根本惡(radical evil)，而儒家則認為這個世界是所有可能的世界中最好的世界❸，因此，這種緊張更容易在基督教中出現而不會在儒教中出現。

㈡肯定世界與拒絕世界：儒家由於認為這個世界是所有可能的世界中最好的世界，因此，對於世界的態度當然是肯定的，但是儒家對於世界的肯定的辦法並非去宰制它，而是去適應它❸。這種去適應世界的想法正可以說明韋伯為甚麼會認為儒家還沒有像新教那樣理性化的原因。儒家之所以認為我們應該去適應世界，正是由於世界本身還沒有被解咒的緣故。沒有被解咒的世界是一個它本身就充滿著意義的世界。只有當世界被解咒變成了一個因果的關係網之後，意義才會從世界中消失。當意義從世界中消失之後，宇宙中心式的宗教也就很難能夠維持。因為在一個本身沒意義的世界中，人對世界所應該採取的態度是去宰制它及使用它。只有在一個本身就有意義的世界中，我們才會去適應它及找尋自己在其中的位置。在這樣的一個宇宙觀中，我們對知識、人與自然的關係都有與機械論的宇宙觀極為不同的看法。泰勒(Charles Taylor)對這種有機式的宇宙觀作了如下的描述❸：

位。A. C. Graham, "Conceptual Schemes and Linguistic Relativism in Relation to Chinese," in Eliot Deutsch ed.: *Culture and Modernity* (Honolulu: University of Hawaii Press, 1979), p. 197.

❸ 同⑮, pp. 149, 228, 235–236。

❸ 同⑮, p. 227。

❸ 同⑮, pp. 152, 228, 235, 240, 248。

❸ Charles Taylor, "Rationality," in Martin Hollis and Steven Lukes eds.: *Rationality and Relativism* (Cambridge: MIT Press, 1982), p. 95.

當我們不瞭解我們在萬物中的位置時，我們就不知道萬物的秩序，因為我們是這個秩序的一部份。並且我們不可能瞭解這個秩序以及我們在其中的位置而不喜愛它，看不到它的善，這就是我所謂的與它適調了(being inattunement with it)。

泰勒的這段描述是對於適應世界這種宇宙觀極好的察照，中國人的與天地萬物為一體的思想，正是這種有機式的宇宙觀的表現。在這種宇宙觀的影響下，人們當然肯定世界，但是這種對世界的肯定所採取的是一種欣賞的態度，而不是想去把它變為工具，以供自己使用的宰制態度。資本主義對於自然顯然不是採取欣賞的態度，而是宰制的態度。

我前面提到過，新教的教義中具有世界是根本惡的想法。這種想法可能引導出兩種對付它的態度。一是征服及徹底改變它，另一種是逃離它。韋伯認為印度的宗教所採取的都是後一種態度。這種講法可能與宇宙中心主義式的看法是相違背的。但是，我無法在這裡討論這個問題。對付一個具有根本惡的世界的另一種辦法是去改變及宰制這個世界。新教徒認為在世界內勤奮地工作以宰制這個世界乃是上帝的命令。喀爾文教派的預定論(predestination)雖然認為，一個人是否得救完全在神的意旨，個人的任何行為對於神意也不能有任何影響，因為如果人能影響神的話，則神的行為就不是絕對自由的了。但是，在世上勤奮的工作乃是自己可能是被選中的得救者的一個標誌。同時，勤奮的工作的唯一目的只是希望可能瞥見一點自己可能是會得救的希望，而完全不是去享受工作後所能給我們帶來的滿足欲望的物質。工作正是消滅欲望的途徑。所以，新教雖然採取拒世的態度，但是它的其他因素使它對世界的態度變為是宰制世界的態度。二元論的宗教總

是把對物質世界的欲望視為是負面的東西，基督教如此，佛教也是如此。甚至二元論色彩很淡的儒家也有這種傾向。宗教的目的是希望能夠超越或克服這種二元的世界。它們所採用的途徑有二種：一是禁欲主義，另一是神秘主義(mysticism)。禁欲主義用的辦法是禁欲以達到解脫，而神秘主義所用的辦法則是冥想。韋伯說東、西方的宗教都有這兩種達到解脫的途徑。但是在一神論的西方宗教中，禁欲是主要的途徑，而在宇宙中心主義式的東方宗教中，冥想則是主要的辦法❸。對於這兩種途徑，韋伯作了下列的陳述❸：

> 關於拒世，我們在〈導論〉中曾提示二種對立的形態。一是行動的禁欲，亦即身當神的工具者的一種合乎神意的作為；一是神秘論中冥思性的充滿聖靈。神秘論趨向一種救贖「擁有」的狀態，而非行動；個人並非神的工具，而是神的「容器」。以此，塵世中的行動，便顯然會危及絕對非理性的、彼世的宗教狀態。行動的禁欲則施展於塵世生活中，以成其為世界之理性的締造者，亦即是：試圖透過此世的「志業」之功，以馴化被造物的墮落狀態；此即入世的禁欲。與此恰成極端對比的是，以逃離現世為其徹底結論的神秘論；此即出世冥思。

這裡韋伯不僅提到禁欲這種辦法，他還提到行動的禁欲及入世的禁欲。但是禁欲並不一定採取入世的方式。如果不採取入世及行動的禁欲方式，則禁欲並不一定會轉化為宰制世界的形態。例如西方中世紀的修道院中也有禁欲的修行辦法，佛教的這種禁欲主義則更是我們

---

❸　同❷, Weber, pp. 324–325。

❸　同❷, Weber, p. 325；❸, 康樂、簡惠美，頁106。

耳熟能詳的。因此，要產生出宰制世界這種辦法，禁欲就不僅只能是向內地對自己的欲望作克制的工夫而已。它更必須入世地去勤奮的工作，藉著這點來消止自己的欲望。只有這種入世的禁欲才有可能造就新教徒以志業為本的倫理精神，這也正是韋伯所強調的。所以他接著就說❸：

> 不過，兩者的對立也可以緩和下來。情形之一是，行動的禁欲僅限定於行動者本身抑制與克服被造物墮落狀態的問題。這時，對於確實合乎神意的、行動的救贖業績之專注會激越到避免在俗世生活秩序中採取任何行動的地步，此即出世的禁欲。就其表面的態度觀之，實接近於出世的冥思。

即使是神中心主義式的宗教與行動的禁欲主義也不是必然連接在一起的。韋伯說：「然而，超世俗上帝的概念與行動的禁欲思想之間──正如特洛爾奇 (Ernst Troeltsch) 一再確當明白指陳的──這層緊密的關係，並不是絕對的。」❸

所以新教倫理中最重要的幾個要素，神中心主義、拒世、禁欲主義以及入世天職並非邏輯上必然地連在一起的。但是，它們之間的連接也並沒有違反任何邏輯。所以當這些新教中的主要因素連接在一起時，它就產生了一種獨特的倫理精神。這個獨特的倫理精神就是新教的倫理，這種入世的禁欲所產生的宰制世界的精神，正好與資本主義的精神有著選擇的親和性。但是，新教倫理的精神基本上是禁欲的、拒世的。如果它促成了資本主義的發展的話，那也是它的一個非有意

❸　同❷, p. 326。

❸　同❷, p. 325。

圖的結果(unintended consequence)。

五

　　上一節我從形上學及宇宙論這方面對於新教倫理與儒教的教義作了一個較詳細的比較。從這個比較中我們可以清楚地看出為甚麼新教與資本主義的精神之間具有選擇的親和性，而儒教與資本主義則不怎麼能夠相容。這節中，我要從倫理及社會方面的思想，來對兩者作一個比較。從這裡，我們也可以得出與上節中所得到的相同的結論。

　　㈠首先，韋伯指出傳統的中國教育是一種通識教育 (general education)。它所屬的形態是一種陶冶人的品德的教育，而不是把人培養成某一種專才的教育。這從中國傳統教育的內容及方式都可以得到印證。古代教育的內容是禮、樂、射、御、書、數的六藝，到了漢朝以後則以五經取代六藝。無論是五經或六藝，它並非像現代的技術教育那樣要把人訓練成為一個專才。它的最後目的總是要人們在品格上有所進步，成為一個君子。漢朝以後直到滿清，儒家的這種教育方式基本上沒有什麼改變。歷代科舉的內容縱有不同，但基本上教育的目的仍然是人格的培養而不是技術的訓練。在這點上，韋伯指出，「中國的考試是要測試考生的心靈是否完全浸淫於典籍之中，是否擁有在典籍的陶冶中才會得出的，並適合一個有教養的人的思考方式」❹。

　　現代教育則是一種技術式的教育。韋伯把這種專才式的教育的根源上溯到柏拉圖。他說，「柏拉圖的理想奠立於城邦的沃土之上，並且以人能只因精通一藝而實現自我的信念為出發點」❹。現代倫理是

❹　同❶, p. 121，頁187。

❹　同❶, pp. 160–161，頁226。

一種志業式的倫理(vocational ethic)。這種志業式的倫理中的教育是培養一個人成為某一方面的專技人才。而他所學到的專技，是為了在現世上的俗務中能夠成就事功的一種技術。在資本主義分工細密的經濟制度下，只有具有專技的人才能夠在其中佔有一席之地。品格的陶冶，在以生產為最主要目的的社會中，是格格不入的。韋伯屢次提到儒家理想中的人格的君子是不能把自己做為一種工具這個想法，所謂「君子不器」❷。而現代的技術教育正是要人們透過技術的訓練而成為一種工具。

　　雖然儒家的教義中並不反對人們去謀求財富，但是，謀求財富卻絕對不可能成為君子的人生目的。孔子所說的「君子喻於義，小人喻於利」以及孟子所說的「何必曰利，亦有仁、義而已矣」，都是儒家教義中很根本的要旨。由於儒家並不是一種禁欲主義式的宗教，因此，它並不認為牟利是一種罪惡。但是謀利是一種終日孜孜於計較之中的生活方式，這會使得君子喪失掉他對於陶冶性情的追求；同時，牟利更不可避免會採取一些有風險的行為，這也會使得一個人靈魂的和諧受到莫大的影響。這些都是與儒家的人格理想不相容的。所以，就人生最終極的理想來看，雖然儒家不反對禁欲，也是一個入世的宗教，但是，它仍然是反對把攫取財富做為人生的目標，不僅如此，它甚至反對這種生活的方式。傳統中國文化中總是對商人的評價不好，就是由這種儒教的教義引發出來的。

　　㈡孝順是儒家倫理中最重要的德性，中國人說「百善孝為先」。孝順是維繫家庭的德性，由此，家庭這種社會組織也就成為中國文化中最重要及最根本的組織。中國社會的其他組織基本上是採用家庭組織的形式而將之擴大。宗族的組織當然是家庭的擴大，行會的制度也是

❷　同❶, pp. 160, 246。

如此，甚至像《水滸傳》中那種強盜組織中的成員之間也是以兄弟相
稱呼的。中國的政治組織更明顯地是家庭組織的擴大。天子為民之父
母，縣官被叫做父母官。做官的要愛民如子，而在朝廷裡作官的也要
移孝為忠。家庭是一種自然的組織，而這種自然組織是一種有等差性
的組織。所謂自然的組織所指的當然就是它乃是一個血緣的團體。而
在它之中有等差是自然不過的事情。每個人最親的是父母，其次是兄
弟姊妹，再下來是叔伯等。這種有等差的關係所表現的倫理是一種特
殊式(particularistic)的倫理，特殊式的倫理是一種人格化式(personal)
的倫理。在特殊式的倫理中，由於每個人之間的關係親近度的差別，
而會有不同的對待辦法。費孝通談到中國社會時所用的差序格局是一
個很有識見的看法。

中國這種特殊式的倫理與西方奠基在對神的責任的倫理是截然不
同的。清教徒的這種由對上帝的義務所產生出來的倫理是一種普遍式
(universalistic)的倫理，在這種由對上帝義務所產生的普遍倫理中，人
們將所有的人都一視同仁。大家都知道孔子的「子為父隱，父為子隱」
的故事。在普遍式的倫理中，這種想法是不能被接受的。韋伯引用了
耶穌那個有名的故事：「凡是未能與家族成員，與父親、母親為敵者，
就無法成為耶穌的門徒。」❹這種普遍式的倫理所面對的是對上帝的責
任。在上帝面前人人都平等，因此人也不應該把他們當做有等差來對
待。韋伯說❹：

> 倫理的宗教──尤其是基督新教的倫理的、禁欲的各宗派──
> 之偉大的成就在於打斷氏族的紐帶。這些宗教建立起優越的信

---

❹ 同❷，p. 329，頁110。

❹ 同❶，p. 237，頁304。

仰共同體(community of faith)，與一種共同的生活倫理，而對
立於血緣的共同體 (community of blood)，甚至在很大的程度
上，與家庭對立。

很顯然的，在這種以信仰共同體為基礎的倫理中，行為的主要對
象不是具體的個人，而是按照上帝所頒布的普遍法則去行事。這種倫
理基本上是一種與血緣共同體那種人格化的倫理相對立的一種非人格
化(impersonal)的倫理。

儒教與新教這兩種不同形態的倫理，對於資本主義之是否能夠發
生很顯然有著極為密切的關係。商業行為是所有行為中最非人格化的
行為。兩個從事交易的人不需要對對方有任何認識，就可以進行這項
工作，而這項工作純粹是客觀性的。但是，在以血緣為基礎的社群中，
這種客觀化不可能存在。與自己的兄弟做交易時與跟一個陌生人做交
易不可能是一樣的。在前面的情況下，感情的因素不可能不滲透進去，
而且可能佔了很重要的地位。但是，這就無法把交易行為視為純粹是
謀利的行為了。只有在把一切感情因素都去除掉的情況下，純粹的商
業行為才可能發生。這就是新教倫理那種普遍式的，非以具體的個人
為對象的倫理之所以較為有利於資本主義之發生的道理了。

韋伯在談到資本主義的特點時非常注重的一點是，在這種形態的
經濟中，事業上的資產與家庭的財富是截然分開的❹。中國的家族式
的倫理，正好與這點是背道而馳的。

儒家倫理缺乏先知這個概念。因此，它基本上是一種傳統主義
(traditionalism)。先知這個概念之重要在於它能夠對傳統提出挑戰。
基督教裡的先知所帶來的訊息是上帝的訊息，上帝的訊息自然把傳統

---

❹　同❷, Weber, AI, p. 21。

壓了下去。儒教卻沒有這個觀念，因此，它基本上所遵從的是傳統。但是傳統主義又正好是與資本相對反的東西。資本主義的特色之一，是它為了利潤就必須打破一切情感的、傳統的那些它認為是非理性的束縛。

以上對於儒教與新教倫理的比較所得出的結論與上節的結論是相同的，也就是說，就倫理與社會思想的層面來看，儒家也是極為不利於資本主義發展的，甚至兩者是不相容的。

六

究竟韋伯新教倫理與資本主義之間關係的論旨是否正確，是一個長期爭論不休的問題。最近佩利坎尼(Luciano Pellicani)寫了一篇文章題為〈韋伯與喀爾文主義的神話〉(Weber and the Myth of Calvinism)，在文章中他指出，資本主義的精神在新教出現以前早就存在了！其次，新教倫理公開地反對資本主義精神。歐克司(Guy Oakes)在反駁佩利坎尼的文章〈告別新教倫理〉(Farewell to the Protestant Ethic)中則指出，韋伯新教倫理的論旨並非認為新教倫理直接引出或造成資本主義，資本主義的發生只是新教倫理的一個非意圖性的後果。正如韋伯自己所說的❹：

> 不過，弔詭的是：所有的理性禁慾本身無不創造出原加以拒斥的龐大財富，這種弔詭對不管是甚麼時代的修道僧說來都是一成不變的絆腳石。無論何處，寺院與修道院皆成理性經濟的居所。

---

❹ 同㉘, p. 332，頁114。

　　最近，日本與亞洲四小龍在經濟上的巨大成就，使得許多人對於韋伯的儒教與資本主義不相容這個論旨提出質疑。有些人認為亞洲四小龍能夠在經濟上有這樣具大的發展所證明的是，儒家不但不會妨礙資本主義的發展，而且還有助於它的發展。這是一個很可以引起討論的講法。但是，卻沒有人真正提出較為細密的論證來支持這個論旨。有些人則認為亞洲四小龍之所以有這樣的經濟成就，乃是因為儒家的倫理在這些國家及地區中越來越沒有影響力了，它們已經接受了越來越多的西方的價值觀。

　　本文初稿在香港中文大學當代中國文化研究中心舉辦的「中國近代歷史的社會學闡釋研討會」(1995.6)上發表。原載於《二十一世紀》第三十三期，一九九六年二月

現代社會中價值教育為甚麼會式微？

一

　　哈伯瑪斯(Jürgen Habermas)在〈民主體制中的大學——大學的民主化〉一文中一開始引了一九六七年一月十一日《法蘭克福總彙報》(*Frankfurter Allgemeine Zeitung*)上的一則消息❶，這則消息說，班一古里昂(Ben-Gurion)打算在內格弗(Negev)的史迪柏克(Sde Boker)附近建立一所大學。這是以色列境內的一個大沙漠。這所大學計畫招收一萬名學生，以及相應數目的教師。建立這所大學的目的是要使以色列青年能夠獲得自然科學技術方面的必要知識，以發展這個沙漠使它將來成為一個工業區。這個學校所具有的特點是，它將著重於發展那種需要很多科學知識但卻用很少原料的工業。哈伯瑪斯接著指出，如果只從這則消息來看的話，大學教育的主要目的是為了給工業的發展提供必要的技術知識。當然，要發展工業，除了自然科學及技術的知識之外，還需要有相關的知識，例如，工商管理。但後者本身也可以

---

❶　Jürgen Habermas, "The University in a Democracy-Democratization of the University", 本文收在他的 *Toward a Rational Society*, tr. J. Shapiro (Boston: Beacon Press, 1970), p. 10。

包括在廣義的科技知識的範圍裡。哈伯瑪斯這篇文章想要論證的是，大學教育的內容不應該只限於上述的範圍，而應該包括其他三個項目。這三個項目是：學生應具備從事某項事業所應具備的專業知識以外必須要的品質及態度。例如，一個醫學院的學生應該具備一個作為醫生所應具備的專業知識以外，而卻又是醫生該具有的品質與態度。第二，大學應該是一個培養該社會的文化傳統的傳播及發展的地方。科學及技術當然是文化的一部份，但除了它們之外文化還包括其他的東西，像文學、藝術、哲學、宗教等。大學應該是研究及發展這些文化傳承的地方。第三，大學應該是一個民主社會的成員建構及發展政治意識的場所。民主社會的最大特色是人人應參與大眾的事，但要能夠做到這點，全民必須有相當的訓練，而大學應該是訓練民主精神最好的地方。

我這篇文章的目的並不是要提出大學教育的理想應該是怎麼樣的，而是想提出一個問題，並嘗試對它提出答案。我想提出的問題是《法蘭克福總彙報》上那則消息所引起的 —— 為甚麼目前的大學教育的主要目的會變為傳授自然科學及技術的知識，而哈伯瑪斯所提的另外三個目的在大學教育中都變為只具有邊緣性的存在？

二

要回答這個問題，我們必須先對自然科學及技術性的知識以及這種知識以外的其他學問作一個釐清的工作，提出兩者分別具有些甚麼特性，並且指出它們不同的地方。這個釐清工作完成之後，我們才能回答上述的問題。

我將把傳授及發展自然科學及技術的教育稱之為技術教育，而把

另一種教育與它作對照。後者我將把它稱之為價值教育。大家對於技術教育這個概念較為熟悉，因為現代世界中教育的特色就是技術教育的一枝獨秀。這種教育的主要內容是自然科學及技術，以及可以或人們認為可以被科學化的一些學問。在目前大學教育中，本來屬於人文世界的東西，也被用自然科學的方法來加以處理，因而也把他們視為是科學的一部份。最明顯的例子是社會科學的各種科目的自然科學化。對這些科目，我們用自然科學的方法來處理其中的問題。這樣的結果是，這些科目也變成了科學的一部份，因此，在大學的課程中也能夠佔有一席之地。但是，究竟用自然科學的方法來處理有關人的世界的問題是否有效這點，除了少數人之外，大家就不再對它提出質疑。

　　哈伯瑪斯在《知識與人類的旨趣》一書的附錄中將知識分為三類。而這三類知識分別與一種人類的旨趣相關連。這三種知識分別是：⑴經驗─分析的科學(empirical-analytic sciences)；⑵歷史─解釋的科學 (historical-hermeneutic sciences)；以及⑶批判的科學 (critical science) ❷。與這種知識相關連的是人類的三種旨趣，這三種旨趣在某種意義上引導著它們相應的探究活動的進行。與經驗─分析知識相關連的是一種技術性的認知旨趣(technical cognitive interest)。由於經驗及科技性的知識是對它的探究對象找尋出一些普遍的定律，以及對於它們作出預測，因此，從這兩個目的我們可以指出，這種知識能給人類提供一種對於它的研究對象的控制。由於研究自然科學很重要的一個目的是要能夠對未來作出預測，而很明顯的，研究技術的目的是在能夠運用技術知識以對那些對象作控制，因此，後者必須依賴前者，而前者能夠提供後者支持。研究自然科學當然並不一定是為了控制。但

---

❷　Habermas, *Knowledge and Human Interest*, tr. J. Shapiro (Boston: Beacon Press, 1971), p. 308 ff.

是，人們之所以要對未來作預測，以及透過對普遍定律的掌握以從事這項工作，都與技術的控制有著密切的關連。

　　歷史—解釋的科學的主要目的則是為了要達到對於人類各種活動的意義的掌握，以達到溝通。在這裡，探究的目的不是為了獲得普遍的律則，而是對意義的掌握，以達成溝通。當這種意義的溝通被阻滯時，社會的存在以及傳統的繼承就受到了威脅，也就是說，人作為一個歷史的及社會的存在，在這種情況下無法再繼承文化的傳統，以及與他人有溝通行為。因此，作為人從事實踐的可能性也受到了威脅。由於歷史—解釋科學是當人作為一個實踐的存有時所必須具備的知識，因此，與這種知識相關連的興趣就是一種實踐的旨趣 (practical interest)。

　　與批判的科學相關連的旨趣則是解放的旨趣 (emancipatory interest)。人在不知不覺中繼承了自己的傳統，並且從自己所處的社會中學到了許多東西。這些東西一方面固然使得人可以用它來應付經驗的需要，但是，如果我們對它沒有認識的話，它們也就反轉過來成為控制我們的枷鎖。追求自由是人類最高的願望之一。批判的知識就是人類通過對自我的反省，不斷地把控制自己的一些枷鎖擺脫的活動。因此，這種知識受著一種解放的旨趣在引導著。

　　我前面所說的科技教育的內容就是對於第一種知識的探索，而價值教育則是第二種及第三種知識的探究。

　　由於人是歷史的存在，他身上繼承著文化的傳承，也由於這個關係，他不用像原始人那樣事事都得從頭開始。人也是社會化的結果，在不同的社會中長大的人會有該社會的烙印。由於歷史性及社會性這兩個特點，使得人從一個自然的存在變為一個文化的存在。傳統及社會是構成自我不可或缺的要素。當人要對自我進行瞭解時，我們就必

須對構成自我的傳統及社會進行研究。人一方面是活在傳統及社會中的存在，但是如果這個傳統及社會對他的存在構成妨礙時，這就對他自我實現的興趣構成了威脅。因此，這時候他也就會盡力擺脫傳統加在他身上的束縛。這就是人類不斷想要超越自己的文化的要求。

　　價值教育包括上述這兩種探究，一方面是瞭解自己，另一方面是克服那些妨礙自我解放的因素，它最重要的內容，用亞里士多德的話來說，就是如何能過一個美好的人生。用日常語彙來說，就是如何去建立一個有系統的人生觀。

三

　　在傳統的社會中，無論是中國或西方，經濟活動都被視為是一種附屬性的活動，它是達到人生的目的所必須從事的工作。人生的目的在西方主要是在宗教上得到靈魂的解脫，在中國則是成就品格上的修養。在現代社會中，這種情況幾乎完全被逆轉過來。經濟活動由手段變成了目的。牟利本身就成了人生最終的目的。當然，照韋伯的講法，清教徒在初期革命時，仍是把勤奮地工作視為是一種有可能得到上帝的恩寵的徵象。但是資本主義的不斷發展，使得這個目的本身也被遺忘了。從事經濟活動的唯一目的就是牟利。

　　社會的這種價值觀當然會反應到大學教育的形式及內容上去。由於人們主要的活動是經濟活動，大學教育的主要著重點當然也就會集中在與經濟活動有直接或間接關係的科目上。前節中我所提到的經驗──分析的學科主要就是與生產有直接或間接關係的知識。現在大學中，毫無疑問地，這種學科是佔絕對主導的地位。歐克夏 (Michael Oakeshott)指出，「但是，可能理性主義對於教育最嚴重的攻擊是針對

大學的，現在對於技術人員的需求是如此之大，現存的訓練他們的機構已變得不足，大學正在被徵召來滿足這個需求」 ❸。

大學教育的技術化是大家都能夠清楚看到的事情。自然科學、工程、管理等學科當然是屬於經驗－分析知識的領域，由於它們與技術的旨趣(technical interest)的關連，以及它們可以用來控制及預測，因此，很自然地就變成了生產力的一部份。高度資本主義的特色之一就是知識本身變成了生產力的一部份。社會科學及文化科學本來是屬於歷史－解釋知識的領域。但社會科學中也有一部份問題是可以用自然科學的方法來處理的，因而也被冠以科學之名。這樣社會科學也變成了一種科學性的知識。讓我們舉一例子來說明這點。社會學家去探究酗酒與收入的關係時，也像自然科學家那樣去找尋一些律則，雖然不能是普遍的律則，而是統計性的律則，但它終究仍是律則。對於這些律則的掌握，使社會學家對某些社會現象可以作某種程度的預測，甚至於某些控制。這樣社會學也好像變成與自然科學具有相同的性質了。

人文科學是最難與經濟扯上關係的，但是現在有許多哲學家也在教授各種各樣的應用哲學，例如商業倫理學。甚至有人把哲學與管理科學扯上關係，這些都是大學教育技術化的現象。那些與經濟活動完全扯不上關係，但仍存在在大學課程中的課目，事實上變成為一些殘存的東西，它們只具有邊緣性的存在。

有些人可能會指出，現在許多大學都在實行通識教育，這是否能證明大學教育並沒有像我所說的那樣變為技術教育。我認為通識教育的存在並不能代表目前的大學教育不只是一種技術教育，而也包括著價值教育。上面我對價值教育的定義是，它的目的一方面是自我瞭解，

---

❸ 見 Michael Oakeshott, "Rationalism in Politics", 本文收在他的 *Rationalism in Politics and Other Essays* (London: Methuen, 1962), p. 34。

另一方面是克服那些妨礙自我解放的因素。要達到這點，最重要的是探尋怎麼樣才是一個美好的人生，或是建立起一套有系統的人生觀。通識教育的內容大部份只是不同學院的學生交換修習彼此的一些入門性的導論課程，再加上一些教授人們如何思考及表達的課程。這與價值教育幾乎是沒有任何關係的。這些課程還是以經驗—分析的知識為主。另外兩個領域的知識只是聊備一格而已。

關於技術教育在大學中佔絕對籠罩地位的這個現象，我們可以從另外一個方面來描繪它。在價值教育佔主導地位的體制下，人們受教育的目的是為了學習怎樣做一個人。在這種教育下，人們受教育想著追求的知識主要是歷史—解釋的文化科學的知識以及批判的知識。中國傳統的教育就是一個典型的價值教育。在那個體制下，接受教育者主要的動機及目的是希望能學到怎麼樣做一個人，怎麼樣培養自己的品格，以及怎麼樣建立起一個人生觀，從而能夠有一個美好的人生。但是在現代社會中的大學教育體制下，接受教育者的動機及目的最主要是學一套謀生的技能。這是與經濟活動有關的，而與怎麼樣建立一個有系統的人生觀完全不同的教育。如果問一個大學生他為甚麼要唸大學，我們很難想像他的答案會是「追求人生的道理」。他最多只會說，為了追求知識，但是如果你再問他你所追求的知識是作甚麼用的時，他只能告訴你是為了將來謀生用的了。這是典型的技術教育。但是，我所要探討的問題是：為甚麼技術教育會在現代社會中佔了這樣主導及壟斷的地位？為甚麼價值教育幾乎完全從大學中被排除出去？我想從兩個觀點來對這些問題提出答案。第一個是現代人由於具有了一種特別的知識觀，因而價值體系及觀念被視為不是知識，所以也就不應該被編排入課程中。第二是由於現代人對於價值的基礎有一種特別的看法，這個看法就是主觀主義。由於知識應該具備客觀性，因此，

學校教育中也就不應該把價值的教育編排進課程中。

四

　　所有人類的活動都必須應用到知識，這是一個不需爭辯的事實。大到發射人造衛星，製造航空母艦，小到煮一頓飯或燒一壺水，知識都是進行這些活動時不可或缺的要素。不僅是從事這些實用性的活動，我們才需要用到知識，即使是從事精神性的活動，例如，宗教崇拜或繪畫，知識也是不可少的東西。從事宗教崇拜時，我們必須對該教的教義及儀式有所認識，從事繪畫時我們也要知道顏料的性質等等。但是，是否人類從事活動時，所有他所運用到的知識都具有相同的性質呢？例如數學知識與經驗知識就是不同種類的知識。前者中的命題之所以為真的根據與後者中的命題之所以為真的根據是不同的。因此，我們說數學不是一種經驗科學。歐克夏在我上面所引的那篇文章中，將知識分為兩種，他把第一種知識稱為技術性的知識(technical knowledge)，而第二種知識他則稱之為實踐性的知識(practical knowledge)❹。他在該文中指出，現代人特有的知識觀是只把前一種知識視為知識，而不把後一種知識視為知識。他把這個論旨稱之為「技術至上論」(sovereignty of technique)❺。我認為這就是為甚麼在現代社會裡，價值教育會被排斥在大學教育之外的原因之一。

　　我將借用歐克夏的這個區分來說明我的這個論點。歐克夏指出，任何人類的活動，都必然地會應用到知識，而任何應用知識的活動，都必然同時會應用到技術性的知識及實踐性的知識。這兩者雖然在概

---

❹　同上, pp. 7–13。

❺　同上, p. 11。

念上是有區別的，但是在實際的人類活動中，它們卻不能分開。

　　技術性知識的最大特點就是它是可以被公式化的。例如，烹飪的知識，可以被公式化成一些規則，說明第一步做甚麼，第二步做甚麼；開刀的知識，同樣也可以被公式化成一些明確的步驟。第二個特點是它是可以被教授，以及可以被學習的。學生學醫學書上或烹飪書上的知識，所學的就是這種技術性的知識。這種知識的第三個特點是它具有確定性。科學知識最大的特點之一就是它具有極高度的確定性。由於科學知識是在掌握普遍的律則，因此，它可以用這些律則對過去做說明，以及對未來做預測。由於這些律則是有普遍性的，因此，它們也就給這種知識帶來了高度的確定性。

　　歐克夏這個對於技術性知識的說明有一些混淆的地方。他的定義似乎包含著對於方法學的部份，以及由方法學所引致的知識本身的描述。第一條有關可以被公式化這點，當將它應用到在科學領域中去的時候，比較恰當的說法是，我們所談的是科學的方法，而不是科學知識本身。他自己談到在科學活動中，我們必須要應用到技術性的知識這點時，所提到的觀察與檢證的規則也都是科學的方法而非科學知識本身。科學知識本身是透過科學方法所獲得的成果，例如牛頓的三大定律。雖然科學知識也是可以被書之於文字的，但它究竟與科學方法有所不同。有關被教授及被學習以及確定性這兩點，一方面我們可以視它們是有關方法論的命題，另一方面它們也可以被視為是由科學方法所獲得的知識所具有的特性。科學知識當然是可以被學習的，同時它們也具有確定性。

　　由於歐克夏對於方法論與知識本身的混淆，可能會引起一些誤會。所以我在這裡做了一些釐清。這個釐清工作可以使我們對技術性的知識有著較為清晰的瞭解。技術性的知識是那些透過可以被公式化的規

則所獲得的具有確定性的知識。

實踐性的知識與技術性的知識則正好相反。我們無法將它公式化為成文的規則，它們也無法被教授及學習，而它們也不具有技術性知識那種確定性。一個醫生，熟讀了醫學書籍上的知識之後，並不表示他就是一個好醫生，在他診斷病人的病症及決定用甚麼藥治療病人時，都還需要他的臨床經驗才能使他成功，而這種臨床經驗卻不是醫學教科書上能夠給他的知識。這種知識只有靠從實踐中才能獲得。如果不是這樣的話，那麼兩個讀了一樣多書的醫生，豈不是一定是一樣好的醫生了？其次，這種實踐性的知識，在每一種知識活動中都是不可或缺的，科學家從事科學研究時，經驗也會告訴他哪一個研究領域可能會有東西可做，朝哪一個方向做下去會有可能成功等。我們也不會認為一個好的廚師只是熟讀烹飪書就足夠了。除了書本以外，要成為一個好的科學家、醫生及廚師所需要具備的知識都是只能從實踐中才能得到，因而也就不能被公式化為寫在書本上的規則。再者，實踐性的知識既然無法被公式化，那麼我們也無法將它寫在書本上。所以歐克夏認為這種知識無法被教授及學習，而只能被傳予及獲得 (imparted & acquired)。而傳予及獲得的方法只有靠師徒制的那種傳授方式，徒弟不斷地觀察師傅從事實踐，而從其中領悟到奧妙之所在 ❻。最後，

---

❻ 歐克夏在這裡引述了《莊子・天道》中的一個故事來說明實踐性的知識的特質。有一次齊桓公在看書，一個做輪子的工匠正在做工。他問齊桓公看的是甚麼書，桓公說是賢人的書，輪匠問這賢人還活著嗎？桓公說，已經死了。輪匠說，那麼書上所記載的只是糟粕而已。桓公大怒，要他講出道理來，否則將把他處死。輪匠就以他自己的行業做例子。他說，我做輪子下刀時太快太慢都不行，只有恰到好處輪子才能做得好。但是怎麼樣才能恰到好處，則我沒有辦法用語言說得出來，我也無法把它傳

這種知識當然沒有像技術性的知識那種確定性。技術性的知識可以被公式化為規則，它最大的特點就是有確定性，而實踐性的知識，完全在人們運用時的一種領悟，它既無法被公式化，因而也就不能有確定性。每個人的經驗及體悟不同，對它的瞭解及掌握都會有差別。

這兩種知識在概念上雖然是不同的東西，但是，在人類從事活動時，兩者都是不可少的。現代人的知識觀就是只把技術性的知識視為知識而不承認有實踐性的知識這種東西。現代人之所以會有這樣的知識觀，主要的原因是由於他們對於確定性(certainty)的追求。雖然古代人也追求確定性，但是他們瞭解到並非世界上的一切東西都可以對它要求不可懷疑的確定性。世界上有些事情就是由偶然的因素所造成的。亞里士多德對這點所表現的態度最能代表古代人這方面的看法。他指出，像政治這種人類的活動，許多方面受決於偶然的因素，因此，我們無法要求在這個領域中能夠有確定的知識，我們在這裡所要運用的是智慧。他更指出，一個人應該對不同性質的學科所能達到的確定性做不同的要求。有些可以達到高確定性的學科，我們就對它要求高確定性；有些只能具有低確定性的學科，我們就不應該對它要求高的確定性。他並指出，一個人是否能做到這點，是他是否有識見及教育的一個標誌。

現代人則拒絕了亞里士多德這種看法。他們認為，只有能提供確定性的東西才構成知識。同時他們有一個信念，認為任何學科都可能提供同等的確定性。如果有些學科尚未達到確定性的話，它所表示的只是它沒有採用正確的方法。只要採用正確的方法，它也同樣可以達

授給我的兒子。賢人真正精彩的地方是無法書之於文字的。運用之妙，完全存乎一心。這個故事所說明的正是實踐性的知識。它無法被公式化成規則，它也無法被教授或學習。人們只有透過實際的實踐才能獲得它。

到別的學科所具有的確定性。這種想法最具代表性的思想家當然是培根(F. Bacon)及笛卡爾(R. Descartes)。他們都認為，不可懷疑或清晰及明確是知識的標準。想要求得知識，我們只能靠一套方法，這是西歐文化十七世紀時知識界共同的看法。但對於這套方法，他們都有一個特別的想法。這個方法論的革命，也造就了現代人的知識觀。笛卡爾在他的《方法論》一書中指出，他的第一個原則就是「我若不是清晰地認識到的東西，則就不會把它視為是真的；這就是說，在做判斷時，小心地避免魯莽及偏見，除了那些很清楚地及明晰地呈現在我心中，因而我無法對它懷疑的東西以外，不接受他們中任何其他的東西」❼。笛卡爾這個方法論上的指引，導出十七世紀方法學者一個方法觀，這個方法觀，根據歐克夏，可歸納為下列三點：

①研究的方法是由一組規則構成的，這組規則可以被公式化為一組指引，以用來做研究時的規則。

②應用這組規則本身是機械的，也就是說，在應用它們的時候，不需要任何聰明才智及知識。這組規則本身已是圓滿自足地包含了它的應用原則。

③這組規則具有普遍的有效性。無論一個人研究的課題是甚麼，這組規則都是有效的研究指引。

這個方法論的概念，很明顯的是只把技術性的知識視為知識的一種看法。因為應用這種規則所能得到的只是技術性的知識，所以實踐

---

❼ R. Descartes, *Discourse on Method in the Philosophical Works of Descartes*, trs. Elizabeth S. Haldam and G. R. J. Ross (Cambridge: Cambridge University Press, 1931), p. 92.

性的知識就不再被認為是知識了。

技術至上論的結果之一是把實踐性的知識排斥在知識領域之外。既然把實踐性的知識排除在知識領域之外，那麼歷史—實踐的知識及批判的知識也就不再被視為知識。由於這兩種知識都不符合技術性的知識的規準，因而也就不算是知識，那麼把它們排除在大學教育之外是理所當然的事情。如果大學不傳授這種知識，而價值教育又是由這兩種知識所組成的，那麼價值教育當然也不應該存在在大學課程之中了。

五

對於大學教育中為何排斥價值教育這個問題，我們可以從另一個角度來對它進行探討。這個角度就是人類對於價值基礎本身的看法有了改變。任何一個社會的構成，背後都有一組該社會構成的根本原則，這組根本原則就是該社會的哲學基礎。自由主義哲學提供了現代西方社會組織的根本原則。一般人只把自由主義視為一種政治理論，但事實上，它的影響是無所不在的。舉凡經濟、宗教、法律、教育、文化等範圍，沒有地方不刻上自由主義的烙印。自由主義主要所要處理的當然是政府權限的問題，但是，這個問題與其他許多哲學問題有不可分割的關係，所以它的影響才會滲透到其他的領域。自由主義的中心論旨就是，只有在某一個人所做的事情對別人構成傷害時，政府才有權利干涉他的自由，如果他的行為不對別人構成傷害，政府就沒有權利干涉他的自由，即使他所做的事是對自己有害的，政府也沒有權利限制他從事該活動。也就是說，家長式的干涉，並不能構成政府對人們活動限制的理據。這就是彌爾 (J. S. Mill) 在《論自由》一書中所提

出的有名的「傷害原則」(the harm principle) **❽**。德我肯(R. Dworkin)
在〈自由主義〉一文中把自由主義的中心論旨定為政府應該在「哪一
種人生才是理想及美好的人生？」 這個問題保持中立的態度，也就是
說，政府本身不應該提倡或貶抑任何一種人生觀 **❾**。

　　自由主義者對於價值、自由，以及理想的人生這些問題之所以會
採取這樣的立場，主要是價值的主觀主義所引起的。價值的主觀主義
這種理論認為，價值不是由理性所引發出來的東西，它只是人們任意
決定的結果。個人有自己的喜好，有的人喜歡古典音樂，有的人則喜
歡搖滾樂，這完全只是個人的喜好而已，沒有任何客觀的標準可以評
定兩者的高下。理性在這裡不能提供任何標準給我們作為具有客觀性
的判斷根據。由於價值只有主觀的根據，所以政府不應該在價值問題
上採取任何立場。事實上，如果政府在價值問題上採取某一個立場的
話，它也沒有任何客觀的根據。例如，在古典音樂及搖滾樂的問題上，
政府不應該用納稅人的錢去提倡或資助古典音樂的推廣，因為這樣就
表示了一種價值的偏好。由於這種偏好是沒有客觀根據，因此政府所
做的事也就是任意的。

　　自由主義這個中心論旨 —— 政府應該在價值觀及美好的人生這些
問題上採取中立的態度 —— 的根據是價值的主觀主義。這種價值觀是
現代世界最大的特性之一 **❿**。現代社會為甚麼會接受價值主觀主義這

---

❽　J. S. Mill, *On Liberty* (London: Penguin Books, 1859), p. 68.

❾　R. Dworkin, Liberalism, 本文收在S. Hampshire所編之 *Public and Private Morality* (Cambridge: Cambridge University Press, 1978), pp. 113–143。

❿　麥肯泰爾說，價值中立不僅是自由主義的中心論旨，也是現代性 (Modernity) 最重要的特徵。見 A. MacIntyre, *After Virtue* (London: Duckworth, 1981), p. 112。

個論旨？

要回答這個問題，我們可以從兩個方面來著手。一個是有關宇宙觀的問題，另一個則是理性觀的問題。現代世界由於接受了一種與古典世界不同的宇宙觀及理性觀，所以價值觀也隨著由客觀主義而轉為主觀主義了。

古典的宇宙觀是一個目的性的宇宙觀，宇宙中充斥著意義。每一項物體的存在都有它存在的目的。這是由於神創造世界時就是要使每一樣東西都具有它的功能。在這樣一個目的性的宇宙中，每樣東西如果都能發揮它先定的功能，則這個世界也就顯現出一種和諧，這種和諧就表現為一種宇宙的秩序。在這種目的論的宇宙觀之下，由於每項東西都是由它的功能來給予界定的，因此，事實與價值之間也就沒有一道鴻溝。在用功能概念界定一項東西的系統下，說某一項東西是一項好的東西這種評價式的命題，也具有客觀意義。例如當我們用功能來界定一個手錶時，說明它的功能是報時、攜帶方便等，則如果一個錶符合這種標準到某一個程度以上時，我們就說「這是一個好的手錶」。這句評價語句是具有客觀性的。

現代世界的開始就是把這個目的論的世界觀整個打破。世界不再是一個充斥了意義的場所，它所表現的秩序也不是由各物盡其功能所達成。世界只是像一部大機器一樣，它本身並沒有任何目的。這種新的宇宙觀雖然仍舊認為世界是有秩序的，但是這種秩序只是純粹機械的秩序，與意義、目的、功能等概念毫無關係。上帝仍佔有一席之地，但祂只是第一因，把世界推動以後，就不再管它如何運動了。這種擺脫掉意義的過程，就是韋伯所說的「世界的解咒」(disenchantment of the world)。解咒後的世界只剩下事實，價值本身不再存在在世界中。如果這個世界中任何事態(state of affairs)是有價值的話，它的來源是

人們主觀所賦予的。休姆所提出的實然與應然或事實與價值之間有一道邏輯上不可逾越的鴻溝這種講法，正是價值主觀主義的哲學根據[11]。這兩者之間有一道邏輯上不可逾越的鴻溝所表示的就是，我們不能由事實推導出價值。世界是由事實所構成。它們具有獨立於人而存在的客觀性，一個事態的存在不會因為有沒有人觀察到而有所改變。價值則不然，因為它不存在於經驗世界中，因此它的來源只能是人們主觀賦予的結果。一個事態是否有價值，完全要看人們是否給它價值才能決定。不同的文化或者是不同的人可能會認為同一個事態具有不同的價值。有的人或文化會認為某一個事態具有正面的價值，有的人則持相反的看法，沒有人可以說與它持不同的看法的人是錯的。因為在這裡，我們沒有一個可以用來判斷好壞的客觀標準。這就是價值的主觀主義。它是現代社會最重要的特徵之一。韋伯所提出的諸神與諸魔(gods and demons)的說法，正是這種價值主觀主義的寫照。

價值主觀主義的另一個來源是人們對於理性這個概念的新的認識。在傳統的目的論宇宙觀之下，每項東西都有它的功能及目的，如果各項東西都能發揮它所被給予的功能，則整個宇宙就顯示出一個和諧的秩序。亞里士多德指出，人是理性的動物。他這個語句的意思是，人的特有的功能是理性的活動。人與其他生物共有一些活動，例如營養、生育、情緒等。但只有人是有理性的，只有他能夠從事理性的活動，其他生物都沒有從事理性活動的能力。但是，甚麼是理性的活動呢？上面曾提到，古典的宇宙觀是一個目的性的宇宙觀，在這個宇宙觀之下，世界內充斥著意義。目的的實現就成就了一個宇宙秩序。亞里士多德指出，最高及最理想的人生是去對這個宇宙秩序從事冥想的

---

[11] David Hume, *Moral and Political Philosophy*, ed. With an Introduction by Henry D. Aiken (New York: Hafner Publishing Co., 1948), p. 43.

工作，去發現它的秩序，從而能扮演在這個秩序中恰當的角色，而這個秩序是一個由意義及目的構成的秩序，並非僅是機械的秩序。這種冥想宇宙秩序的活動就是理性的活動。雖然動物在這個世界中也從事活動，並且牠們能實現自己的目的，可是牠們對它卻完全沒有瞭解，人不但能實踐自己的目的，還能自覺地、有意義地實現這個目的。這就是理性活動的結果，在這種理性觀之下，理性本身就可以把握到甚麼是人生的真正的目的，因而，也就不只是被限於事實的世界中，它也進入價值的領域。

　　現代人對於理性的觀念做了一個大的轉變。人們不再認為理性能夠處理目的世界的事情，理性的功能只是推論及計算，它所能處理的是經驗世界以及工具世界的東西。我們要瞭解經驗世界時，理性的功能是幫助我們做計算及推論。但是甚麼才是有價值的東西這回事，完全只能由主觀的喜好來決定。因此休姆說，「理性是，並且應該只是愛好(passions)的奴隸，而理性也永遠不在服務及服從愛好之外還宣稱有甚麼功能」❷。這個新的理性的概念就是有名的工具理性。接受工具理性之後的結果是，理性只能在我們確定了某一個目的之後，告訴我們甚麼是達成這個目的的最有效的手段。至於我們人生的目的應該是甚麼這個問題，理性就完全無能為力了。很明顯的，這種新的理性觀與價值的主觀主義是一個銅板的兩個面。如果接受工具主義的理性觀，則必然也就會引導至價值的主觀主義，同樣的，接受價值的主觀主義，也必然就會接受工具理性這種理性觀。在工具主義的理性觀下，目的、價值、人生理想等概念全部是非理性的，我們只能用愛好來決定到底要接受甚麼價值及目的。

❷　D. Hume, *A Treatise of Human Nature* (Oxford: The Clarendon Press, 1978), p. 415.

歐克夏在討論技術性的知識時，沒有提到的一個特點是，該種知識是具有客觀性的。事實上，這也應該是技術至上論的要求之一。價值、目的、人生的理想等概念，在現代人的宇宙觀、理性觀及價值觀中，既然只具有主觀的有效性，那麼很顯然的，有關它們的問題也就不應該被列入學校的正式課程中了。

六

亞里士多德在《尼克曼尼亞倫理學》一書中指出，如何能有一個美滿的人生，是倫理學中最根本及最重要的問題。我想這個問題不僅是倫理學中最根本及最重要的問題，它對任何人而言，都是最重要的問題。有些人甚至指出，「人生的目的就是追求幸福」這個命題乃是一個先驗的命題，因為人是目的性的動物，而人的幸福就是目的的建立及實現。當然，「幸福」這個字只是一個形式的字，每個人都必須為它填上自己的內容。但是無論一個人如何替幸福填上實質的內容，對於它的追求這點，乃是每個人都是共同的。要替幸福下一個定義，第一步所需要的是建立一套有系統的價值觀，如果做不到這點，則人的追求不免是相當盲目的。就建立價值觀這個問題來說，無論一個人想從事甚麼行業，都是不可缺少的一個課題。

由於現代人對於知識觀與價值觀的看法，價值教育這種對於建立價值觀不可或缺的學問，完全被排除在正規教育之外。不僅大學中沒有這種教育，甚至連中、小學中也都把這種教育取消掉。美國公立學校中禁止祈禱的規定，就是這種價值中立主義所引導出來的。這種缺乏價值教育的後果是，受過正式教育的人與沒有受過正式教育的人，除了在謀生技能上有所差別之外，其他方面幾乎沒有任何差別。大學

生聽的音樂與看的文學作品，與小學畢業生聽的音樂及看的文學作品沒有甚麼差別。大學生的價值也只是從大眾傳媒及廣大的社會上東撿一點，西撿一點拼湊而成的，沒有人在這方面比別人有甚麼優勝之處。當然，這一切都可以從價值的主觀主義處找到理據。更嚴重的問題是，由於價值教育的欠缺，道德問題本身也變得越來越嚴重。美國現在已經有許多小學生帶槍到學校去，學校在學生進入校園前要用金屬探測器來偵查小孩是否攜帶武器。相信任何人也會覺得這是極為嚴重的社會現象。

只要人類仍舊抱持技術至上論的知識觀，以及主觀主義的價值觀，學校就很難接受價值教育做為它課程的一部份，但是，沒有價值教育的社會最後的結果可能是整個解體。人類是否能走得出一條新路呢？

本文原載於周英雄主編《現代與多元——跨學科的思考》（臺北：東大圖書公司，一九九六年）

輯 三
社會與經濟

市民社會與重本抑末
——中國現代化道路上的一些障礙

一

「現代社會」、「現代性」，以及「現代」等詞語所指謂的並非僅僅是歷史上的某一段時間而已，它們也是社會學及哲學上的詞語。這也就是說，現代社會之所以成為現代社會，是由於它具備著一些與以往的社會不同的特性，而這些特性就是現代性。只有當一個社會具有這種特性之後，我們才將它稱之為現代社會。而現代社會與以往的社會的不同，又不僅只是枝節上的不同而已，而是有著根本上的差異。我們可以說，現代社會的根本組織原則是一個嶄新的東西，因此，它與以往社會的不同是質上的不同而並非只是量上的不同，是結構上的不同，而並非只是枝節上的不同。

我認為現代社會具有下列各項特徵：非政治化的經濟 (de-politicized economy)，非倫理化的政治(de-ethicized politics)，非宗教化的倫理(de-religionized ethics)的出現。在古代社會中，經濟領域是附屬於政治領域的。政府除了制定經濟政策之外，還會大量地參與經濟活動。而在古代的政治理論中，認為政府參與經濟活動是政府工作的一部份。現代社會的興起，使得經濟從政治中分離出來，成為一個獨立

的領域。政府的功能只是制定一些人們以私人的身份從事經濟活動時所必須遵守的規則，而它本身不再參與任何經濟活動（這個現象到了近期資本主義又漸漸有所改變）。 自由主義的國家理論把政府的職責限於守夜人的工作，所表現的正是非政治化的經濟這種思想。其次，現代社會將政治與倫理劃分開來，這所表示的是，政治的目的不再是教化。古代的政治理論，無論是東方或西方，都一方面把政治視為道德的延長，另一方面把政治的最主要目的定為對於人民的道德教化，使得人民能夠在德性上不斷地提升。從柏拉圖的《理想國》， 亞里士多德的《政治學》與《倫理學》中，以及儒家的政治理論中，我們處處都可以看到這個特點。現代人則把國家看成一種人們在從事自利活動中所必須要的工具。國家所制定的規則使得它能更好地使得大家實現自利的目的。就這個意義上說，國家乃是替人民辦事的工具，而不是教育人民的機構。非宗教化的倫理所意謂的當然是指，文藝復興的俗世化以來，人們無法再毫無懷疑地接受宗教，因而奠基在它之上的倫理也必須另外找一個新的基礎。有的理論家提出了契約作為道德的基礎，有的人則提出效益主義的理論。這些都是非宗教化的道德理論。倫理之所以要非宗教化， 與韋伯所提出的「世界的解咒」(disen-chantment of the world)有著極為密切的關係。世界的解咒所意謂的是目的論世界觀的崩解，起而代之的是機械論的宇宙觀。而隨著目的論宇宙觀的崩解，給予宇宙中各個項目以目的的神，也不再能夠從宇宙中被觀察到。休姆對於從宇宙論來證明上帝存在的攻擊及摧毀，使得新的機械論式的宇宙觀無法再支持上帝存在這種看法。因此，道德也就必須要找一個新的基礎。

現代世界的出現，在西方是一個革命性的事件。它就像從一個典範轉換到另一個典範那樣，在文化中的每一個面向中表現出來。我們

可以從任何一個面向來談現代社會的特徵，而且，它之中的各個面向
都是相互關連的。在這篇文章中，我主要想從市民社會(civil society)
的出現這點來談現代社會的特點❶。在談過市民社會的特點之後，我
想討論的是中國從春秋戰國以來所實行的重本抑末的經濟政策與市民
社會的原則的衝突，以及中國歷史上為甚麼各個朝代都要執行這個政
策。最後我想討論一下重本抑末，以及中國現代化的前景的問題。在
這裡我將指出，重本抑末一直到現在仍在我們的思想中佔有相當重要
的地位，而這個事實，使得我們可以解釋，在不同的華人社會中，把
這種思想揚棄得越多的地方，現代化也越成功，而越是保留這種思想
的地方，現代化的程度也就越低。

二

市民社會的出現所標誌的正是我上面所提到的非政治化的經濟的

---

❶　最近臺灣有對於"civil society"一詞該如何譯成中文的爭論。有的人譯為
　「民間社會」，有的人譯為「公民社會」，有的人則譯為「市民社會」。我
　個人認為，如果在討論洛克的理論時，可能可以將它譯成公民社會，因
　為洛克在《政府二論》中將civil society與political society等同。但是若
　是談黑格爾及馬克思的理論時，則譯為市民社會才恰當。因為 civil
　society對他們而言與國家是不同的。國家中的人是公民(citizen)，而市民
　社會中的人則是市民(burgher)。至於民間社會為何是不恰當的翻譯乃是
　因為，黑格爾指出，市民社會是現代世界中才有的東西，而且，我想他
　的這個講法是對的。因此，我們不能說中國歷史上曾經出現過市民社會。
　但我們卻可以說中國歷史上出現過民間社會。因此，將civil society譯為
　民間社會並不恰當。

出現。把政府的工作從經濟活動中排除出去之後的結果，就是市民社會的出現。市民社會也就是等於麥克弗森(C. B. MacPherson)說的擁佔性市場社會 (possessive market society) ❷。在這個社會中，人與人之間的關係是一種市場式的關係，市場關係是一種奠基在契約上的關係。把人的關係以這種方式來看待，是現代世界的最根本的意識形態。卡爾・波蘭懿(Karl Polanyi)指出，根據許多史學家們的說法，在歐洲的農業社會中，直到目前為止，幾千年來的生產方式都沒有甚麼差異。在這個社會中，生產方式及經濟組織的方式是一種自然經濟。因此，交換所佔的地位是很微不足道的。他說：「自然地，除非一個社會擁有某種的經濟，否則它不可能延續太長的時間。但是在我們之前，沒有一個出現過的經濟，即使在原則上，是被市場所控制的。」❸大衛・高契爾也說：「把社會關係視為契約式的這種想法是我們意識形態的核心。」❹他指出，這裡所謂的「我們」是指近三、四百年來住在西歐的人，以及住在世界其他地方的西歐文明的後裔，這正是黑格爾對於市民社會的瞭解。黑格爾在《法權哲學》一書中也指出，市民社會是現代世界的產物。市民社會的出現使得西方社會脫離了中世紀❺。

　　與市民社會相應的是自治市之居民(burgher)的出現。也就是說，

---

❷　C. B. MacPherson, *The Political Theory of Possessive Individualism* (London: Oxford University Press, 1962).

❸　Karl Polanyi, *The Great Transformation* (Boston: Beacon Press, 1957, first published in 1944), p. 43.

❹　David Gauthier, "Social Contract as Ideology," *Philosophy and Public Affairs*, Vol. 6, No. 12, 1977, p. 130.

❺　G. W. F. Hegel, *Philosophy of Right*, tr. T. M. Knox (London: Oxford University Press, 1952). 見第182節補充。

構成市民社會的是這些自治市的居民。這些人也就是後來發展成為布爾喬亞(bourgeois)的前身。根據馬克思的說法,「從中世紀的農奴中產生了初期城市的城關市民;從這些市民等級中發展出最初的資產階級分子」❻。市民社會的出現大約是十六世紀末到十七世紀初的事情。

三

究竟甚麼是市民社會? 它的根本組織原則是甚麼? 它有些甚麼特色? 它是一個市場式、契約式的社會。在這種社會中,人們把人與人之間的關係看成是一種契約式的關係。霍布斯的哲學對這點表達得最為清楚。他認為人與人之間只可能有兩種關係。一種是在未進入社會前的自然狀態(state of nature)中人們的關係,這是一種敵對的關係。在這個境況中,每個人都把別人當作敵人。在自然狀態中,一場每個人對所有其他人的戰爭持續地進行著。另一種關係就是人們進入社會後的關係,社會之建立是靠人們彼此訂立契約才能完成的,因此,在社會中,人與人的關係是一種契約關係,市民社會所表現的既然是一種市場及契約式的關係,那麼我們要探討的就是,這種關係究竟是一種甚麼樣的關係? 它假定一些甚麼東西? 它對於人性有些甚麼特殊的看法? 黑格爾在《法權哲學》中給市民社會下了這樣一個定義❼:

> 市民社會,這是各個成員作為獨立的單個人的聯合,因而也就是在形式普遍性中的聯合,這種聯合是通過成員的需要,通過保障人身和財產的法律制度,和通過維護他們特殊利益和公共

---

❻　馬克思、恩格斯,《共產黨宣言》,《馬克思恩格斯選集》,第一卷,頁252。

❼　Hegel, *Philosophy of Right*, 第157節。我採用了范陽與張企泰的中譯。

　　利益的外部秩序而建立起來的。這個外部國家……

這個對於市民社會的定義，與自由主義者們對於國家的定義是相同的。從洛克開始，自由主義者們將國家視為保障人們自然權利的機構。這個機構是由人們訂立一個契約而建立起來的。黑格爾把這種對國家的瞭解稱之為外部國家 (external state)。他說，這是根據知性 (understanding) 對於國家所作的瞭解，而不是根據理性對於國家的瞭解。知性是分解式的，而市民社會所代表的正是一種分化 (differentiation)，而市民社會受著兩個原則支配❽：

> 具體的人作為特殊的人本身就是目的；作為各種需要的整體以及自然必然性與任性的混合體來說，他是市民社會的一個原則。但是特殊的人在本質上是同另一些這種特殊性相關的，所以每一個特殊的人都是通過他人的中介，同時也無條件地通過普遍性的形式的中介，而肯定自己並得到滿足。這一普遍的形式是市民社會的另一個原則。

　　第一個原則指出，市民社會的成員，每一個人都是自利主義者，他們唯一所關心的東西只是自己的欲望能夠得到滿足，以及獲得最大的利益。這種人，在現代經濟及社會理論中將他名之為「經濟人」。亞當・史密斯在《國富論》中的那段有名的話，最能勾劃出這種經濟人的特性❾：

---

❽　同❼，第182節。

❾　Adam Smith, *Wealth of Nation* (New York: Modern Library, 1937), Book 1, Ch. ii, p. 14.

我們並不能從屠夫、釀酒者或烤麵包師的仁慈來祈盼我們的晚餐，而是從他們自利的考慮。我們不要訴諸他們的人道，而要訴諸他們對自己的愛；永遠別向他們提到我們的需要，而要向他們提到他們的利益。

經濟人是一個自我利益的追求者，在這種追逐利益的過程中，別人對他而言，只是滿足他的利益的一種工具。對我而言，別人的價值也就在於他能夠滿足我的利益。因此，在市民社會中，人的價值也被化約為他的市場價值，也就是他的價格。霍布斯所說的一段話，一針見血地指出了這一點❿：

一個人的價值或是他的所值，像其他所有東西一樣，就是他的價格。那就是說，人們願意為了使用他的能力所付出的代價，因此，它不是絕對的，而是一種依賴於別人的需要與判斷而定的東西。

以謀利思想來界定現代社會並不表示古代社會的人就沒有謀利的思想。韋伯就一再指出，謀利思想並非現代資本主義的特色，人類歷來都有這種思想。但是，第一，將謀利思想視為一種道德上值得被讚賞的東西卻是現代社會的特色。古代的價值體系中，無論是中外，都不會把謀利視為人生的最重要的目標。但這卻是資本主義世界中的最中心的思想。其次，現代的市場這個機制，是將謀利思想制度化的一種設施。古代固然也有市場，但是正如我上面所引的波蘭懿的話，沒

---

❿　Hobbes, *Leviathan*, edited by Michael Oakeshott (Toronto: Macmillan Publishing Co., 1962), Ch. 10, p. 73.

有一個古代式的經濟是被市場所控制的。

　　雖然，市民社會中的人都是自利主義者，但是自利主義者要能夠滿足自己的欲望及攫取最大的利益時，卻必須透過與別人的交往才能完成。人們瞭解到，如果停留在自然狀態中，對每個人都是不利的。因此，一方面由於人有要求和平的欲望，想要逃離自然狀態那個殘酷的世界，一方面人又有能力達到這點，所以他們就訂立一個契約，終止這個自然狀態。但是，在訂了契約進入社會之後，人們仍然是自利的。人們並不會因為訂立了契約就改變了人的自利性。這是契約理論的邏輯所要求的。因為如果人們在訂了契約之後的欲望與訂契約之前所具的欲望有所不同的話，立約者們訂契約的目的就失去了。一個參與立約的人之所以要與別人訂立契約就是希望滿足他現在的欲望或是他現在估計將來自己會有的欲望。如果契約不能滿足這點，那麼他何必與別人訂約呢？如果他不知道將來他會有些甚麼欲望，他現在根據甚麼要求別人將來給他甚麼作為他給別人某些東西的回報呢？因此，契約關係必須假定我們的一些基本欲望不會因契約的訂立而有所改變。同樣的，契約的訂立也不假定人會由自利而變為利他。

　　在進入世界後，人們被納入一個由規則所限定的世界之中。這一組規則將人們建立成了一個關係網，而人們由於在這個關係網中，想要滿足自己的需要就必須透過與他人的交往才能達成。這所表現的就是人們在市場中的關係。透過交換，彼此都獲得了自己所要的東西。而這組規則是使得人與人之間的市場關係可能的基礎。也是透過這組規則，具體的人可以伸展到自己以外，與世界上其他的人建立關係。因此，黑格爾的第二個原則指出，這裡人們超越了特殊性(particularity)而能夠達到普遍性(universality)。但是，這種市民社會中的普遍性是純粹形式的普遍性，而不是內容的普遍性。所謂形式的普遍性所指的

乃是，在市民社會中，每個人的意志所欲求的只是特殊性的滿足，他們這種意志的表現並非意志自身。只有意志欲求它自己時，這種普遍性才是具體的普遍性。甚麼是意志欲求它自己呢？意志欲求它自己所指的就是指意志欲求自由，因為自由是意志的本質，也是人的本質。因此，只有當意志欲求自由時，我們才能說這個意志的形式與內容是合一的，而只有當形式與內容合一時，它的普遍性才是具體的普遍性。在市民社會中，人們在與別人的交往中，得以滿足自己的欲望，這時意志所追求的是外在的東西，雖然在交換的活動中，我們透過規則與別人建立起了某種關係，因而也超出了特殊性，但是在這裡意志並未以它自己作為它的內容，因此，這種普遍性只是形式的，而市民社會所表現的正是這種形式的普遍性。

　　黑格爾對於市民社會的瞭解是受了亞當・斯密、李嘉圖等政治經濟學家的影響的結果。很明顯的，他對於市民社會的瞭解與霍布斯、史密斯等對於現代資本主義社會的瞭解是完全一致的。他所說的普遍性也就是霍布斯所說的自然律。但是，黑格爾將這種社會的出現視為人類歷史發展所必須經過的一個階段。這個階段所表現的是一種分化(differentiation)與區分(division)，也就是特殊性(particularity)的被肯定。黑格爾在《法權哲學》中一再地指出，肯定特殊性是現代社會的標誌。古代社會中，特殊性雖然也一再地出現，但是由於古代社會的組織原則無法容納這種特殊性，因而它的出現變成為那種社會中的一種敵對體，它對古代社會進行著腐蝕的作用。古代社會的組織原則使得它只能達到一種感性的統一，而在這種感性的統一中，代表著知性的特殊性不能有立足的地方。因此，任何古代的社會中，對於謀利式的個人主義思想無法容納，因為古代的組織社會的根本原則沒有辦法容納人與人之間分離，並且彼此爭逐利益這種事情。孟子所說的,「上

下交征利而國危矣」正是黑格爾這個講法的最好註腳。現代社會中，特殊性不但出現，而且變成了這個世界中的最根本的組織原則。特殊性是人與人之間的分化的表現，而這種分化最後的基礎就是人的自然權利。因此伊爾亭(K. H. Ilting)才說：

> 像康德與霍布斯一樣，黑格爾假設人一開始是有多項權利的，並且，人有一項義務：承認其他人以及他自己，有各項權利⓫。

> 現代法律的理論嘗試著從一個根本的規範中推展出所有的法律規範。這個根本的規範就是我們必須承認人是基本上具備有各項權利的。現代理論並不在一個假定的自然秩序或宇宙創生或公共的權威的決定這些地方，去找這些權利的有效性的基礎⓬。

對於特殊性原則是否被肯定這點標誌古代社會與現代社會以及東方社會與西方社會的差異，以及古代社會中無法容納特殊性，黑格爾有這樣一段話⓭：

⓫　K. H. Ilting, "The Structure of Hegel's Philosophy of Right, " in *Hegel's Political Philosophy*, (ed.) Z. Pelezynslzi (Cambridge: Cambridge University Press, 1971), p. 91.

⓬　同⓫。

⓭　同❼, 206節附釋。I. Berlin在他的"Two Concepts of Liberty"一文中說，康多塞(Condorcet)指出，在希臘與羅馬的法律思想中，並沒有個體權利(individual rights) 這個概念。柏林認為這個概念最早萌芽於 William of Occam。H. L. A. Hart 在"Are there any Natural Rights?" 一文中也有相

就在這方面，關於特殊性和主觀任性的原則，也顯示出東方與西方以及古代與現代之間政治生活的差別。在前者，整體之分為等級，是自動地客觀地發生的，因為這種區分自身是合乎理性的。但是主觀特殊性的原則並沒有同時得到它應有的權利，因為，例如個人之分屬於各等級是聽憑統治者來決定的，像在柏拉圖的理想國中那樣（柏拉圖：《理想國》第三篇），或聽憑純粹出生的事實來決定的，像在印度的種姓制度中那樣。所以主觀特殊性既沒有被接納在整體的組織中，也並未在整體中得到協調。因此，它就表現為敵對的原則，表現為對社會秩序的腐蝕（見第185節附釋），因為作為本質的環節，它無論如何要顯露出來：或者它顛覆社會秩序，像在古希臘各國和羅馬共和國所發生的，或者，如果社會秩序作為一種權力或者好比宗教權威而仍然保持著，那它就成為一種內部腐化和完全蛻化。在某種程度中像斯巴達人的情形那樣。但是，如果主觀特殊性被維持在客觀秩序中，並適合於客觀秩序，同時其權利也得到承認，那麼，它就成為使整個市民社會變得富有生氣，使思維活動、功績和尊嚴的發展變得生動活潑的一個原則了。如果人們承認在市民社會和國家中一切都由於理性而必然發生，同時也以任性為中介，並且承認這種法，那麼人們對於通常所稱的自由，也就作出更詳密的規定了（第121節）。

總合上面所說，我們可以將市民社會的特色歸結為下列幾點：

同的講法。Hart 的文章發表在 *Philosophical Review*, Vol. 64 (1955), pp. 175–191。柏林的文章則收在他的 *Four Essays on Liberty* (Oxford: Oxford University Press, 1961)一書中。

㈠個人主義的被肯定——個人主義的理論，根據陸克斯 (Steven Lukes)在《個人主義》一書中的定義是：「個人被抽象地勾劃為已經被給予的一個項目，它們已擁有一些興趣、要求、目的、及需要等。而社會及國家則被視為一組實際的或可能的社會機制，它或多或少地對於個人的需要做出回應。」❹市場必須假定在人們進入市場之前對於自己的基本需要及目的已經是被給予的，否則人們就沒有甚麼理由去市場進行交換。這正是個人主義的論旨。個人主義也就是肯定個人是先於社會的，這點與集體主義的論旨正好相反。集體主義者認為人之所以會變成他現在這樣，乃是社會塑造的結果。

㈡對人權的肯定——這正是特殊性原則的具體內容。特殊性原則是肯定人與人分離的原則，而人與人分離是用權利來劃定它的界限的。人們進入市場，或與人訂契約之前，都必須要假定人有某些事前已擁有的權利，否則他們沒有道德上的根據把一些東西讓渡給別人。

㈢市民社會中的人由於是經濟人，經濟人活動的地方是市場，而市場是一種交換的場所，因此，市民社會中的人認為最有價值的東西都是可以被割讓的，而且這種東西可以是被個人單獨享用的。能夠與別人分享的東西或只能與別人共同分享的東西（例如友誼），將不是市民社會中的人的主要追求的對象。但是，在將市場關係擴散為整個社會關係的基礎之後，那些本來不屬於商品的東西也都商品化了，例如知識。那些本來不該是契約式的關係，也變為契約式的關係了，例如婚姻。

㈣由於市民社會的經濟人所追求的是商品，而商品與人的關係是一種擁有的關係，因此，經濟人的主要活動就變為擁佔性的活動。其

---

❹ 見 Steven Lukes, *Individualism* (Oxford: Basil Blackwell Publisher Limited, 1973), p. 73。

他非擁佔性的活動，例如欣賞、瞭解及創造就被放置到人類活動的邊緣去了。

　　㈤人基本上是自利的──從亞當·斯密開始一直到今天的經濟理論中，這點都是它們最基本的假定。一個進入市場活動的人，很自然的是要從這種活動中得到自己的好處，否則他就沒有理由從事市場活動。市場的機制將謀利這種活動合理化及合法化。

　　至於市民社會怎麼會發生的，則各個理論家有不同的看法。這也不是我這篇文章中所要討論的問題。簡單地說，契約論者像霍布斯那樣，以為市場式的社會關係乃是天經地義的，是由人性中發展出來的必然現象。黑格爾雖然也認為市民社會及特殊性的出現是本質的環節之一，但是他卻看得出來，人類以往的社會並非如此，古代社會中，市民社會及特殊性都沒有真的出現，更沒有被合法化。同時，他也認為人類的社會不能只是停留在這裡，而必須邁向一個由理性所統一的實體，也就是國家。

四

　　中國社會自周、秦以來即進入了以農業為主要生產方式的時代。中國社會基本上是一個農業的社會，而它經營農業的方式，又是小農的方式。這種生產方式，基本上是一種自然經濟的形態，也就是說，生產的主要目的是為了謀生以及滿足需要而不是為了謀利。自然經濟的最大特色就是交換現象的不發達。

　　這種傳統式的農業經濟，最重要的特色之一是沒有變動，正如波蘭懿所說的，歐洲的農業社會的生產方式有一千餘年的時間都沒有甚麼變化❶。而中國的這種小農式的經濟結構以及與它相應的社會政治

結構自秦漢以來，一直到清末民初也沒有甚麼結構性的變化⑯，在這種社會中，任何會使它發生變動的因素，都被視為是一種敵對的因素而要加以壓制或消滅。所以人們常說，農業社會是傳統型的社會，它是保守的。

為甚麼農業社會總是保守的呢？我想這與它的根本結構是有關係的。帕森斯(Talcott Parsons)指出，宋巴特(Sombart)在比較資本主義的生產方式與傳統農業社會的生產方式的不同時說，前者並非只是在生產技術上超前於後者而已，因此，兩者的不同只是量上的；它們的不同乃是根本的，兩者建基於根本不同的原則之上。農業生產方式是傳統式的，而資本主義的生產方式則是理性的，農業的生產方式是經驗性的，資本主義的生產方式則是科學性的⑰。

宋巴特的這種看法是有真知灼見的。農業社會由於知識的不發達，沒有能在經驗之上找出比它更可靠的知識系統使得人們能夠對自然界有一種科學性的瞭解，因此，經驗是人們最主要的依賴。在處理問題時，以往的經驗是人們所唯一可以從其中得到指導的保障。而越是時間長的經驗，也就是越能經得起考驗的經驗，它也就越加得到人們的珍視。這種社會必然是傳統型的社會。傳統是一切行事合法化的依據，因為除了經驗之外我們沒有一種可以否定經驗且比經驗更可靠的東西。傳統型的社會也必然是保守的。除非有必要，沒有人會想要對它做任何變動。一方面，沒有甚麼根據讓我們作變動。另一方面，變動

---

⑮ 同❸。

⑯ 傅築夫，《中國古代經濟史概論》(北京：中國社會科學出版社，一九八〇年)，頁299–304。

⑰ 見 Talcott Parsons, *The Structure of Social Action*, Vol. II (New York: The Free Press, 1949), pp. 497–498。

總是違反以往經驗的。但是如果除了經驗之外，沒有一個更高的原則可以使我們來評估經驗的話，變動就沒有任何根據。簡單的農業生產方式最符合這種不變動的要求，而這種不變動的要求，又使得我們無法脫離這種生產方式，在這種生產方式下，社會的一切關係，也有一種相應的制度將它固定下來，這就是所謂的王制。所以孔子讚賞閔子騫所說的「仍舊貫如之何？何必改作？」⑱，商業活動是對於這種關係最大的威脅。在商業社會中，人與人之間的一切既定關係都被打破了，唯一剩下的是利益關係。它把農業社會的保守性視為是社會進步的最大障礙。為了避免這種變化發生的可能性，中國從戰國以來到清朝，一直沒有間斷地實行著一種政策，這就是有名的重本抑末的政策。

　　重本抑末的政策是由法家的商鞅首先制定的，但是到了西漢時代的鹽鐵會議時，它已經完全被儒家所接納，而變成儒家學說的一部份。同時法家實行重本抑末與儒家實行重本抑末在目的與理論根據上都有它的不同。這點我下面會談到。重本抑末從戰國開始一直到清朝都一直被歷代的王朝所採用。讓我們先看看歷史上一些重本抑末的言論。

> 夫民之親上死制也，以其旦暮從事於農。夫民之不可用也，見言談游士事君之可以尊身也，商賈之可以富家也，技藝之足以糊口也。民見此三者之便且利也，則必避農。避農，則民輕居。輕其居，則必不為上守戰也⑲。

> 民捨本而事末，則其產約，其產約則輕遷徙，輕遷徙，則國家

---

⑱　《論語・先進》。

⑲　《商君書・農戰》，⑲－㉑引自傅築夫所著的《中國經濟史論叢》下冊（北京：三聯書店，一九八〇年），頁615–616。

有患皆有遠志，無有居心。民捨本而事末則好智，好智則多詐，多詐則巧法令，以是為非，以非為是[20]。

凡為國之急者，必先禁末作文巧，末作文巧禁，則民無所游食，民無所游食則必農，民事農則田墾，田墾則粟多，粟多則國富。國富者兵強，兵強者戰勝，戰勝者地廣。是以先王知眾民、強兵、廣地、富國之必生於粟也，故禁末作，止奇巧，而利農事[21]。

國有沃野之饒而民不足於食者，工商盛而本業荒也。故商所以通鬱滯，工所以備器械，非治國之本務也[22]。

竊聞治人之道，防淫佚之原，廣道德之端，抑末利而開仁義，毋示以利，然後教化可興，而風俗可移也。今郡國有鹽鐵、酒榷、均輸，與民爭利，散敦厚之樸，成貪鄙之化，是以百姓就本者寡，趨末者眾。……願罷鹽鐵、酒榷、均輸，所以進本退末，廣利農業，便也[23]。

到了清朝，重本抑末的思想及政策仍然沒有甚麼改變，如雍正五年上諭就說[24]：

---

[20] 《呂氏春秋‧上農》。

[21] 《管子‧治國》。

[22] 《鹽鐵論‧本議》。

[23] 同[22]。

[24] 《大清世宗憲皇帝實錄》卷57。[24] [25] [27] [28] 引自張守軍所著的《中國歷史

朕觀四民之業，士之外，農為最貴。凡士工商賈，皆賴食於農。以故農為天下之本務，而工賈皆其末也。今若於器用服玩，爭尚華巧，必將多用工匠。市肆中多一工作之人，則田畝中少一耕稼之人。

乾隆皇帝對於提倡本業，反對末業也說得很明白：「朕欲天下之民，使皆盡力南畝……將使逐末者漸少，奢靡者知戒，蓄積者知勸。」㉕

從上面所引的言論中，我們可以看出，從商鞅開始，一直到清朝的乾隆皇帝，重本抑末的思想始終沒有間斷過。雖然對於為甚麼要重本抑末的理由及根據或有所不同，有的是為了富國強兵，有的則是為了防止人民相詐，但是無論儒、法，在贊成重本抑末這點上卻都是一樣的。

中國歷史上不僅有重本抑末的思想，歷代王朝也都把重本抑末當作一種政治上的政策，而採取一些措施來實行這項政策，我們只舉漢高祖與明太祖的兩個例子來說明這點：「天下已定，高祖乃令賈人不得衣絲乘車，重租稅以困辱之。」㉖

明太祖則指示，「若有不務耕，專事末作者，是為游民，則逮捕之」㉗。洪武十四年又規定：「農民之家許穿綢紗絹布，商賈之家止穿絹布。如農民家但有一人為商賈，亦不許穿綢紗。」㉘歷代王朝又用禁榷、官工業等有名的制度來壓制私人的企業。

上的重本抑末思想》（北京：中國商業出版社，一九八八年），頁134。

㉕　《皇朝通典》卷一：食貨一。

㉖　《史記‧平準書》。

㉗　《明太祖實錄》卷205。

㉘　胡傳，《真珠船》卷二。

　　上面提到商鞅等法家之所以要提倡重本抑末的目的，主要是為了
富國強兵。戰國時代的國與國之間的征戰及併吞，使得每個國家不得
不極力地致力於國富兵強，這樣才可以在彼此的競爭中打敗敵人。而
當時的生產方式，真正能製造財富的只有農業。工商業所製造及售賣
的最主要的東西很少是日常人民生活的必需品，而是些非民生必要的
奢侈品，因此，對國家的富強不但沒有幫助，而且還會有所損害❷。
而農民所生產的，則是人民日常生活的必需品，因此這種方式可以造
成財富。所以法家式的重農抑商政策的目的及理由是為了富國強兵。
但是到了漢朝統一天下之後，雖然統治者仍舊提倡重本抑末，但是這
個理論已經由儒家接手過去了。他們提倡這種思想的主要目的是為了
使民風淳樸，使人民不去無盡地追求財富。大家都知道，漢初實行黃
老式的非干預的經濟政策以來，造就了不少大的資本家，如《史記》
及《漢書・貨殖列傳》中所描寫的那些人物。而這種不干預政策所造
成的結果之一是營利思想的興起，所謂「天下熙熙，皆為利來。天下
攘攘，皆為利往」是司馬遷對於當時民風所作的活生生的描寫。但是，
儒家的理想是要人去從事德性的活動，成為一個君子，因此，營利思
想必須要被壓制。鹽鐵會議上，重本抑末的思想就變成為一種人生最
終目的及意義的爭論。賢良文學所提倡的是儒家的人生觀，是反對營
利思想的，而他們用來支持重本抑末的根據也是儒家的賤利貴義的思
想，這種轉變，是一個根本性的轉變。由法家的富國強兵轉為儒家的
賤利貴義，重本抑末這種思想就可以被用來維持中國這個以農業為主
要的生產方式的社會了。上面提到農業社會的傳統性及保守性，重本
抑末儒家化之後，正好能夠達到維持這種傳統性及保守性的性格。工
商業是摧毀傳統最有力的武器，因為商人所從事的行業使得他不斷地

---

❷　同❶。

要想出新的花樣來以謀取利益。而工業式的生產，也是不斷地要求人們用機器去做新的發明，以達到更高的效率。因此，它們都是與保守的性格相違背的。中國人很早就看到這點。上面引過《呂氏春秋》中所說的：「民捨本而事末則好智，好智則多詐，多詐則巧法令，以是為非，以非為是。」所說明的是商業對於傳統秩序可能的威脅。《莊子》中的那則有名的子貢與漢陰丈人的故事，則說明了巧於工藝技術對於民風淳樸的威脅❸。

中國古人就深深地瞭解到從事工商業的人，必定要使用智巧，而使用智巧與儒家進德修業的理想是不相合的。因此，重本抑末是一個用以防止人民變得智巧、機詐所必須要的一種措施。而重本抑末的措施，使得中國社會，雖然在好幾個時代都發生過一些資本主義的萌芽，但是，卻始終無法真正成為一個工、商業的社會。

除了儒家的人生理想與工、商業的興起有所衝突之外，歷來王朝的統治者之所以要抑商，其中另外一個主要的理由是由中國政治的性格所造成的。中國的政治制度裡，皇帝是一個絕對，沒有人可以向他作出挑戰。任何對他可能的挑戰，都要被壓抑下去。如果允許商人階級的興起，則他們財雄勢大的力量，難免對皇權構成一種威脅。管仲就瞭解到這點，所以他說，「甚富不可使」。那種「素封」之家真是可以做到與王侯分庭抗禮的地步。因此，皇帝為了消滅對他可能有的挑戰，抑商政策是不能不採用的。

歷代朝廷的抑末政策，其中主要的一個理由固然是上述的皇權怕受到威脅，但還有另外一個理由就是黑格爾所謂的，中國社會中，特殊性沒有能夠得到發展。特殊性沒有能夠得到發展所意謂的就是個人權利的觀念沒有能夠被肯定。現代西方社會是以契約為基礎的社會。

---

❸　《莊子・天地》。

一個以契約為基礎的社會，必定需要假設人權❸。洛克認為人類生而俱來的權利之一就是財產權。中國人雖然自秦漢以後就允許土地私人買賣，但是私有財產的制度始終是不清楚的。「普天之下，莫非王土」的觀念根深蒂固地植在我們的心中。我們從《紅樓夢》中賈府被抄家的事件，就可以發現那種產權制度與現代的私有財產制是不同的。在現代的私有財產制度下，即使一個人犯了某些罪，也絕不能抄他的家。對於中國歷來的財產制度究竟是一個甚麼樣的形態這點，還有待我們去深究。

黑格爾在《歷史哲學》一書中指出，中國人組織社會及政治的辦法是組織家庭辦法的延長❷。 家庭是一種未分化的統一 (undifferentiated unity)。它的統一，建立在感性之上而不是理性之上。家庭的統一是統一在家長身上的，家長就是這個統一體的實體 (substance)。這種統一的方式，各個成員並沒有他的獨立性，也就是說，他們是未經自覺而被統一在一個實體之下。沒有自覺的統一所表示的就是這個組織中的成員的主體性 (subjectivity) 並沒有出現，也就是說，他們的特殊性並沒有被肯定。這就是為甚麼黑格爾會認為在中國，主體性的自由始終沒有出現的緣故。在家庭這個統一體中，如果每個人要肯定自己的特殊性，肯定自己的權利，則作為統一這個家庭的實體的家長將無法再作為實體而存在，因為，特殊性的出現，肯定了每個人都是實體。因此，這種以家庭的組織方式來組織國家的結果，也是把國家變成一個統一於某一個特殊的個人的未分化的統一；而在中國，這個實體就是皇帝。

---

❸ 見❸中Hart的文章。

❷ G. W. F. Hegel, *The Philosophy of History*, tr. J. Sibree, ed. C. J. Friedrich (New York: P. F. Collier and Son, 1956), p. 182.

　　黑格爾對於中國政治組織的分析是具有真知灼見的。中國自從周朝分封諸侯，用一種宗法制度來組織國家以來，始終是以組織家庭的辦法來組織政治及社會。雖然，秦以後廢除了封建，而設立了郡縣，但是皇帝仍是這個社會統一體的實體這點則始終沒有變過。它的統一也是一種非分化的統一。人民被視作子民，地方官及統治者則始終被視為人民的父母。政治關係乃是家庭關係的延長。因此，就像在家庭關係中那樣，在社會、政治上，特殊性也始終沒有能夠被肯定，主體的自由始終也沒有被認識。

　　在這種政治組織的形態下，商業是無法發展出來的。首先，商業必須肯定人有私有財產權，可以對自己的財產任意支配。只有肯定了這點，人們才可能與別人訂契約，進行市場式的交易。如果缺乏對自己財產的支配權，一個人就不可能與別人訂契約。在家庭關係下，家庭成員的關係不可能是一種契約關係，如果是契約關係的話，則它就是腐蝕這個家庭的一種力量，因為如果在一個家庭中，人人講權利的話，家庭的組織原則——親情——就會被破壞掉。如果家庭成員的關係變成一種利害關係的話，這個家庭就會崩潰。所以孟子才說「上下交征利，而國危矣」。雖然孟子或許沒有意識到利害關係或契約關係與家庭關係之間的不相容性，但是他的這句話對於中國社會而言，卻是千真萬確的。如果我上面的分析是正確的話，則中國社會之所以要實行重本抑末這項政策，也有它不得不這樣做的道理。

五

　　自從資本主義興起以來，西方諸國挾著它無堅不摧的力量，橫掃東方古老的帝國，隨著而來的是西方文化的東漸。東方古老的文明如

印度、中國等都被它征服。在慘敗之餘，這些文明都瞭解到西方文明
的長處，以及自己不得不作改變來應付這個幾千年來未有之大變局。
這種改革的推進，在中國是分為許多不同階段進行的。最初的改革家
們所看到的是西方的堅船利砲。他們以為，西方之所以能打敗中國，
只是由於他們的船比我們的堅，砲比我們的利，這些改革家們並沒有
去追究西方之所以能生產這種堅船利砲的原因。所以，他們認為要對
付西方，只須要學到西洋人的船堅砲利的本領就夠了，這個思想潮流
主要以魏源的一句話為代表：「師夷之長技以制夷。」但是，在這個時
期，中國並沒有能自己生產堅船及利砲，因此，只好向西方購買。但
是，即使只是購買，也會碰上困難。有了新式的船隻及武器，還得有
人操作，而操作這種新式的器械是必須要有知識的。因此，不得不設
立學校來培養科技知識的人才。於是就有製造局、同文館等的設立，
來進行培訓人才及翻譯書籍。但是，即使在這段時間從事改革運動的
人接受了西洋文明的某些部份，但對於基本的政治、社會體制方面，
他們仍舊覺得中國老的那一套要比西方的優秀，因此也就不必變動。
代表這種思想的一句口號就是張之洞所說的「中學為體，西學為用」。
儘管在器械方面我們趕不上西洋，但是中國幾千年來的典章制度卻是
絕對勝過西洋的。所以，即使我們吸收他們的科學知識以期能造出更
好的器械，但體的方面，中國還是該保持幾千年來的那一套東西。嚴
復對這種想法的攻擊是一針見血的。他認為牛有牛體及牛用，馬有馬
體及馬用，我們不能期望以牛體而有馬用。所以到了戊戌維新時，康
有為、梁啟超等人瞭解到，要改革的話，只有從制度上作徹底的改革。
因此，他們想實行君主立憲，從政治制度上作改革。這當然比中體西
用要徹底得多了。但是可惜戊戌維新不幸失敗。到了孫中山採用了武
力推翻滿清政府，建立起民國。政體上是作了徹底的改變，廢除了專

制體制，但是，社會的根本結構及文化仍舊是老的一套，所以中國仍舊是陷入以前的老模式，產生了軍閥的混戰。五四運動的人看到，如果要使中國真正地站起來，除了表面上制度的改變之外，還要從文化及觀念上做徹底的變革，才有可能成功，因此，提出了全盤西化的口號。發展到這裡，中國人幾乎要完全放棄自己文化的遺產了。

　　自五四運動以來，中國知識份子不斷地介紹西方的思想進入中國，例如自由主義、實用主義、無政府主義、各色各樣的社會主義，以及馬克思主義等。當然，這些主義及思想，並非在份量上及深度上都是相等的。五四運動主張全盤西化的人，主要接受的是自由主義的思想，而另外一批人則傾向於接受馬克思主義或共產主義。所以，嚴格地說，真正在那裡競爭的也就是這兩種思想。最後，馬克思主義終於以取得政權而獲勝。自由主義等在中國不容易生根，而馬克思主義在取得政權後，好像很容易地就與中國老的那一套制度銜接上。這似乎並不是偶然的事情。前者所具有的一套觀念，對中國文化來說是一套嶄新的東西。不僅是嶄新的東西，而且與中國古老的那套東西有許多相衝突的地方。自由主義中的一些中心觀念如個人權利、最低度的政府、放任經濟，以及人生理想之沒有客觀性等，都是與中國傳統的那一套思想相衝突的，連張之洞都瞭解到這一點。所以他極力反對民權。他認為：「故知君臣之綱，則民權之說不可行也；知父子之綱，則父子同罪，免喪廢祀之說不可行也；知夫婦之綱，則男女平權之說不可行也。」[33]

　　自由主義的核心就是對於特殊性的肯定，也就是對於主體性自由的肯定，而對於主體自由肯定所表示的就是對於個人權利的肯定。這點所帶來的正是黑格爾所說的分化 (differentiation)。這種分化所造成

[33]　張之洞，《勸學・明綱》。

的則是對於中國舊有的那種非分化的統一(undifferentiated unity)的破壞。因此，要使自由主義在中國生根，我們就不得不把中國傳統的組織社會的基本原則連根拔起。這在當時民智未開的情況下，似乎是不可能辦到的事情。

至於共產主義之所以在中國能夠很快地不但取得政權，而且能夠把社會組織起來，也絕不是偶然的事情。共產黨取得政權後，私人企業逐漸地被消滅，因而社會上失去了商人這個階級。這點與中國歷來所實行的抑商政策有它相似的地方。中國歷來雖然有商人的存在，但是，商人在四民之中總是居於最末的地位。人們對於商人歷來沒有好感。大家都認為無商不奸。因此，共產黨把生產工具全部歸公，取消商人，只能說是把中國傳統的一種思想推到極點而已。所以雖然公有化也是翻天覆地的大變革，但是，人們對於它的接受好像要比接受民主政治及市場經濟還要容易得多。

其次，共產黨的政治組織把國家統一於一個黨，再把一個黨統一於一個黨魁之下，這也正是非分化的統一的一種延續。在這種組織中，每個個體的特殊性並沒有被肯定。個人權利這種自由主義的觀念，完全沒有突顯出來。每個人並沒有成為現代國家中的擁有各種權利的公民，而仍然是舊式的子民，因此，嚴格地說，雖然政體好像是做了翻天覆地的改變，但實際上組織社會的根本原則仍舊沒有變。在共產黨的統治下，不但市民社會沒有出現過，連中國本有的很微弱的民間社會也被剷除掉了。如果我們把市民社會的出現看成是現代社會的一個標誌的話，那麼共產黨所統治下的社會不但不是現代化的，而且也不可能成功地現代化。傳統的重本抑末的思想在這裡扮演了一個重要的角色。只有當一個社會允許特殊性的出現時，現代社會才會發生。也只有當一個非政治化的經濟出現時，現代社會才可能出現。中國所謂

的社會主義的現代化實在是一種矛盾。因為馬克思所想要作的正是指出現代社會的毛病之所在，從而能夠克服及超越它。所以，講社會主義的現代化，要麼是不瞭解馬克思主義，要麼是不瞭解現代社會。在這裡，可以顯出理論工作的重要性。馬克思認為實踐乃是由理論的指導所從事的行動。如果對理論沒有清晰的認識，那我們的行為就不是實踐而只是一種任意的行動。

中國到目前為止，一直還停留在以農業生產方式為主的階段。黑格爾在討論市民社會中的階級時指出，農民階級的生產方式中，自然界所提供的因素是他生產活動中最主要的部份，而人本身的勞動因素則佔較為次要的地位，因此，農業階級就比較沒有要求要掌握自己的命運，他對命運較為逆來順受。工、商階級則完全不同。由於在他的生產活動中，大自然所提供的只是一些原料，他自己的智慧、知識及能力才是生產過程中最主要的因素，因此，他們比較傾向於認為命運可以由自己掌握。黑格爾的這種說法的確是有真知灼見。中國目前仍然是一個農業社會，百分之八十的人口是農民，要想人們對主體性的自由有所認識，特殊性有所發展，恐怕還有一段漫長的路要走。

本文是在夏威夷東西方中心所舉行的「文化與社會：二十世紀中國的歷史反思」會議（一九九一年二月十八日～二十二日）上所宣讀的論文。原載於《二十一世紀》第六期，一九九一年八月

市民社會與現代性

　　最近一二十年以來，東歐各國在爭取民主的過程中，紛紛地訴諸「市民社會」(civil society) 這個概念。他們把市民社會這個概念作為他們民主運動的一個理論基礎。東歐各國在計劃社會的體制之下，社會被政治所扼殺。在這些國家中，政治的觸角延伸到每一個領域中去，因而，獨立於政治的自主及自發性的社會不再存在。訴諸市民社會這個概念的目的就是要再建立一個獨立於政治而具有自主性的社會。只有建立這樣一個具有自主性的社會，人們才可能與政治對抗。訴諸市民社會這項行動，不僅是在改革的過程中必須採取的，即使在建立了民主政治之後，一個獨立於政治而具有自主性的社會仍然應該繼續存在下去，只有當一個國家擁有這樣一個獨立的社會時，泛政治主義，以及由它所引導出來的不民主及不自由才可能被避免❶。

　　東歐知識份子之所以在他們追求自由及民主的過程中訴諸於市民社會這個概念，主要是由於他們認為西方世界中自由及民主實現的基礎就是由於在西方世界中，市民社會獨立於政治而存在著。只有當人們有一個獨立於政治之外，不僅不被政治干涉，甚至可以影響政治的

---

❶　見Charles Taylor, "Modes of Civil Society," *Public Culture*, Vol. 3, No. 1, 1990; Alex Honneth, "Conceptions of Civil Society," *Radical Philosophy*, 64, Summer, 1993。

社會存在時，民主才有可能實現。他們認為，在歐洲歷史發展的過程中，俄國沒有徹底的現代化，使得市民社會沒有能夠在俄國及東歐社會中生根，因而導致了東西歐不同的發展。要建立一個自由民主的社會，最好的途徑是社會與政治分家。

市民社會究竟是甚麼樣的一個社會？它有些甚麼特色？為甚麼東歐的民主人士會認為它是建立自由及民主的基礎？這些都是東歐人所探討的問題。不同的思想家提出了不同的市民社會的概念及理論❷。我這篇文章不打算討論不同的市民社會的概念及理論，而只打算討論黑格爾的市民社會的理論。我也不打算討論市民社會究竟是否是民主的基礎這個問題，而是要討論市民社會與現代性的關係。我將詳細地鋪陳黑格爾的市民社會的理論，並且指出，市民社會乃是現代世界的產物，它是現代性的一個重要環節。

一

黑格爾在《法權哲學》一書中給市民社會下了這樣一個定義：

> 市民社會，這是各個成員作為獨立的單個人的聯合，因而也就是在抽象普遍性中的聯合，這種聯合是通過成員的需要，通過保障人身和財產的法律制度，和通過維護他們特殊利益和公共利益的外部秩序而建立起來的❸。

---

❷ 見 John Keane, *Democracy and Society* (London: Verso, 1988), pp. 31–68 及 Charles Taylor, op. cit。

❸ G. W. F. Hegel,《法權哲學》，范陽、張企泰中譯（北京：商務印書館，一九七九年，第157節）。對於他們的中譯，有時我將做一些修正。

市民社會的兩個主要原則如下：

> 具體的人作為特殊的人本身就是目的；作為各種需要的整體以
> 及自然必然性與任性的混合體來說，他是市民社會的一個原
> 則。但是特殊的人在本質上是同另一些這種特殊性相關的，所
> 以每一個特殊的人都是通過他人的中介，同時也無條件地通過
> 普遍性的形式的中介，而肯定自己並得到滿足。這一普遍性的
> 形式是市民社會的另一個原則❹。

　　根據黑格爾對於市民社會所下的定義，以及他所指出的市民社會
運作的兩個原則，我們可以對市民社會作如下的分析。

　　市民社會是由獨立的個人作為單位所組成的聯合體。由於這個聯
合體中的單元都是獨立存在的個人，因此，這個聯合體本身雖然構成
一個普遍性 (universality)，但是這個普遍性只能是抽象的。所謂抽象
的普遍性指的是市民社會這個普遍體本身的構成份子之間沒有內在性
的關連，他們之間的關係只是外在性與工具性的；由於外在性與工具
性是構成他們之間的關係所具有的特性，因此，他們所組織起來的聯
合體也就只能是抽象的。在市民社會中的各個單位本身的目的就是其
本身，同時，也只有其本身是其目的，而這些單位所表現的是自然的
必然性及任性的混合體。所謂自然的必然性及任性 (caprice) 所指的是，
個體在市民社會中所顯示的是自然的意志，自然的意志就是以欲望及
需要等為基礎的意志，所以市民社會的單位，乃是奠基在需要上而具
有自然意志的人。上述這個市民社會的第一個原則所指出的是，市民

---

❹　同上，第182節。

社會的個體單元，是一個以滿足自己的欲望為目的的自利主義者。他並不在乎別人的欲望是否得到滿足。因此，黑格爾雖然把市民社會列在倫理生活之下，但他卻又說，在市民社會中，倫理生活事實上是走入了極端，並且喪失掉了❺。由於這個緣故，有些黑格爾的學者指出，市民社會實際上所體現的並非倫理生活，而是反倫理生活 (Anti-sittlichkeit)❻。雖然市民社會中的個體都是自利主義者，但市民社會仍是一種社會而不是霍布斯式的自然狀態，因此，它仍是一個聯合體，雖然這個聯合體所具有的普遍性只是抽象的普遍性。在這個抽象的普遍性中，個體與個體仍然是相關連的，也就是說，他們是彼此互相依賴的。市民社會的第二個原則所描述的就是個體之間的關連性。由於需要、欲望或自然意志是市民社會的基礎，它們的滿足是市民社會中成員的最終目的，因此，成員間的關連性的建立也就是彼此如何是別人滿足這些欲望及需求不可或缺的工具。由於人不可能只依賴自己就能夠滿足自己全部的欲望，因此，大家合作才是每個人實現利益的途徑。對於這種彼此依賴、互利的關係，黑格爾作了如下的描述：

> 利己的目的，就在它的受普遍性制約的實現中建立起在一切方面相互倚賴的制度。個人的生活和福利以及他的權利的定在，都同眾人的生活、福利和權利交織在一起，它們只能建立在這種制度的基礎上，同時也只有在這種聯繫中才是現實的和可靠的❼。

---

❺ 同上，第181節及184節。

❻ Andrew Arato, "A Reconstruction of Hegel's Theory of Civil Society," in Drucilla Cornell, Michel Resenfeld, Dacid G. Carlson (eds.), *Hegel and Legal Theory* (New York: Rontledge, 1991), pp. 301–320.

從上面的分析，我們可以很清楚地看得出來，黑格爾所謂的市民社會也就是麥克弗森 (C. B. MacPherson) 所說的全盤的市場社會 (full market society)；而市民社會中的市民，也就是麥克弗森所說的擁佔性的個人主義者 (possessive individualist) ❽。麥克弗森所指謂的全盤的市場社會所具有的最大的特色在於，在這個社會中，一切的東西，包括土地、貨物及勞動力等，全部都變成了商品。在這樣一個一切商品化的社會中，所有的東西都待價而沽，而人與人之間的關係也就成了全面化的商業關係了。當人與人之間的關係變成市場式的關係之後，人與人之間的一切自然的關係，如愛、親情等，也完全被鏟除掉。在市場關係中，每個人所爭取的是自己的利益。與別人交往的目的是希望能透過交換而滿足自己的欲望。至於擁佔性的個人主義者所指的則是一種特別的人，這種人只以自己的利益為目的，而他之所以是擁佔性的乃是由於他心目中的利益是由那些可以被獨自握為己有的東西所構成。市場關係與擁佔性的個人主義者之間有必然的關係，因為能夠作為在市場上出售的東西都是可以被讓渡的東西，像貨品及某些技能。同樣的，也只有可以被讓渡的東西，才可以被私人所擁佔。

黑格爾瞭解到，有些自然法理論家對於國家的概念與他的市民社

❼　黑格爾，《法權哲學》，第183節。

❽　C. B. MacPherson, *The Political Theory of Possessive Individualism* (London: Oxford University Press, 1962), pp. 46–70. 黑格爾指出，相應於抽象權利的是人格(person)，在道德的領域中則有主體(subject)，家庭則有家庭成員(family member)，在市民社會中，則有布爾喬亞(bourgeois)。布爾喬亞正是市民社會中的市民，他是以滿足自己的利益為目標的。見《法權哲學》，第190節補充。

會的概念是相同的。黑格爾反對這種對於國家的瞭解，他認為市民社
會只是外部的國家(external state)，或是由知性(understanding)所瞭解
到的國家。他說：

> 如果把國家想像為各個不同的人的統一，亦即僅僅是共同性的
> 統一，其所想像的只是指市民社會的規定而言。許多現代的國
> 家法學者都不能對國家提出除此之外任何其他看法❾。
> 這種制度首先可以看成外部的國家，及奠基在需要之上，以及
> 由知性所設想的國家❿。

市民社會之所以是外部的國家是由於市民社會乃是一種抽象的聯
合體，聯合體中的個體之間沒有內在的關連。他們的關係只是偶然性
的。至於為甚麼我們可以把市民社會看成是知性所設想的國家的理由
乃是，知性是一種分解的能力，它的運用就是去從事分析的活動，把
一個整體分析為它所組成的部份。而市民社會所表現的正是這種分化
的現象。在市民社會中，每個人都從別人分化出來成為一個獨立的個
體。這種獨立的個體雖然要跟別人組織成社會才能達到自己的目的。
但是，在這種由獨立個體所組織而成的社會中，個體並未失去獨立性，
他們之間的關係是純粹外在的。

黑格爾所謂的市民社會是一個與資本主義社會等同的東西，它因
而也是現代世界的產物，古代世界中並沒有出現過市民社會。黑格爾
說，「市民社會是在現代世界中形成的，現代世界第一次使理念的一
切規定各得其所」❶。

❾　黑格爾，《法權哲學》，第182節補充。

❿　同上，第183節。

　　有人或許會問，自利主義及市場在人類的歷史中每一個階段都出現過，為什麼說它是現代世界的產物呢？要回答這個問題，我們必須做一個區分。不錯，自利主義及市場在人類的歷史中從來沒有中斷過，但是，麥克弗森所說的全盤的市場社會卻是現代世界的特色。只有在資本主義的社會中才出現了法律上自由的工資勞動者 (wage-laborer)，在市場上把自己的勞動力作為商品來出售，只有資本主義出現之後，才有一個全面性的勞力市場。其次，人類自利這點當然是有史以來就是如此的，但是，在古代的文化中，自利不但沒有被制度化，而總是被視為是不道德的。只有現代資本主義的出現，才把自利主義這種東西制度化，人類才對它不作道德上的譴責。

　　上面對市民社會做了輪廓性的描述。下面我們將對它的各個環節分別來做討論。市民社會是由三個環節所構成的，第一，需要的體系；第二，司法；第三，警察和同業工會。

二

　　需要體系 (system of needs) 是市民社會的第一個環節 (moment)。人作為一個生物的存在就有需要。他需要食物、空氣、水等才能夠維持生命。就這點而言，人與動物沒有分別，但是動物的需要非常有局限，只要牠吃飽了，喝足了，牠的欲望在那一刻也就得到了滿足。人的需要雖然也有自然的限制，但是，市民社會的出現，使得這種限制被打破，自然及生物上的特性不再對人類的需要構成限制，市民社會中的人的需要事實上變成了要求 (wants)，因而也變得沒有限制。

　　市民社會中的人如何超越這種自然的限制呢？首先，人類的需要

---

⑪　同上，第182節補充。

被不斷地多樣化(multiplied)；其次是將需要分解(differentiate)與區分(divide)為個別的部份與方面，因而使它變為不同的需要。這樣同時也就把原來的需要特殊化，並使它變得更為抽象❷。

　　市民社會是一個商業或交換的社會。商業社會中人們最大的目的是為了牟利。商人要牟利就必須使人們有不斷的需要，因為如果人們的需要很單純及很少的話，則他就無法達到他牟取最大利益的目的；達到牟取最大利益的目的最好的辦法是使人們有無窮無盡的需要及欲望。但是如果人們的需要的種類及花樣不多的話，那麼要得到滿足的機會也較為容易，因此，唯有將人們的需要多樣化，才有可能使他們的需要及欲望永遠持續不斷，我們只要看現在資本主義社會中琳琅滿目的商品，就可以瞭解到市民社會中欲望的無窮無盡這個現象了。其次，市民社會中人們欲望的形態有別於其他社會是人們將需要及欲望分解為部份，本來人們需要的是一件具體的衣服，但衣服可以被分解為顏色、式樣、料子等部份。這樣一來，為了某種顏色，一個人可能需要一件衣服，為了料子，又需要另一件。這是分化而使得人類的欲望增加的一種辦法，同時也是使得人類的欲望變得抽象的一種辦法。但是，另一種使得人類的欲望變得抽象的辦法，黑格爾卻沒有提到。這就是把人的欲望象徵化。商業社會是一個交換的社會。以物易物是一種極為不方便的交換方式，因此人類發明了貨幣，貨幣是一種極為抽象的物品，它象徵著價值。透過貨幣，人與人之間進行交換要比以物易物容易得多，因為一個有某種貨物的人可以與另一個沒有任何他所要的貨物但有貨幣的人做交換，因為貨幣並不限於只能購買某種貨物，而是可以購買任何貨物的一種工具。在交換經濟發達的地方，人們追求的不再是特殊的這種或那種貨物；同時，貨物的累積總是有限

❷　同上，第190節。

的，它們會腐敗與朽爛。但是貨幣的發明卻可以克服這些缺點。因此，在交換經濟不發達的時候，人們不太容易會有不斷累積的欲望，但是貨幣發達之後，這種欲望也隨之逐漸增強，他可以使人很容易地產生無限制累積的欲望。而這種欲望的滿足，完全是透過象徵這道手續才得以完成的，因為貨幣只是象徵著欲望的滿足。久而久之，人甚至不再需求貨物本身，而變得只有對貨幣的欲望。對貨幣的欲望是對一種普遍性的欲望，也是一種最抽象的欲望。

　　需要之所以構成體系是由於滿足需要的手段及工具大部份必須由其他人所提供。這就是為甚麼市民社會是一個相互依賴的社會；但是，由於需要本身在市民社會中變得越來越抽象化，因此，人們彼此之間互認(mutual recognition)的模式也就變得越來越抽象化。黑格爾說，「當需要和手段的性質成為一種抽象時，抽象也就成為個人之間相互關係的規定」❸。

　　市民社會是一個普遍體，雖然它只是一個抽象的普遍體，但它仍然是一個普遍體，因此，這個普遍體中的各個份子之間也有一種關連。但是商業社會中人們之間的關連是一種甚麼模式的關連呢？一個社會中人們之間的關係的形式要看該社會的性質及目的是甚麼而定。像家庭這樣一個社會，它基本上是一個建立在情感上的統一體，因此，家庭成員之間的關係是建立在愛和親情之上的。市民社會中，每個人的目標是自己的利益，因此，以它為基礎建立起來的也只是一個互利的社會。由於市民社會中每一個人是以自利為目的，因此，他與別人打交道的目的是要看對方是否對自己有利，對方是否有自己所需要的東西。只有當答案是肯定時，他才會去與對方打交道。同時，與對方打交道時，一個人也只需要問這兩個問題就夠了。他當然也會考慮到他

---

❸　同上，第192節。

自己是否擁有對方所要的東西？但這些都是手段性的。在商業行為中，唯一的最終目標只是自己能獲利。從這些事實，我們可以看出，商業行為是所有人類行為中最非人格化的(impersonal)的行為。在商業行為中，雙方不需要知道對方的人生觀、宗教信仰、政治主張、藝術品味等一切構成一個人之所以成為某一個特殊的個人的要素。他只需要知道上面所說的就夠了，也就是說，他只需要知道對方是否有他所需要的東西，以及他是否肯交換。商業行為之非人格性這點，從我們現在可以從自動販賣機中買到我們所要的貨品這點得到最好的證明。在人與人進行商業交易時，事實上對對方所需要有的資料也就是像我們對自動販賣機所需要的認識一樣多。這很顯然地是把人們互認的模式抽象化到了最高的程度。在商業行為中，人們對對方的認識不再是他的人生觀等具體的構成他這個人的性質，而是把這些具體的東西都抽離掉之後的一束欲望而已。

市民社會中人類的需要與動物的需要不同之處，除了前者是沒有限制的，而後者是有限制的，前者是抽象的，後者是具體的之外，還有前者是精神上的及思想上的，而後者只是純物質性的。

由於勞動是人與自然之間的中介物，只有透過勞動人才能夠從自然中取得能夠滿足自己需要的東西，因此，勞動具有解放的作用，它可以把人從自然對他的限制中解放出來。人類不僅是在需要及欲望的滿足這點上依靠勞動，同時需要及欲望本身也並非純粹只是物質性的。在市民社會中，由於它是一個相互依賴的共同體，人們需要及欲望的滿足必須依賴他人才得以完成，因此，在我想要滿足欲望及需要的過程中，我必須注意到他人的意見及想法。這是需要及欲望超越自然的性質而轉化為社會性的一個關口。關於這種欲望由自然的轉為社會性的現象，黑格爾說：

我必須配合著別人而行動，普遍性的形式就是由此而來的。我
既從別人那裡取得滿足的手段，我就得接受別人的意見，而同
時我也不得不生產滿足別人的手段。於是彼此配合，相互聯繫，
一切個別的東西就這樣地成為社會的。在服裝式樣和膳食時間
方面有著一定的習俗，人們必須接受，因為在這些事情上，用
不著白費力氣堅持表示自己的見解；最聰明的辦法是按著別人
那樣的去做❹。

　　由於在市民社會中想要得到需要及欲望的滿足必須透過別人才能
得以完成，因此，欲望及需求由自然性變為社會性。而欲望及需要的
社會性化之後所表示的是，它不再是純粹物質性的了，因為社會是一
種公眾意見存在的地方，所以，人有甚麼欲望變為要看大家有甚麼欲
望而定。在這種情形下，人們的意見對於他有甚麼欲望及需要佔有的
份量遠比自然的份量要來得重。因此黑格爾說：

　　社會需要是直接的或自然的需要同觀念的精神需要之間的聯
　　繫，由於後一種需要作為普遍物在社會需要中佔著優勢，所以
　　這一社會環節就含有解放的一面，這就是說，需要的嚴格的自
　　然必然性被隱蔽了，而人就跟他自己的、同時也是普遍的意見，
　　以及他獨自造成的必然性發生聯繫，而不是跟僅僅外在的必然
　　性、內在的偶然性以及任性發生關係❺。

---

❹　同上，第192節補充。

❺　同上，第194節。

　　市民社會中的人最主要的目的是牟利，牟利的辦法是擁有別人所需要的東西。但是，如果我只是依靠別人需要甚麼東西，再去提供他那種東西，則我始終是處在被動的地位。要改變這種情況，最好的辦法是能夠控御人家的需要。如何能做到控御別人的需要呢？最好的辦法當然是創造別人的需要及欲望了。如果一個人能夠做到這點，則牟利的目的就能更順利地得以完成，我們只要看今天的商業世界中廣告所佔的地位就可以了解到這點。廣告一方面給我們消息，但是它更重要的作用是製造我們的需要及欲望。設想如果沒有廣告的話，我們的欲望及需要會減少多少？

　　其次，因為市民社會中人們的需要已經由自然性的轉變為社會性的，因此，自然對於人們的影響要小於社會上的意見對於人們的影響，這也就是為甚麼在市民社會中，流行會變得那麼重要的原因了。在流行佔了主要地位的社會中，人們的欲望及需要也大部份都是被創造的結果，所以市民社會固然有它解放的一面——它把人從自然中解放出來，但它對人也有桎梏的一面，它使得人受社會流行所牢牢地控制。

　　要滿足人的需要，必須依靠存在於個人以外的世界。人必須從世界中攝取空氣、水、食物等才可能滿足人的需要。工作是從外界攝取物資來滿足人的需要的中介，透過工作，作為主體的人與客觀世界建立起關係。任何形態的社會中，人都必須要透過工作才能夠達到滿足欲望的目的。但是，並非任何社會中的工作都具有相同的形態，游牧社會中典型的工作，與工商業社會中典型的工作是不同的。黑格爾認為，市民社會中典型的勞動形態是精密的分工化，以及工作的機械化。他指出：

　　　　但是勞動中普遍的和客觀的東西存在於抽象化的過程中，抽象

化引起手段和需要的細緻化，從而也引起了生產的細緻化，並產生了分工。個人的勞動通過分工而變得更加簡單，結果他在其抽象的勞動中的技能提高了，他的生產量也增加了，同時，技能和手段的這種抽象化使人們之間在滿足其他需要上的依賴性和相互關連得以完成，並使之成為一種完全必然性。此外，生產的抽象化使勞動越來越機械化，到了最後人就可以走開，而讓機器來代替他 ❻。

　　分工化與機械化其實是一體的兩面。這種工作的方式是資本主義發展的必然結果。在交換經濟不發達的社會中，像游牧社會或農業社會，一個人日常所需要的物品，除了極少數他及他的家人無法生產的以外，大部份都由自己提供。因此，分工的情況很粗糙。家庭這個生產單位就負責起了生產大部份自己所需要的東西。為甚麼資本主義社會或市場社會中這種情況會改變呢？這還是得回到資本主義生產的最終目的上才能找到答案。在自然的非交換經濟中，生產者的最終目的是為了滿足自己的直接需要，但是在資本主義的生產方式下，生產的目的不再是滿足生產者的直接需要，而是為了牟利。牟利與效率是不可分割的兩樣東西。生產的效率越高，利潤也就越高，反之亦然。韋伯在談到資本主義時，提出它具有下列幾項特色：(1)利潤是資本主義式的生產的唯一目的，利潤也是其成功與生存的標準。(2)追求利潤是以理性的以及持續的方式進行，並受一些道德上的束縛。(3)基本的勞動力是法律上自由但靠工資維生的階級，他不擁有生產工具。(4)生產機構將自由的勞力以理性的方式組織在科層體系(bureaucracy)之中，這種方式是用來組織大規模的，從事非人格化的工作的最有效的方式。

❻　同上，第198節。

⑸它應用現代科技以及技術性的交換與分配的方式並採取競爭性的市場這個機制 **⑰**。

由於牟利是資本主義生產方式下的最終目的，因此，效率成了成功與否的最重要的關鍵。效率其實與韋伯所提出的工具理性是同一個東西，因為工具理性的原則就是以最有效的手段去完成既定的目的。而最有效率的生產方式就是機械化（自動化）與分工化的生產方式。分工化與機械化其實是連接在一起的。分工分得越細，每個工人所負責的部份也就越簡單，每個人負責的工作越簡單，則它的工作也就越容易被機械所取代。在一個手工業的時代，一個工匠必須從構思一件物品開始，一直到完成這件物品，這中間一切的工作都由他負責。在這種情形下，要用機器來取代他的工作是非常困難的事情。但是在現在流水線生產的大工廠裡，每個人只負責整個生產過程中很簡單的一個部份，用機器來取代他的工作就容易得多了。如果人的工作可以被機器所取代，這所表示的就是他的工作也變得越來越機械化了。由於他的工作只是整個製作過程中的一個部份，因此他的工作也就變得越來越抽象。黑格爾在這裡比馬克思更早就指出了現代生產方式的異化作用 **⑱**。

---

⑰ Max Weber, *The Theory of Social and Economic Organization*, tr. T. Parsons (New York: The Free Press, 1947), pp. 78–79，以及 Max Weber, *Religion in China*, tr. & ed. by Hans M. Gerth (New York: The Free Press, 1951)中C. K. Yang的Introduction, pp. xv–xvi.

⑱ 有關現代生產方式的異化作用，見我的〈多神主義的困境──現代世界中安身立命的問題〉，《當代》第七十期，一九九二年二月，pp. 16–31.

三

　　市民社會的第二個環節是司法。黑格爾說,「在市民社會中,公正是一件大事」**⑲**。市民社會中人們最主要的目的是牟利,而且由於人們具有人格,因此擁有財產的權利,由於這個緣故,市民社會需要一套法律來保障人們的財產。司法的工作主要就是保障市民們的財產。黑格爾說,市民社會的第二個環節就是:「包含在上列體系中的自由這一普遍的現實性──及通過司法對所有權的保護。」**⑳**由於法律是一種普遍性,因此,這是牽涉到人與人之間的關係的規定,既然牽涉到人與人之間關係的規定,它就應該是全體受它影響的人的意志的共同表現,因此,黑格爾對於法律上的主張是它們必須廣為大家所熟悉。所以他反對把法律變為只有少數專家才懂得的東西。

　　像暴君狄奧尼希阿斯那樣的作法,把法律掛得老高,結果沒有一個公民能讀到它們,或者把法律埋葬在洋洋大觀和精深淵博的冊籍中,在載有相反判決和不同意見的判例彙編中,以及在習慣輯錄中等等,再加上所用的文字詰屈難懂,結果只有那些致力於這門學問的人才能獲得對現行法的知識;無論是前一種或後一種情形,都是同樣不公正的。

　　如果統治者能給予他們的人民即便像查士丁尼那樣一種不勻稱的彙編或者給予更多一些,即採取井井有條、用語精確的法典形式的國內法,那麼,他們不僅大大地造福人群,應當為此而受到歌頌愛戴,而且他們還因此做了一件出色的公正的事**㉑**。

---

　　⑲　黑格爾,《法權哲學》,第229節補充。

　　⑳　同上,第188節。

為甚麼公正是市民社會中的大事呢？這是由於市民社會正符合了
洛爾斯所描述的公正問題的環境。對於這個環境，洛爾斯作了如下的
描述：

> 我們可以簡略地說，任何時候當彼此互不關心的人，在適度的
> 貧乏的條件下，提出相互衝突的對社會利益分配的要求時，公
> 正問題的環境就出現了。除非這種環境存在，就不會需要公正
> 這種德性，……❷

公正問題的環境包含兩個方面，一方面是主觀的情況，另一方面
是客觀的情況。主觀的條件最主要的是社會中的人都是自利主義者，
他們所關心的只是自己利益之得以實現；客觀方面最主要的條件則是
人們想要獲取的東西是相對的有限的，因此，人們沒有辦法使得自己
的所有欲望都得到滿足。公正問題的環境是公正問題發生的既充分又
必要的條件。如果兩者中有一項不存在的話，公正問題就不會發生。
休姆說，「如果把人的善心或自然的豐足增加到足夠的程度，你就把
公正變得沒有用處了……」❸。由於公正問題的必要條件之一是人們
自利的動機，所以休姆把公正這種德性稱為是一種由自私性 (self-
ishness)所引發出來的德性。同時，如果物質豐裕到每個人的所有欲望
都得以滿足，則也不會發生誰應該得到甚麼這個有關分配公正的問題。

---

❷　同上，第215節。

❷　John Rawls, *A Theory of Justice* (Cambridge, Mass.: Harvard University
　　Press, 1971), p. 128.

❸　David Hume, *A Treatise of Human Nature*, 2nd edition, ed. L. A. Selby-
　　Bigge (Oxford University Press, 1978), p. 495.

　　為甚麼公正問題的環境會發生？市民社會如何是一個公正問題會發生的環境？首先讓我們來處理第一個問題。公正問題的環境之所以會發生當然是由於上述的兩個條件的出現。但是，上述兩個條件之出現，與現代人對於社會的性質的看法以及對於人性的看法有極為密切的關係。現代人不把社會再看作是一個社群，而只把它當作是一個人們為了互利而聚在一起的組織。現代社會理論從霍布斯開始就把社會看作是人們為了達到自己的個人的目的的一種合作體。由於個人自己去工作所能獲得的要比大家合作所能獲得的來得少，因此，大家把合作當成一種工具，以獲取更大的利益。這是典型的工具性的社會觀，根據工具性的社會觀，社會只是工具性的價值。有一天，如果合作所能帶來的利益比自己單獨去做要少的話，則大家就沒有任何理由合作。這是徹底的自利主義者的看法。所以現代人的工具性的社會觀與自利主義的理論是牢牢地連在一起的。其次，人不僅是自利而已，它還像霍布斯所說的那樣，希望擁有無限的權力，並且具有無限的欲望㉔。因為如果人不是這樣的話，則他的欲望就會有滿足的時候，世界上物資匱乏的問題也就不會發生。如果上述的情形發生，公正問題的環境就不會出現。所以，為了使公正問題成為真的問題，我們就必須假設人是無限的欲望者。

　　一群擁有無限的欲望的自利主義者們，在物資相對貧乏的情況下，想要彼此合作，以獲取個人的更大的利益時，很自然會碰到的問題是，當透過合作大家可以生產出更多有價值的東西時，應該怎麼樣來分配這些東西？誰應該得到那些東西？這就是分配公正的問題。所以，在對於社會的性質及人性有了現代人式的瞭解之後，公正問題必然地會

㉔　權力是指可以達成目的的能力，而並非只是政治性的東西。見 C. B. MacPherson, op. cit., pp. 29–46。

變為最重要的道德問題。這也就是為甚麼黑格爾會說公正是市民社會中的一件大事，以及洛爾斯會說公正是社會的第一德性的道理了 ㉕。

市民社會如何是一個公正問題會發生的環境？為甚麼公正在市民社會中是一件大事？市民社會中的份子，由於他們的需求及欲望的形態，如前面所說過的，經過了多樣化及分化以及抽象化之後，已經變成非自然式的欲望，而是一種無限欲望了。市民社會中的人都是無限的欲望者，其次，市民社會中的人的唯一目的是為了滿足自己的欲望，他是一個徹底的自利主義者，他之所以會與別人組織社會完全是由於如果他不這樣做的話，他就無法較有效地達到自己的目的。因此，市民社會是一個外部的國家。所謂外部的國家所指的就是，這種組織中人與人之間的關係只是外在性的或工具性的。最後，由於市民社會中的份子所具有的欲望形態的特色——無限的欲望，因此，自然所能提供的物質當然是相對地貧乏的。沒有人能夠滿足自己所有的欲望。從上面的分析可以看出，市民社會正是一個典型的公正問題會發生的環境。公正的作用就是使得人們的財產得到保障，並且使得他們能盡量地去達成自己的牟利這項目的。這就是為甚麼黑格爾會說公正是市民社會中的大事的道理了。

四

市民社會的第三個環節是警察與同業工會 (corporation) ㉖。在市

㉕ Rawls, op. cit., p. 3.

㉖ Knox在他的譯者注中指出“police”一詞是德文“Polizei”的翻譯，但黑格爾用“Polizei”時，它的意思不僅是我們現在所瞭解的警察，而是具有更廣泛的公共權力 (public authority) 的意思，因此，他絕大部份的時間用

民社會的第一個環節的需要體系中，所有的人都是原子式 (atomistic)
的存在，人與人之間的關係純粹是工具式的，他們之間沒有內在的或
必然的關係。這是一個普遍的自利主義佔絕對優勢的社會。在這個體
系中，分化與區別 (division) 是它的特色，因此，社會的統一 (social
unity) 純粹只是暫時性及工具性的。分化與區別佔絕對優勢的社會中，
人們對於自己所處的社會很難有歸屬感；大家也缺少社群感，這種社
會走向解體的可能性很高。市民社會的第二個環節是司法。司法的作
用是提供一個潛在普遍性，使自利主義者們得以在公正的基礎上彼此
關連起來。但由於即使在司法的普遍體系下，他所具有的普遍性仍是
抽象的普遍性，因此，它離開社群式的統一還有相當的一段距離。黑
格爾認為最後能提供這種統一的只有國家。但是在國家之前，人們必
須有一些較小型的社群式的組織，這就是他所提出的同業工會。至於
公共權力則是由於市民社會碰到有許多沒辦法解決的問題時，國家機
構向市民社會所作的滲透。

　市民社會中允許每個人的自然能力、秉賦充分地發展，這是每個
人所具有的權利，所以他所引致的結果是不平等。能力及秉賦高的人

　　"public authority"一詞來翻譯"Polizei"。Manfred Riedel在談到黑格爾用
　　"Polizei"時也提到，在他的1805–1806年的耶那演講集中，他把現代「警
　　察」與政治的起源聯繫起來，「這個起源是古典希臘哲學中的"politeia"：
　　警察這裡就意謂著這個——politeia，公共生活與規則，整體的行動，但
　　是它現在已降級為整體的行動用以提供各種的公共的安全，保護企業以
　　防止欺詐」。 Knox的解釋見他英譯的*Philosophy of Right*, p. 360, 注83。
　　Riedel 的話則是他的 *Between Tradition and Revolution: The Hegelian
　　Transformation of Political Philosophy*, tr. Walter Wright (Cambridge:
　　Cambridge University Press, 1985), p. 152。

自然會取得較多的東西，能力低的人則取得較少的東西。由於市民社
會中的人的需要及欲求是沒有止境的，這種不平等就會變得越來越大；
同時財富本身就是一種力量，他可以累積更多的財富，因而市民社會
必然會造成極度的貧富懸殊的現象。黑格爾認為市民社會引致貧富懸
殊並不是由於市民社會出了問題才發生的，貧富懸殊是市場運作良好
所產生的正常現象：

> 當市民社會處在順利展開活動的狀態時，它本身內部就在人口
> 和工業化方面邁步前進。人們通過他們的需要而形成的聯繫既
> 然得到了普遍化，以及用以滿足需要的手段的準備和提供方法
> 也得到了普遍化，於是一方面財富的積累增長了，因為這兩種
> 普遍性可以產生最大利潤；另一方面，特殊勞動的細分和局限
> 性，從而束縛於這種勞動的階級的依賴性和匱乏，也愈益增
> 長[27]。

貧窮除了吃不飽等情況之外，完全是一個相對的東西，每個社會
中的人的需要及欲望受著該社會的共同標準所規定，一個人在一個社
會中可能被認為是貧窮的，但是在另一個社會中，卻可能不被認為是
貧窮的。

當貧窮的人的數目增加到某一個程度時，就會出現一群賤民 (a
rabble of paupers)。這在社會上當然會構成問題。因此，黑格爾提出
了國家干預的主張，這就是公共權力的作用。公共權力實際上是國家
的一部份，它是國家滲透進了市民社會[28]。黑格爾雖然受了亞當‧斯

---

[27]　Hegel，《法權哲學》，第243節。

[28]　Andrew Arato, op. cit., p. 310.

密的影響，但是他並沒有全盤地接受斯密的「無形之手」的理論。他不認為市場的運作可以像斯密所設想的那樣給每一個人帶來最大的利益。因此，黑格爾主張國家對市場進行一些干涉。但是，他在這裡卻遇到了一個兩難的局面：一方面，他認為市民社會沒有辦法解決貧窮的問題，因此，國家應該進行干涉；另一方面他又不願意見到由於國家的干涉而使市民社會失去它的自主性。

那麼市民社會中貧窮的問題如何解決呢？黑格爾提出了兩個解決的辦法，但他自己又將它們否決了。第一個辦法是透過慈善事業來幫助貧窮的人解決他們的問題，但是他認為這樣做會損害到受幫助者的自尊心，因為這表示他們沒有能力照顧自己，因此比別人要低一等。然而自尊心卻是市民社會得以成立的主觀基礎，所以慈善事業不能真正解決貧窮的問題。第二個辦法是為貧民提供工作的機會，使他們可以養活自己。但黑格爾認為這個辦法也不能解決問題。市民社會的主要問題正是由於生產過剩所造成的，如果再讓人們去生產以製造出更多的物資的話，問題不但沒有解決，反而是在火上加油。所以，市民社會雖然創造了大量的財富，但它也同時創造了貧窮。阿文奈理(S. Avineri)指出，「在兩部作品中，黑格爾提議用國家干預以緩和貧窮所造成的一些艱困的現象；但是最終他卻無法提出一個根本的解決」❷❾。

市民社會的龐大的生產力以及它本身之中的貧窮現象逼使它向海外去尋找市場，

　　市民社會的這種辯證，把它──首先是這個特定的社會──推

---

❷❾　S. Avineri, *Hegel's Theory of the Modern State* (Cambridge: Cambridge University Press, 1972), pp. 147–148. 他所指的兩本著作是 *Philosophy of Right* 及 *Real-philosophie*。

> 出於自身之外，而向外方的其他民族去尋求消費者，從而尋求
> 必需的生活資料，這些民族或者缺乏它所生產過多的物資，或
> 者在工藝等方面落後於它❸⓪。

除了尋找海外市場之外，市民社會所導致的另一個現象就是向外
發展殖民地：

> 市民社會被驅使建立殖民地。單是人口增長就有這種作用。但
> 是，尤其在生產超過了消費的需求時，就會出現一大批人，他
> 們已不能通過自身的勞動來得到他們需要的滿足❸①。

對於黑格爾分析所顯示的遠見，阿文奈理說，「在一八二〇年左右，
很少人對於現代工業社會的困境以及未來的十九世紀的歐洲史有這樣
的深刻的把握的」❸②。

由於市民社會是一個自利主義者所組成的抽象普遍體，因此，它
的統一性很不穩固。分化與區別是這個抽象體中最主要的性質。如果
沒有中介的社群或團體來使市民社會中的份子組成一些小團體的話，
它極有可能會崩解。同業工會就是市民社會中這樣一種自願性的團體。
市民社會中的人根據相同的職業、興趣等組織起這種團體，以使自己
在其中找到認同。

黑格爾認為，在市民社會中，等級是自然會出現的東西，而且會
出現的等級共有三個：實體性的等級（農業的等級）， 反思或形式的

---

❸⓪ Hegel，《法權哲學》，第246節。

❸① 同上，第248節補充。

❸② Avineri, op. cit., p. 154.

等級（商業的等級），普遍的等級（公務員的等級）。有關這三種等級，黑格爾認為農業的等級本身已具有實體性，因此是一個建基在情感上的具體的普遍，公務員等級的性格是普遍的，它明顯地以普遍性作為它的基礎以及活動的目標。只有商業階級基本上是特殊性的，他們的興趣及目標是集中在特殊性上，因此，同業工會對他們來說最為需要及恰當❸。只有透過同業工會，這個只以自己的利益為目標的階級才有可能朝團結及統一的方向跨進一步。

　　現代社會的大的結構，如國家與大企業都是一些巨形的結構，它們有疏離(alienating)的作用，在這種結構中，人們完全缺少歸屬的感覺。而現代社會中的個人又是以制度化不足(underinstitutionalized)的情形存在著。這也就是說，他一方面不屬於甚麼體制，同時對於體制在主觀上也沒有甚麼歸屬的感覺。在傳統的社會中，人屬於許多中、小型的體制，如家庭、族群等。當然大結構使人疏離與個人的制度化不足是密切關連的。由於個人主義式的理論，使得自由主義者會認為任何介於個人與國家之間的中介性的團體都是對個人自由有妨礙的東西，因此，人一方面變得與國家這個龐大的機器有疏離感，一方面與其他的個別存在也沒有親和性。黑格爾深深地瞭解到這一點，因此，他認為補救的辦法就是建立自願性的同業工會。同業工會的工作有下列幾項：

> 照顧它內部的本身利益；接納會員，但以他們的技能和正直等客觀特質為根據，其人數則按社會的普遍結構來決定；關心所屬成員，以防止特殊偶然性，並負責給予教育培養，使獲得必要的能力❹。

❸　同上，第250節。

市民社會是一個個人只顧自己的利益的社會，它很難達到社會的統一，長久下去，它也很難不瓦解。人們瞭解到這點，因此組織同業工會，這將有利於社會的團結。透過同業工會，人們學習怎樣組織起一個超越工具性的團體。黑格爾一再強調同業工會的教育作用。在現代國家中，由於它的結構，人們很少有直接參與國家事務的機會，因而也缺乏參與公共事務的經驗。透過對同業工會的參與，人們得到參與公共事務的訓練。

同業工會同時也訓練人們將純粹自利的觀點作一些抑制。市民社會中每個人都把別人作為競爭的對象，人與人之間在競爭性如此激烈的情況下要團結是不太可能的事情，透過參與同業工會這種中介體人們才有可能由市民社會這個自利的社會體過渡到一個真正團結體。同業工會是由市民邁向公民中間的一個中介團體。它提供給市民一種教育。透過同業工會，人們由市民社會跨入國家。

五

黑格爾指出，市民社會是現代世界的產物。市民社會的出現，標誌著現代世界的來臨，他說，「市民社會是現代世界中形成的，現代世界第一次使理念的一切規定各得其所」❸。

歐洲進入現代世界是一個革命性的事件。文化中的各個面向都起了革命性的變化。科學上發生了哥白尼式的革命，由一個亞里士多德的目的論的宇宙觀轉為一個新的機械式的宇宙觀。宗教的改革，使得

---

❸ 同上，第252節。

❸ 同上，第182節補充。

人們認為不必透過教會個人就可以直接面對上帝。啟蒙運動的新工具
性的理性觀與進步的歷史觀也是一種革命性的改變。當然，工業革命
使得整個經濟由封建的生產方式轉變為資本主義的生產方式更是一個
天翻地覆的大變化。市民社會的出現是現代化革命中的一個環節。如
果我們對它的基本精神掌握住的話，也就是掌握了現代性的一個面向。

　　市民社會的出現最大的意義就在於社會從政治中脫離出來，而成
為一個獨立的領域。查爾斯‧泰勒(Charles Taylor)說，「對希臘人與羅
馬人而言，社會的認同是由它的 politeia 來界定的，也就是它的憲
章」**❸**。這指的是，社會沒有獨立於政治，它被政治所統轄，政治的
權力籠罩在其上。回顧我們中國歷史的傳統，基本上也跟希臘羅馬是
一樣的。所謂「普天之下，莫非王土」所代表的正是政治權力涵蓋一
切的意思。市民社會的來臨意味著政治的力量從社會中退出。社會成
為一個獨立的領域，有它自己的組織原則。對於這個特點，黑格爾掙
扎了許久才把握住。他一直在找尋一個概念來描寫現代這種新出現的
社會。一直到一八一八年，「市民社會」(buergerliche Gesellschaft)這
個概念才第一次在他的「百科全書」的課堂講稿的邊緣中出現**❸**。這
個獨立於政治的社會基本的性質是經濟的。市民社會既然是以經濟活
動作為它的特徵，那麼它就是一種市場性的社會。市場的社會中，人

---

❸　Charles Taylor, op. cit., p. 102.

❸　I. A. Pelczynski, "The Significance of Hegel's Separation of the State and
　　Civil Society," in I. A. Pelczynski, ed., *The State and Civil Society*
　　(Cambridge: Cambridge University Press, 1984), p. 7. 有關 "civil society"
　　這個概念在西方傳統政治理論中的用法，它如何等同於 "political society"，
　　以及黑格爾如何賦予它一個新的意義的歷史，見前引 Riedel 的書，
　　pp. 129–156。

們的目的就是為了牟利，這也正符合了黑格爾對新市民社會中的人的動機的描寫。在市場社會中，人與人的關係是一種契約關係。當人與人之間的關係是奠基在契約之上時，到底有一些甚麼特性被蘊涵在裡面？

首先，如果人與人之間的關係是契約式的，則人們會被視為是擁有者(owner)。黑格爾對這點把握得很清楚。他說：「人使自己區分出來而與另一人發生關係，並且一方對他方只作為擁有人而具有定在。」❸當兩個人之間的關係是一種契約關係時，大家都想從對方獲得某種東西。而當一個人想從另外一個人獲得某種東西時，那個人家想從他那裡獲得東西的人，必然是一個擁有者。而在契約行為中，雙方只有在把對方視為是擁有者時才會去與對方打交道。跟一個一無所有的人，我們絕對不可能去跟他訂立契約。在契約行為中，我們除了將對方視為擁有者之外，自己也是一個擁有者，同時還希望繼續地成為擁有者，而且希望擁有更多。去與別人訂契約，當然必須把自己擁有的東西讓渡給別人。這種讓渡給別人的東西可能是物資，也可能是服務。但契約行為中，一個人最大的目的是希望從別人那裡獲得東西，所以他希望繼續成為擁有者。在契約行為中，人總是希望能牟取利益，也就是說，希望擁有更多。這就是為甚麼麥克弗森把市場人叫做擁佔性的個人主義者的道理了。人當然不一定要成為一個擁佔者，他也可以作一個創造者(creator)，像馬克思所希望的那樣，或是一個欣賞者。但現代人最大的特色就是他是一個擁佔者。人具有這種特性，與資本主義社會的興起有必然的關係。

一個擁有者要與別人交換東西時，他所擁有的東西一定是可以讓渡的 (alienable)。這也就是說，在市場上建立契約關係的雙方所擁有

❸　《法權哲學》，第40節。

的東西都不被視為是構成他自我的一部份，因為自我是不能讓渡的，
因此，那些具有市場價值的東西最大的特色就是它們對擁有者而言都
是外在的東西。資本主義的最大特色，正如我前面所引的韋伯對它的
描述，就是把勞力也視為是一種商品，也就是說，人的能力也被視為
是可以讓渡的外在的東西。它把一切東西都變成商品。當然，資本主
義也有它的限制，有些有價值的東西無論如何都是無法被出售的，例
如某個人有一種性格，它被視為是一種價值。另外一個人用甚麼也無
法交換到這種性格。由於資本主義的特色就是把所有能外在化的東西
都變為商品，因此資本主義社會中人們所最重視的價值也就是外在的
價值。這點當然又與擁佔性的個人主義有不可分割的關係。

　　作為一個擁有者，他所最重視的是外在的價值。但契約關係是一
種建立在對等地位之上的關係。契約關係之可能的一個重要條件是，
參與契約的雙方都必須對於自己擁有並且想要與別人交換的東西擁有
權利，並且也要承認對方對於他所擁有的東西具有權利。這就是，彼
此要承認對方是權利的擁有者。這也是為甚麼契約論與自然權利的理
論有密不可破的關係的道理。這也是為甚麼在現代資本主義社會中，
權利成為最重要的概念的道理。關於這點，伊爾亭 (K. H. Ilting) 在討
論黑格爾的《法權哲學》時指出：

　　　　像康德與霍布斯一樣，黑格爾假設人一開始是有多項權利的，
　　　　並且，人有一項義務：承認其他人以及他自己有各項權利❸。

---

❸　K. H. Ilting, "The Structure of Hegel's Philosophy of Right," in *Hegel's Political Philosophy*, ed., I. A. Pelczynski (Cambridge: Cambridge University Press, 1971), p. 91.

在討論現代世界的特色時，黑格爾一再地指出，特殊性以及主體性自由的出現，是現代性的特色。

> 主體的特殊性求獲自我滿足的這種權利，或者這樣說也一樣，
> 主體自由的權利，是劃分古代和近代的轉折和中心點[40]。
> 現代國家的原則具有這樣一種驚人的力量和深度，即它使主體
> 性的原則完美起來，成為獨立的個人特殊性的極端，而同時又
> 使它回復到實體性的統一，於是在主體性的原則本身中保存著
> 這個統一[41]。

特殊性的凸顯，以及主體性自由的被肯定，是現代性的一個特徵。但是它們所意謂的是甚麼？特殊性的凸顯所意謂的是個體性的被承認。個人不僅僅是整體中的一個附庸物，它是一個具有權利的存在。主體性自由之被肯定所指的是個人意志之得到應得的地位。在現代社會中，組織社會的最根本的原則就是，它的基礎是奠基在個人意志之上的。除了個人意志之外，並沒有一個超乎它而先在的自然或神作為社會的基礎。社會的建立就是個人意志間協調以達成的結果。在這樣一個以個人意志為基礎的社會中，每一個人的各種欲望、要求、意見及判斷，只要他們不妨害或傷害到別人的意志時，都會被允許。這就是彌爾所提出的傷害原則。彌爾及其他的自由主義者認為，只要一個人的思想或行為沒有傷害到別人，它就應該被允許。這正是黑格爾所說的主體性自由之被肯認。當然，這也就是個人權利的被尊重。現代社會由於是建基在主體性自由的原則之上的緣故，所以是一個多彩多姿的多元

[40] 《法權哲學》，第124節附釋。

[41] 同上，第260節。

社會，它允許個性的充分發展，允許人們去追求多種的目的。對現代社會抱樂觀態度的人，就像亞當‧斯密那樣，認為每個人如果在社會中，盡量地追逐自己的目標，不但每個人會得到最大的利益，整個社會也會運作得最完善。

古代社會中人們並不是沒有個人的意志，也不是缺少個人的各方面的欲望。正如司馬遷所說的，「天下熙熙，皆為利來；天下攘攘，皆為利往」。古代社會中的人並不缺乏謀利及自我滿足的欲望，但是，由於古代社會的組織原則無法允許這種讓每個人的意志都得以實現的自由，所以，它無法讓特殊性凸現出來。特殊性的凸顯不但能使每個人的意志得以實現，相反的，它會危害到整個社會。孟子對於這一點有些模糊的瞭解。他早已經指出，「上下交征利，而國危矣」。古代社會中，由於它的組織原則不允許個體自由的實現，因此，它始終是一個極權式的政體。特殊性以個體的意志及欲望出現時，它就構成了腐化整體的力量。有關古代與現代在這方面的不同，黑格爾作了下面這樣詳細的描述：

> 就在這方面，關於特殊性和主體任性的原則，也顯示在東方與西方之間以及古代與現代之間政治生活的差別。在前者，整體之分為等級，是自動地客觀地發生的，因為這種區分自身是合乎理性的。但是主體特殊性的原則並沒有同時得到它應有的權利，因為，例如個人之分屬於各等級是聽憑統治者來決定的，像在柏拉圖的理想國中那樣（柏拉圖：《理想國》，第三篇），或聽憑純粹出生的事實來決定的，像在印度的種姓制度中那樣。所以主體特殊性既沒有被接納在整體的組織中，也並未在整體中得到協調。因此，它就表現為敵對的原則，表現為對社會秩

序的腐蝕（見第185節附釋），因為作為本質的環節，它無論如
何要顯露出來的；或者它顛覆社會秩序，像在古希臘各國和羅
馬共和國所發生的，或者，如果社會秩序作為一種權力或者好
比宗教權威而仍然保持著，那它就成為一種內部腐化和完全蛻
化，在某種程度上像斯巴達人的情形，而現在十足像印度人的
情形那樣。但是，如果主體特殊性被維持在客觀秩序中並適合
於客觀秩序，同時其權利也得到承認，那麼，它就成為使整個
市民社會變得富有生氣、使思維活動、功績和尊嚴的發展變得
生動活潑的一個原則了。如果人們承認在市民社會和國家中一
切都由於理性而必然發生，同時也以任性為中介，並且承認這
種法，那麼人們對於通常所稱的自由，也就做出更詳密的規定
了（第121節）❷。

　　由於在現代社會中，它的組織原則使得理念的一切規定都各得其
所，因此，普遍性及特殊性都有了恰當的定位。但是在古代社會中，
理念規定中的特殊性並沒有得到應得的發展，所以，古代社會所體現
的是一種未分化前的統一。這在東方及西方都表現了相同的性徵，孟
子怕人們追逐利益，柏拉圖同樣的也要把特殊性由他的理想國中驅逐
出境。市民社會是一個分化的社會，只有在承認權利的基礎上，社會
才能允許這種分化的特殊性的出現。這正是現代社會與古代社會的不
同。這個不同的基礎，就在於個人權利是否被得到肯定。

　　人類進入現代社會是一個革命性的事件。這個事件最先發生在歐
洲，然後逐漸向全世界擴展出去。市民社會化是自由化的一個重要的
環節。黑格爾認為人類的歷史也就是邁向自由的一個過程。在市民社

❷　同上，第206節附釋。

會中，個人的意志得到了肯定，這是現代性的最大的成就。但是在這種分化的自由的基礎上，我們能否再建立起一個統一，這就是現代性所面臨的最大的課題。

本文原載於《公共論叢》，Vol. 3，一九九七年

洛克的產權理論

一

　　產權制度是人類社會基本結構中極為重要的一個項目。在人類歷史上，出現過一些不同的產權制度，而這些不同的產權制度，又由不同的哲學理論來提供給它們理論上的根據。受馬克思主義影響的人甚至會認為產權制度是社會結構中最重要的制度；其他的制度，例如：政治制度、婚姻制度，要麼是它的派生物，要麼是人們創造來維護那個時期中該種形態的產權制的工具。

　　洛克在他的《政府二論》第二論的第五章中，專門集中討論產權的問題。財產在洛克的政治理論裡佔有中心的地位。這從他所說的，人們成立政府的最主要的目的就是為了保護財產這點可以得到證明。他認為：

> ⋯⋯人們聯合成為國家和置身於政府之下的重大的和主要的目的是，保護他們的財產；在這方面，自然狀態有著許多缺陷（II. 124）❶。

----

❶　括號中羅馬數字II所代表的是《政府二論》中的第二論，阿拉伯字所代

自然狀態在洛克的理論中是一個前於政治的狀態。雖然它已經是一個社會狀態。在這個世界中，已經存在著作為道德律的自然法(natural law)在那裡運作，用以判別道德上的是、非、對、錯。但是，在自然狀態中，卻沒有一個政治上的權威來判斷及執行這些自然法。因此，它有許多的不方便。人們為了克服這些不方便，才共同來訂立一個契約，建立國家。經過人們的授權，國家擔當起判決及執行自然法的權威機構。但是人們之所以要建立國家的最主要的目的，就是為了保護自己的財產。從這點上可以看出財產權在洛克的政治理論中的重要性。這種將國家的主要功能視為是保護人們的財產的看法，是現代社會出現之後才產生的。

二

洛克的產權論所要處理的最根本的問題就是：私有財產如何能夠得到哲學上的理據來支持？由於洛克生在資本主義剛發生不久的時代❷，他的產權論也被視為是在為資本主義式的產權制度提供理據(MacPherson, 1962: 197–221)。

如何替私有財產權找到哲學上的理據這個問題，在洛克的理論中，

表的則是節數。我採用的是葉啟芳與瞿菊農的中譯本：《洛克政府論次論》（臺北：唐山出版社，一九八六年）。譯本將"property"一字譯為產業，而將"estate"一詞譯為財產，我則將它們倒轉過來。

❷ 根據Maurice Dobb的研究，資本主義最初出現在十六世紀末期及十七世紀初期。他在對資本主義的特色先作了描繪之後，得出這個結論。他因此指出，有些人將資本主義的發生認定是在十二世紀或十四世紀是不對的。見其1947: 1–33。

以很特殊的一個方式出現。它之所以會以這種特殊的方式出現，乃是因為洛克所採取的一些假定所引起的。這些假定是當時自然法的理論家們所共同接受的一些命題。洛克及那些自然法的理論家們都認為，世界是上帝賜給全人類的。當上帝把世界賜給人們時，他並不是把世界分別地將它的某一部份賜給某人，而是把整個世界賜給所有人，讓大家去享用這世界中的東西。因此，世界乃是全人類所共同擁有的東西。由於這個假設，洛克的產權論所面對的問題就是：在沒有得到共同擁有者的同意的情況下，個人如何能夠在道德上找到理據把屬於大家所共有的東西中的某些部份當為屬於私人所有？洛克在第五章論財產的開始就提出了這個問題，而他的整個產權論所要處理的也就是這個問題❸。他說：

> 可是我將設法說明，在上帝給予人類為人類所共有的東西之中，人們如何能使其中的某些部份成為他們的財產，並且這還不必經過全體世人的明確協議（II. 25）。

洛克理論中的另外一個假設是，上帝把世界賜給人們的目的是要大家去享受這個世界中的東西。

> 上帝既將世界給予人類共有，亦給予他們以理性，讓他們為了生活和便利的最大好處而加以利用。土地和其中的一切，都是

---

❸ 有關自然法理論家們對這點問題的想法，見 Olivecrona, 1974a: 220–234。雖然洛克沒有明顯地提到資本主義式的產權制度，但是從他的理論中，我們很清楚地可以看出，他的產權概念是資本主義式的，這點我將會在後面討論。

給人們用來維持他們的生存和舒適生活的（II. 26）。

洛克的理論一般被視為是一種自然權利的理論 (natural rights theory)。這種理論的核心是：人有一些與生俱來的權利，它們的存在前於社會或國家。有些人認為在洛克的理論中，財產權是一種自然權利(Waldron, 1988: 138)。如果我們將自然權利瞭解成為前於政治的權利，則我們可以同意財產權乃是一種自然權利。但是，洛克理論中的財產權卻是一種奠基在別的更基本的自然權利之上的。這些更根本的自然權利包括生存權及人身權(right to one's own person)等。他的產權理論所作的工作是由這兩種更根本的自然權利推導出私有財產的權利。

財產 (property) 這個字在洛克的理論中有兩個用法。一個是廣義的，另一個是狹義的。廣義的「財產」包括「生命、自由及產業」，在《政府二論》中的許多篇章裡，當洛克使用「財產」這個詞的時候，他所指的是這個廣義的財產。

> ⋯⋯人們既生來就享有完全自由的權利，⋯⋯不受控制地享受自然法的一切權利和利益，他就自然享有一種權力，不但可以保有他的財產——即他的生命、自由和產業（II. 87）。

> ⋯⋯以互相保護他們的生命、自由及產業，也就是我給予一個總名稱之為財產的東西（II. 123）。

狹義的財產就是我們日常所謂的產業的意思。洛克在第五章中論財產的時候，所用的「財產」這個詞的意義幾乎完全是這個狹義的意

思。我在討論洛克的產權理論時，也完全採用這個狹義的意思。

洛克的產權論一般被稱為勞動產權論 (labor theory of property rights)。它的工作是由一些較根本的自然權利去推導出人們擁有私產的權利。

由於生存權是人的自然權利的一部份，因此，人也有權利去做為了維持生存所必要的事情。吸取食物是生存的必要條件之一，因此，如果人有生存權的話，我們也就不得不承認他有從世界中吸取食物的權利。但是，當上帝把世界賜給我們時，他是把它賜給全人類所共同去擁有的，因此，當個人從世界中攫取某些東西的時候，他是否必須向其他的人徵得他們的同意呢？因為世界中的一切東西都是屬於大家所共有的，我們有甚麼權利在不徵得別的共同擁有者的同意前，就把它據為己有？洛克指出，如果一個人在攫取任何東西之前都必須徵得別人的同意的話，則在他還沒有完成這項工作之前，自己早就餓死了。上帝創造世界給我們的目的是要讓我們去享受這個世界，祂不可能要我們陷入這樣一個困境裡。因此，人們是應該在沒有徵得別人的同意的情況下就有權利去享受世界上的東西的。

但是，甚麼是使得一個人有權利擁有某一項東西的理據呢？甚麼使得某一個人與另外一個人之間有所分別以便他有權利擁有某一項東西，而另外那個人則沒有這種權利？在討論這個問題之前，我們必須先問，擁有權到底是一種甚麼權利？怎麼樣才叫做一個人擁有某一項東西？洛克對這個問題並沒有詳細的討論。對於不同種類的東西的擁有可能在性質上是不同的這個問題，洛克也沒有考慮過。在財產論中他指出：

野蠻的印第安人既不懂得圍用土地，還是無主土地的住戶，就

> 必須把養活他的鹿肉或果實變為己有，即變為他的一部份，而
> 別人不能再對它享有任何權利，才能對維持他的生命有任何好
> 處（II. 26）。

食物及水、空氣等物質，只有當我們吸取它們之後，它們才能對
我們構成好處，因此，當上帝把這些東西賜給我們用的時候，他顯然
允許我們擁佔它，而且把它們變為自我的一部份。當這些東西能夠對
某人構成好處時，它就同時也排除了對別人構成好處的可能性，當我
吃了一個橘子之後，它對我造成了好處；這同時，它對你構成好處的
可能性也就被消除掉了。但是，並非所有的東西都像空氣、食物那樣，
當我們擁佔它們之後，別人就不再有可能享用它了。洛克在這裡並沒
有對不同種類的東西做出區別。但是，從上面所引的那段話，我們可
以得出所謂擁佔權是一種排除別人從該項擁佔物得到好處的權利。當
我擁佔一個蘋果之後，你當然不可能再擁佔它，當我擁佔一塊土地之
後，它所表示的也是，你不能在未得到我同意的情況下，從其中取得
好處。所以財產權基本上是一種排他的權利。

既然上帝把世界上的東西賜給全人類所共同擁有，一個人憑甚麼
可以擁有權利去排除他人享受呢？由於上帝把世界賜給人們是要他們
去享受的，而食物這一類的東西只有在個人擁佔的情況下他才能享用
它們，因此，上帝也一定贊成人們去把它擁為己有。這裡的問題就變
成：甚麼東西使得一個人與別人有所區別，而這個區別可以給他權利
去擁有某項東西？洛克指出，這項區別就在於勞力(labor)。當一個人
在某項東西中加入自己的勞力時，該項東西就應該是屬於他的，他與
別人的不同就在於該項東西中有了他的勞力，洛克說：

他的身體所從事的勞動和他的雙手所進行的工作，我們可以說，是正當地屬於他的。所以只要他使任何東西脫離自然所提供的以及它所處的狀態，他就已經摻進他的勞動，在這上面參加他自己所有的某些東西，因而使它成為他的財產。既然是由他來使這件東西脫離自然所安排給它的一般狀態，那麼在這上面就由他的勞動加上了一些東西，從而排斥了其他人的共同權利。因為，既然勞動是勞動者的無可爭議的所有物，那麼對於這一有所增益的東西，除他以外就沒有人能夠享有權利，至少在還留有足夠的同樣好的東西給其他人所共有的情況下，事情就是如此（II. 27）。

誰把橡樹下拾得的橡實或樹林的樹上摘下的蘋果果腹時，誰就確已把它們撥歸己用。誰都不能否認，食物是完全應該由他消受的。……勞動使它們同公共的東西有所區別，勞動在萬物之母的自然所已完成的作業上面加上一些東西，這樣它們就成為他的私有的權利了（II. 28）。

由於某個人在某項東西中摻入了他的勞力 (mixing labor with an object)，而別人卻沒有摻入勞力，所以這項東西該是屬於他所有的。但是，為甚麼當某人摻入了他的勞力在一項東西之後該項東西就該是屬於他的？這是由於勞力是屬於人身的一部份。當我使用我的勞力去擁佔某項東西時，它是我的智力與體力的具體表現，而我的智力與體力是只屬於我所有的財產，因此，當我把勞力摻入某一樣東西之後，它也就有了我的成份在裡面。因此，它也就該是屬於我的❹。除了我

---

❹ Olivecrona指出，在自然法的傳統中，"Suum"這個字所指謂的是一個屬

們擁有自己的勞力之外，洛克還指出，一項產品的價值，百分之九十，甚至百分之九十九是來自勞力的。由於勞力賦予產品的價值所佔的比例這麼高，因此，該產品很自然地也就該屬於那個在產品中摻入勞力的人所有。這就是有名的勞動價值論(labor theory of value)。

　　雖然勞力區別了兩個人與一項東西的關係，一個在該項東西中摻入自己勞力的人有權擁有該項東西，而沒有在該項東西中摻入勞力的人則沒權擁有該項東西。但是怎麼樣才算在一項東西中摻入了勞力呢？把一個蘋果採來後吃掉或是把一片荒地開墾成良田當然算是摻入了自己的勞力，但是如果只是用手摸一下一個蘋果算不算摻入了自己的勞力？或是每天只在一片土地上散步，走出一條路來，算不算摻入了勞力？這是洛克的勞動產權論所碰到的難題。這裡我不打算討論它❺。

　　很顯然的，如果一個人在把本來屬於大家所共有的財物佔為己有之後，如果對別的共有者造成了較為不利的處境，則其他的共有者很難同意他有權擁有該項東西；雖然他在該項東西中加入了自己的勞力，大家很自然地會認為他一開始就沒有權利去從事這項活動。然而，人又不可能不從事一些私自攫取的工作，因為如果不這樣做的話，他不可能活下去。碰到這個難題時，洛克提出了二項限制。這二項限制都是對於攫取或擁佔行為的限制。當一個人去把共有的財物擁佔為私人的財物時，必須不違犯這兩項限制他才有權擁有該項東西。第一個限

於某一個人的領域，而這個領域也就是人格在外在的世界中的領域。它包括生命、身體、名譽以及行動等。因此，我們行動的成果也成了我人格的一部份。所以，勞動的結果不僅是我在某項物質中摻入我的勞力，而是將該項東西變成我的一部份。這種理論在Hegel的《法權哲學》中也表現得很明顯。見Olivecrona, 1974a。

❺ 有關這方面的難題，見Waldron, 1983及Nozick, 1974: 174-178。

制是：當他把一項東西據為私有時，他必須留下足夠並且與以前一樣好的東西給大家 (enough and as good left in common for others)（見II.27, 33, 36）；其次，由於上帝把世界賜給我們的目的是讓人們去享用它的，因此，一個人沒有權利去浪費它（見II. 31）。前一個條件被稱之為足夠條件 (sufficiency proviso)，後一個條件則被稱為損壞條件 (spoilage proviso)。一般人的解釋都把它們視為構成所有權的必要條件，也就是說：任何擁佔的行為如果違反了其中任何一個條件，就不能給擁佔者帶來對該物的所有權。我也將採取這個解釋。沃爾卓隆 (Jeremy Waldron) 在一篇文章中則對於將足夠條件視為必要條件這種解釋提出質疑。他把它作為充分條件來解釋❻。我將在後面討論他的解釋是否較為合理。

三

　　洛克的財產論的目的不僅是要為私有財產建立理據，而且是要為資本主義式的私有財產制建立理據。上面所提到的二項對私自擁佔的條件對於私有財產的累積的數量顯然會構成很大的限制。這兩項限制是自然法的一部份，因此，它不僅在自然狀態中有效，同時在人類進入社會之後仍然有效。如何能夠超越這二個限制？也就是說：如何能夠證立人們有無限制累積的權利？洛克用以建立資本主義式產權的方式是歷史式的，他指出人類在歷史上如何超越了那些對產權的限制，並且指出這種超越的辦法沒有違犯上述的自然法，因此，也是公正的。

　　㈠首先，讓我們來看看不准浪費（毀壞）這個限制是如何被超越的。金錢的發明是超越這個限制的充分條件。在人類沒有發明金錢之

❻　Waldron, 1979: 319–328，並見1988: 209–218。

前，不准浪費這條自然法對於人類能夠累積的財產給予很大的限制。
一個人能夠消耗的食物是很有限的。即使他有能力採集比他能夠享用
的多得多，但是，由於這個限制，他如果讓那些超過他所能消耗的食
物腐敗掉，他就沒有權利擁有這些食物，因此，他也就沒有動機去搜
集比他所能享用以外更多的東西。土地的情況也一樣。一個人如果佔
有比他能使用的土地更多的話，他不得不使得一部份的土地荒廢掉，
因此，也就沒有權利擁有那些被荒廢的土地。但是，金錢的發明卻使
得這一切都改變了。由於金、銀等人們作為貨幣的東西不會腐敗，因
此，如果一個人用他的食物或土地去換取金錢，則他並沒有違反不准
浪費這個條件。一塊金子或銀子之所以有價值，是由於人們同意它們
有價值。由於大家有了這個同意，因此，不准浪費這項限制也就被超
越了。這裡我們必須要注意，不准浪費這個規則本身並沒有因人類發
明了金錢而變得無效，而是金錢的發明使得人們可以不再違犯這項規
則。雖然人們在沒有發明金錢之前由於自然的限制只能累積有限的財
產，但是金錢發明之後，人們可以在不違犯不准浪費這條規則之下做
無限制的財產累積。因此，金錢的發明一方面使得無限累積成為可能，
另一方面也使得它成為可以被接受。洛克說：

> 假如他把一部份送給旁人，使它不致在他的佔有下一無用處地
> 毀壞掉，這也算是他把它利用了；又假如他把隔了一星期就會
> 腐爛的梅子換取能保持一年供他吃用的乾果，他就不曾損傷甚
> 麼；只要沒有東西在他手裡一無用處地毀壞掉，他就不曾糟蹋
> 公有的財物，就不曾毀壞屬於其他人的東西的任何部份，又假
> 如他願意將他的乾果換取一塊其顏色為他所喜愛的金屬，將他
> 的綿羊換取一些貝殼，或將羊毛換取一塊閃爍的卵石或一塊礦

石，由他終身加以收藏，他並不曾侵犯他人的權利。這些結實耐久的東西，他喜歡積聚多少都可以。超過他的正當財產的範圍與否，不在於他佔有多少，而在於是否有甚麼東西在他手裡一無用處的毀壞掉（II. 46）。

　　人的財富累積的數量的道德限制並不是看這個累積的數量本身有多少，而是看一個人的累積是否造成浪費。如果他沒有造成浪費，則即使他的累積再多，道德上他也沒有犯錯，他的累積也該被允許。金錢的發明使得人類可以做無限制的累積，因此，資本主義式的無限制累積財富的制度在道德上也變得可以被接受。很顯然的，不准浪費這個規則雖然還是有效的規則，但是，它已經變得沒有地方可以應用，因為再也不會有人違犯它了。一條沒有地方或機會會被應用的規則事實上也就等於不再是規則了。它對人所規定的限制也不再是限制了。麥克弗森(C. B. MacPherson)在討論洛克的財產理論時指出：

　　　　但事實上論財產那章做了一些更重要的事情：它取消了自然法
　　　　對於個人自然財產權的限制。洛克的驚人的成就是把財產權建
　　　　基在自然權利與自然法之上，然後將所有自然法對財產權的限
　　　　制取消掉(1962: 199)。

　　金錢的發明不僅只是使得無限累積成為可能，它更會使人產生無限累積的欲望。在沒有金錢之前，由於不准浪費的限制，人們不會有欲望去拼命地累積。自然的限制使得累積成為無用的活動。因為累積多於自己能夠消耗的食物時，它們會腐爛掉，累積超過了自己能耕種的土地時，它會成為荒地。金錢的發明本身並不能構成資本主義出現

的充分條件，人類很早就發明了金錢，但資本主義是十六、七世紀才出現的新東西。如果只把金錢視為是一種交換的媒介的話，人類無限累積的欲望也不容易發生。只有當我們把金錢本身視為資本，也就是一種能夠再生產的工具時，累積金錢才會給人帶來財富，而這才是資本主義制度之下人們對於金錢所持的觀念。洛克是一個重商主義者 (mercantilist)。重商主義對於黃金的累積的看法正是它可以促進及增加貿易 (MacPherson, 1962: 205)。洛克這種對金錢的看法已經不再是前於資本主義的經濟理論中對金錢的看法。這樣一來，金錢的發明一方面使無限累積成為可能，另一方面又促使人有無限累積的欲望，再其次它又使得無限累積在道德上變得可以被接受。整個資本主義的精髓都已經具備了。

　　㈡在金錢沒有發明，人類沒有無限制累積的欲望之前，一個人想要佔為已有的東西及能夠佔為已有的東西是極為有限的。因此，在那個世界中，人們從事佔有活動並不會對別人的處境造成不利的影響。這也就是說：一個人在佔有某些財物之後，他的佔有行動並不會使得另外一個人沒有與以前一樣好的東西。在那個充裕的時代中，人們的佔有活動不會違反「留下足夠與以前一樣好的東西讓別人去享用」這個限制。金錢的發明使這點也有了改變。由於人變為有權利及可能去做無限制的累積，一個人在做了佔有之後，他所留下給人家的不一定能像在他佔有之前那麼好了。

　　　　而我敢大膽地肯定說，假使不是由於貨幣出現和人們默許同意賦予土地以一種價值，形成了（基於同意）較大的佔有和對土地的權利，則這一所有權的法則，即每人能利用多少就可以佔有多少，會仍然在世界上有效，而不使任何人感受困難，因為

世界上尚有足夠的土地供成倍居民的需要（II. 36）。

　　貨幣的出現，會造成有些人不再有土地耕種的可能，如果這樣，他所面臨的處境也就可能不再像以前那樣好。如果是這樣的話，那個在他之前從事佔有的人就違反了足夠這個限制，因此，也就無權作擁佔。當然，要決定是否與以前一樣好這個問題是一個經驗性的問題。我們必須找出人類一開始在世界上所處的狀況是怎麼樣的，然後才能決定在某人從事了某項擁佔之後，他所留下給別人的是否還是與以前一樣地好。即使我們沒有辦法很精確地回答這個問題，但是假如在允許無限制累積之後有些人變得沒有任何可以維持生活的生產資料的話，這種境況對他們而言，當然不可能像是以前那麼好了。那麼是否造成這種境況的擁佔性活動就該被禁止？對於違反足夠條件的限制該如何處理？金錢使得不准浪費這個規則不再有應用的機會，但它卻不能使足夠條件變得沒有機會應用。要建立資本主義的產權制度這個條件又是非克服不可的。對於這個問題洛克並沒有很直接地對付它。他指出，由於價值有百分之九十以上是勞力所創造的，因此，當一個人在一項東西中摻入他的勞力時，他實際上是替世界創造了百分之九十以上的財富，因此，當他擁佔一項東西時，他實際上不僅沒有從世界上拿走甚麼東西，而且反而給回了世界許多東西。

　　關於這一點，我還要補充說，一個人基於他的勞動把土地劃歸私用，並不減少而是增加了人類的共同積累。因為一英畝被圍用和耕種的土地所生產的供應人類生活的產品，比一英畝同樣肥沃而共有人任其荒蕪不治的土地（說得特別保守些）要多收穫十倍。所以那個圍用土地的人從十英畝土地上所得到的生活

必需品，比從一百英畝放任不治的土地所得到的更要豐富，真
可以說是他給了人類九十英畝土地；因為他的勞動現在從十英
畝土地上供應了至少相等於從一百英畝土地上所生產的產品。
我在這裡把經過改良的土地的產量定得很低，把它的產品只定
為十比一，而事實上是更接近於一百比一。我試問，在聽其自
然從未加以任何改良，栽培或耕種的美洲森林和未開墾的荒地
上，一千英畝土地對於貧窮困苦的居民所提供的生活所需能否
像在得文郡的同樣肥沃而栽培得很好的十英畝土地所出產的
同樣多呢（II. 37）？

由於開墾土地可以增加土地的價值，使得它生產出更多的東西，
因此，一個人擁佔土地並不表示他就是把世界的物質佔有了而使別人
變得較少些，相反的，一個人在擁佔之後，反而使世界上物質的總和
有所增加。在土地沒有開墾的情況下，一個人需要一百畝的土地才能
養活自己，但在經過開墾之後，他只需要十畝就夠了。這等於說他給
了人類九十畝的土地。洛克這個論證有點像經濟學家克爾多 (Kaldor)
所提出的補償原則(the principle of compensation)，但卻並不完全等於
補償原則。因為即使一個人用自己的勞力去開墾土地時，他給人類省
下了許多土地，但總有一天，在某一個人從事佔有之後，他所剩給別
人的東西不像以往那麼好了。為了解決這個困難，克爾多指出，即使
一個人在做某種佔有之後，別人的境況沒有以前那樣好，但是如果他
能夠對他們提供補償，使得他們在那個情況下還可能像以前那麼好，
則他的佔有是應該被准許的。

　　經濟學家不需要去證明——他也無法證明——由於採取某項政

策的結果，社會中沒有一個人會因此而蒙受損失。為了確立他
的說法，只要顯示出即使那些蒙受損失的人得到補償，社會其
他的成員仍比以前富足就夠了。在自由貿易下，地主們是否應
該受到補償，乃是一個政治問題，一個經濟學家就經濟學家的
地位而言，不能發表任何意見(1969: 388)。

補償原則指出的是，只要某個人的佔有可能對其他的人提供補償，
使得他們能回到原初的基點時，這個佔有就可以被允許。當然補償原
則的困難在於，它只提到一個佔有有可能做到對其他人的補償，但實
際上是否做了補償才是重要的問題，在生產工具全部被私有化的情況
下，補償原則是資本主義最重要的一個道德上的理據。諾錫克在為資
本主義辯護時，也是用這個原則來作為他所依憑的武器的❼。

四

㈠洛克的論證能否為私有財產制度提供足夠的理據？它們是否能
夠為資本主義式的無限制累積提供足夠的理據？下面我將分別討論這
兩個問題，並提出我對洛克所提的論證的看法。我認為他的論證在這
兩方面都失敗了。

首先，我要討論對私有財產制的論證。洛克認為財產一定是私有
的：

---

❼　見 Nozick, 1974: 178–179.社會主義者傅利業就指出過，由於私有財產剝
　　奪了人們原來有的許多自由，例如放牧、打獵等，因此，這些產業的擁
　　有者應該對其他人提供補償，而其他的人也有權利要求補償以及提供一
　　些生活上的保障。

> 所以上帝命令人開拓土地，從而給人在這範圍內將土地撥歸私
> 用的權利。而人類生活的條件既需要勞動和從事勞動的資料，
> 就必然地導致私人佔有（II. 35）。

上帝把世界賜給我們的目的是讓我們去享用它，如果要享用食物、空氣與水等維持生命所需要的物質，我們就不得不進行私人的擁佔性活動，因為這種物質只有在被私人擁佔的情況下才能對人有所裨益，因此，對於這類的物質只有允許私人擁佔才有意義。這個論證對於食物、空氣及水這些維持生命所需要的物質的私產權是能夠成立的。但是，洛克指出，文明世界中主要的財產項目已經不再是這些可移動性的物質(movables)，而是不可移動的土地。洛克並沒有提出說明來指出可移動性與不可移動性的物質在供人享用這方面的相關的共同點，以證明對前者有效的論證對後者也一樣有效。他只是說：

> 但是，儘管財產的主要對象現在不是土地所生產的果實和依靠
> 土地而生存的野獸，而是包括和帶有其餘一切東西的土地本
> 身，我認為很明顯，土地的所有權也是和前者一樣取得的。一
> 個人能耕耘、播種、改良、栽培多少土地和能用多少土地的產
> 品，這多少土地就是他的財產（II. 32）。

可移動的物質與不可移動的物質，就它們能對人們有益處這點來看是不同的。前者是只有當一個人把它消耗變為自己的一部份之後，它才能對人造成利益，因此，如果不允許私人佔有，事實上就等於不允許人們做任何佔有。這種可移動的物質不是生產工具，它們只是生活的資料。但是，不可移動的物質在不需要私人擁佔的形式下也能對

人造成益處。人類更不可能把它變為自己的一部份。同時它們是一種生產工具而不是生活資料。由於這兩種東西有那麼多不同的地方，對於可移動物質有效的論證並不一定能用到不可移動的物質這邊來。如果只是用它們在甚麼樣的擁佔的形式下才會對人類造成利益這個判準來決定甚麼樣的形式的財產權才是合理的話，則這兩者應該以不同形式的財產權出現才較為合理。可移動的物質由於必須被私人擁佔才能對人們構成利益，因此，我們應該允許私人財產權；但不可移動的物質並不需要私人擁佔就可以對人們造成利益，因此，我們也就推不出只有私有財產權才是合理的這個結論。在土地的所有權還是屬於大家所共有的情況下，允許私人去租用它，得到它的使用權，這樣子土地已經能對使用者造成利益了。同時它所構成的利益與擁有它所構成的利益也沒有甚麼分別。因此，洛克這個論證最多只能替個人財產(personal property)提供理據，但是卻不能為對於生產工具的私有權提供理據。

　　㈡洛克對私有產權的論證是勞動產權論。一個人如果在一項東西上摻入了自己的勞力就有權擁有該項東西，因為勞力是屬於個人所私有的。勞動產權論除了有前面我所提出的如何才算是摻入了個人的勞力這個困難之外，還面對一些其他的難題。對於可能移動的物質來說，擁佔就是將它變為自己的一部份，因此，我們可以說擁佔與私有化是合而為一的東西。自然法的思想家因此從這裡推出，擁佔是人在世界中表現自己人格的形式。從這裡，他們更推出，所有的財產都是一種將所屬物變為自我的一部份的活動。但是，對於不可移動的物質，這種講法顯然是行不通的。雖然我們可以說一個人在物質上摻入了自己的勞力之後，這項物質就有了他的人格的烙印在其中，但是，它無論如何仍不能構成我的一部份。例如一個雕刻家將一塊大理石雕成一件

藝術品。我們可以說這件藝術品表現及具有了這個雕刻家的人格的烙印，但它與雕刻家仍是兩項不同的東西。雕刻家可以借它來表現他自己，但它仍不是他的自我的一部份。同樣的，一個人在一塊土地上加入他的勞力，最多也只能是這塊土地是他的人格或勞力的體現，但土地仍是土地，勞動者們仍是勞動者，兩者並沒有合一。因此，在這裡把對可移動性物質有效的論證來支持不可移動性物質的財產權仍舊一樣是失敗的。

　　勞動產權論的另一個重要的論點是，勞動是價值的泉源。一個人如果去開墾一片土地，他等於把它的價值增加十倍甚或一百倍。因為價值是他創造的，所以增值後的土地也應該屬他所有。我們似乎不得不同意一個人自己所創造的東西應該屬他所有這個講法，因為勞力是屬於他自己的，因而由勞力所創造出來的東西也該屬於他。但是，如果深一層分析下去，這個論證所能證明的只是，一個人應該有權擁有他在土地上所創造的價值，但這卻不包括土地本身在內。例如一個人開墾一塊荒地種蘋果，樹上長出來的蘋果應該是屬於他所有，同時土地的增值部份也該屬他所有，但是這卻無法證明為甚麼這塊土地本身也該屬於他所有。我們現在是假定開墾土地會使土地增值，但有名的土地報酬遞減率卻指出，一塊土地用久了之後它不但不會增值而且還會減值。

　　從上面的分析，我看不出勞動產權論如何能夠推導出私有財產權的理論。

　　㈢洛克第三個用來支持私有財產的論證是，上帝既然把世界賜給人類去享用，祂就要人類盡量去利用它，給人類帶來最大的利益，因此，祂就要人類用自己的聰明才智去開墾它。

> 上帝將世界給予人類所共有；但是，既然祂將它給予人類是為
> 了他們的利益，為了使他們盡可能從它獲得生活的最大便利，
> 就不能假設上帝的意圖是要使世界永遠歸公共所有而不加以
> 耕植。祂是把世界給予勤勞和有理性的人們利用的（而勞動使
> 人取得對它的權利），……（II. 34）

這個論證犯了一個複雜問題(complex question)的謬誤。上帝要人用自己的聰明才智去開拓世界以供自己享用，但這並不表示他要人類停止共同擁有世界。只有在假定了在私有的情況下世界才能被較有效地開發這個命題時，我們才能推出，上帝要我們去做私人性的擁佔。但「共有」與「不加以耕植」並不是必然連在一起的。我們也可以仍然共同擁有這個世界而加以耕植。洛克的勞動價值論所指出的只是開墾與不開墾之間的差異以及開墾帶來的價值。它並沒有證明開墾只有私人才能進行而不能由大家共同進行。事實上，任何形式的經濟活動，分工合作所能帶來的效益要比獨自單幹來得高得多。即使是在很少進行交換的自然經濟中，家庭仍是最起碼的生產單位。在家庭這個經濟單位中仍是由大家共同合作才能產生出較高的經濟效益。因此，由效益這個論點來證明私有財產的必然性仍是失敗的。

五

當然，如果私有財產無法有足夠的理據的話，資本主義式的產權制也就不能被證立了，因為資本主義產權制是私有產權制中的一種。但是，據我前面所引的麥克弗森的話，洛克最大的成就乃是證明人類有權擁有無限制的累積這種資本主義式的財產權。因此，讓我們假定

私有財產制在道德上是可以被接受的。從這裡我們再檢查一下洛克是否真的能成功地超越了自然法對人們財產的限制，而為無限制累積的權利找到理據？

在討論無限制累積是否應該被允許時，我主要將集中在它是否違反了「足夠條件」這點上。金錢的發明使得無限制累積成為可能，因為金錢不會腐敗，所以這種方式的累積不再會違反不准浪費這個限制，但是它是否仍舊會違反足夠條件這個限制？這當然要看我們如何瞭解這個條件。前面我提到過，一般對這個條件的解釋是，它是一個對從事擁佔活動的必要條件❽。也就是說，如果任何一個擁佔的活動所留下給別人的東西是不足夠以及不像以前那樣好的話，這項擁佔活動就不應該被允許。但是沃爾卓隆卻認為，洛克的原意並非是把它視為對擁佔的限制，也就是，不是必要條件，而是把它看作為充分條件。他說：「洛克並無意將這個句子(clause)視為對擁佔的限制或是一個必要條件……。」(Waldron, 1979: 320, 328)

對於這個解釋他所引的主要證據是洛克在〈財產論〉那章中第一次談到這個條件時，他所說的是一個人如果用自己的勞力獲得了一些東西，他就有權利去擁有這些東西，「至少(at least)在還留有足夠的同樣好的東西給其他人所共有的情況下，事情就是如此」(II. 27)。沃爾卓隆指出，當我們說：某一個人至少在某種情況C之下可以做某件事時，這蘊含著，可能在不是C的情況下，他也可以做某一件事。因此，C只能是充分條件而不是必要條件。

就上引的27節的文字來看，這個解釋是比較合理的，但是為甚麼那麼多的洛克的解釋者仍然把足夠條件解釋為擁佔的必要條件？我想

---

❽ 見上引MacPherson，及Nozick的書。以及Olivercrona, 1974: 227; Held, 1976: 175; Mackie, 1979: 175。

這主要是由於理論上的一致性的要求導致他們去採取這種解釋。我個人也認為將這個限制解釋成必要條件來得較為合理。

上帝把世界賜給全人類共同擁有。試想，在充裕的情況下，如果一個人從大家共有的財產中取去一部份的東西以供自己享用時，由於別人還有足夠以及像以前一樣好的東西可以享用，很少有人會去對這個人提出抗議，同時其他的人也沒有甚麼理由去對他提出抗議，因為他對別人的利益並沒有做出任何的損害。但是，如果在並不是充裕的世界裡情況就不同了。如果大家共同擁有一些東西，一個人在未徵得別人的同意前就把一部份東西據為己有，而他的這項佔有行為使得別人的處境變得比以前較差了，這時這些共同擁有者當然有權利對他的這項行為提出抗議，因為他的這項佔有行為損害了他們的利益。那些他所擁為己有的東西本來是屬於大家所共有的，在沒有得到大家的同意前他有甚麼權利把它們佔為己有？這個分析所指出的是，在不充裕的情況下，「足夠條件」只能是佔有行為的必要條件而不是充分條件。也就是說：如果一個人對某項東西的佔有使得別人的處境變得比以前要差時，他就沒有權利從事這項擁佔。洛克雖然沒有對充裕與非充裕的情況做出明顯的區分，但是，從他說到自從金錢的發明之後，土地就不再像從前那樣足以供每個人去劃為己有這點來看，他也瞭解到在當時的文明世界中，充裕的情況已一去不返。因此，在當時的文明世界中，只有把這個條件視為必要條件才是較為合理的解釋。

上面我從共有權及不充裕的這兩個條件下來說明為甚麼把足夠條件視為擁佔的必要條件才是較為合理的解釋。如果這個解釋是較為合理的，那麼洛克所指出的這個條件已經被超越的說法是否能成立呢？我想答案是否定的。洛克指出超越這個條件的方法是，人們開墾土地把它據為己有這回事不但不減少世界上的土地，反而是給回世界上一

些土地讓人們去利用。一個人本來要一百畝未開墾的土地才夠維持生
活的，但是在開墾了的土地上，他只需要十畝就夠了，因此，他等於
是給回了世界九十畝土地。這個講法乍看之下好像很合理。如果每個
人開墾土地的結果是使世界的土地增加，那麼世界上的土地豈不是應
該越來越多才對。但事實上這是不可能的事情。一個人雖然本來要一
百畝，現在只需要十畝，但土地是有限的，如果人口比世界能供應的
土地要來得多，那麼總有一個人會變得沒有土地讓他可以去擁佔。這
個人所處的情況也就不像在未經人擁佔之前那麼好了。他也就有權利
抗議前面人的擁佔行為。洛克並沒有正式提出克爾多及諾錫克所提出
的補償原則。他似乎認為擁佔土地可以使土地變得越來越多。這當然
是錯誤的推論。

　　現在我想討論一下克爾多的補償原則是否能夠被接受。補償原則
所說的是，即使那些蒙受損失的人得到補償，社會其他的成員仍比以
前富足。但是補償原則並沒有規定那些蒙受損失的人一定要得到補償。
現在讓我們假定補償原則實際上給予那些蒙受損失的人某種補償，這
樣它是否能被接受？我認為贊成補償原則的人所能提出的論證也不是
具有決定性的。在土地被一些人擁佔完之後，他們對那些沒有土地再
能擁佔的人提出補償，給他們製造了一些就業的機會，因此，那些沒
有土地的人的處境好像是與以前一樣的好。但是，試想，假如一個人
認為人生最寶貴的東西就是自己能夠在各方面獨立，自己能做自己的
主人。在足夠條件的限制下，每個人被假定為是可以達到這點的。但
是在生產工具被別人據為私有之後，那些被迫要接受別人的雇用才能
維持自己生活的人就失去了自己做主的可能性。雖然受人雇用所得的
物質上的報酬也許與自己開墾一樣，但是就獨立地做自己主人這點來
看，他卻沒有可能再辦得到了。而假如他認為這是人生中最重要的事

情的話，則補償原則就沒有辦法給他補償。再進一步，如果他接受馬克思的異化論的話，他就更不願意接受雇用，因為在受雇情況下所從事的工作是一種異化的工作，而在工作中他不但沒有藉以表現自己的人格，反而是對自己的否定。洛克的勞動價值論所肯定的正是，勞動的成果應該是屬於勞動者所有的。在雇用勞動的情況下，勞動的成果變為雇主擁有了。洛克在第28節中提到一個人雇用僕人時，僕人所製造出來的東西是屬於他所有的，但他在整個財產論中完全沒有提到雇用人替自己做工以牟取利益這點是否能被接受的問題。事實上，一個人去從事擁佔活動時，他所能累積的是極為有限的。人之可能從事無限制的累積的條件之一是雇用其他人為自己工作以牟取利益。在足夠條件被滿足的情況下，我們不太容易想像為甚麼一個人願意去受別人雇用而不去自己從事開墾。也就是說：在有足夠的生產資料的情況下，人類不太可能會有欲望去接受別人的雇用以維持生活，因為在不受別人雇用的情況下他也一樣可以維持自己的生活。只有在一個某些人沒有生產工具的情況下，那些沒有生產工具的人才會有欲望去受雇於別人。如果一個人有強烈的自主的欲望，並且又認為工作是一種自我表現的話，我想他最希望的生活方式是為自己工作。如果像自然法的思想家們及黑格爾所說的，私有財產是人格在客觀世界中的具體化的話，則每個人都應該有私有財產才是對的。

參考資料

洛克（著），葉啟芳與瞿菊農（譯）

　　1986　《洛克政府論次論》。臺北：唐山出版社。

Aaron, R. I.

　　1955　*John Locke*. Oxford: Oxford University Press.

　　Arrow, Ken and Tibor Scitovsky (eds.)

　　1969　*Readings in Welfare Economics*. Homewood, Illinois: Richard D. Irwin Inc.

Coleman, J.

　　1983　*John Locke's Moral Philosophy*. Edinburgh: Edinburgh University Press.

Cranston, M.

　　1967　*John Locke: A Biography*. London: Longman.

Dobb, Maurice

　　1947　*Studies in the Development of Capitalism*. New York: International Publishers Co. Inc.

Dunn, J.

　　1969　*The Political Thought of John Locke*. Cambridge: Cambridge University Press.

Gough, J. W.

　　1973　*John Locke's Political Philosophy*. Oxford: Clarendon Press.

Held, Virginia

　　1976　"John Locke on Robert Nozick," *Social Research*.

Kaldor, Nicholas.

1969　"Welfare Propositions of Economics and Interpersonal Comparisons of Utility," in Ken Arrow and Tibor Scitovsky (eds.), *Readings in Welfare Economics*. Homewood, Illinois: Richard D. Irwin Inc.

Mackie, J. L.

1979　*Ethics*. Harmondsworth: Penguin Books.

MacPherson, C. B.

1962　*The Political Theory of Possessive Individualism*. London: Oxford University Press.

Nozick, Robert

1974　*Anarchy, State and Utopia*. New York: Basic Books.

Olivecrona, K.

1974a　"Locke's Theory of Appropriation," *Philosophical Quarterly* 24: 220–34.

1974b　"Locke on the Origin of Property," *Journal of the History of Ideas* 35: 227.

Parry, G.

1978　*John Locke*. London: Allen & Unwin.

Plamenatz, J.

1938　*Consent, Freedom and Political Obligation*. Oxford: Oxford University Press.

Ryan, A.

1984　*Property and Political Theory*. Oxford: Blackwell.

Tully, J.

1982　*A Discourse on Property*. Cambridge: Cambridge University Press.

Waldron, Jeremy

1979　"Enough and as Good Left for Others," *Philosophical Quarterly* 29: 319–28.

1983　"Two Worries about Mixing One's Labor," *Philosophical Quarterly* 33 (130): 37–44.

1988　*The Right to Private Property*. Oxford: Clarendon Press.

Yolton, J. W.

1969　*John Locke: Problems and Perspectives*. Cambridge: Cambridge University Press.

本文原載於錢永祥、戴華主編之《哲學與公共規範》（臺北：中央研究院中山人文社會科學研究所，一九九五年）

輯 四
政 治

民族與民族自決

一　當今世界的民族主義潮流

　　自從歐洲共產主義在八〇年代末期及九〇年代初期解體以來，世界有了兩個大但卻相反的潮流在推動著人類的歷史。一方面，西歐的許多資本主義國家在往統一化的方向邁進，期望最終能組成一個歐洲的合眾國(United State of Europe)。另一方面是原來那些共產主義的國家，則朝著分化的方向走。這種分化，有時是通過談判的手段達成的，例如前蘇聯的加盟共和國通過協商而紛紛走上獨立的道路；有的則是通過血腥的手段，以期達到這個目的，例如目前在前南斯拉夫國土上所發生的一連串的內戰，都是各個民族想要獨立所引起的。歐洲統一體的構想雖然由來已久，但是最近才真正地變得更為急迫。我想這主要是由於西歐諸國感受到美國及日本在經濟上對他們的壓力所造成的。雖然西歐人都感受到它的迫切性，但是從丹麥全民投票中反對一體化者佔了多數，以及最近法國全民投票中贊成者只佔百分之五十一左右這點來看，統一的前途並不是一條康莊坦道。馬城條約(Mastrict Treaty)最後是否能順利通過還是很大的問號。歐洲不像美國或日本那樣，各國之間有不同的文化傳統、宗教信仰及風俗習慣，他們也沒有

共同的語言。要把這些不同背景的國家統一成一體是一件極不容易的
事情。同時它究竟是否能夠帶來預期的利益也不是任何人在現在可以
預見的。在現代世界中，要把不同語言、文化的民族，用政治的力量
融合為一個實體，雖然有些國家有這種意願，但實際上還不是一件容
易辦得到的事情。這後面其中一個主要的原因當然是由於民族主義乃
是十八、九世紀以來最主要的、且具有支配性的政治思潮之一。至於
東歐及前蘇聯加盟共和國的分裂，所體現的正是這種民族主義的哲學。

二　民族主義問題的發生

世界是由許多不同的民族所構成的，這是一個事實。但是這並不
構成問題。在民族國家(nation-state)出現以前的帝國時代，不同的民
族共存於一個主權之下是一種政治上的常態。早期可以追溯到羅馬人
及中國人所建造的帝國。近期則有土耳其人所建立的奧圖曼帝國及資
本主義興起後英、法等國所建立的帝國。這些帝國都由許多不同的民
族所構成，這些不同的民族受著一個主權的統轄。民族之間在文化上
的不同，並不造成甚麼問題。

民族主義問題的發生，是一種由文化而延伸到政治的運動所造成
的。這個運動的最主要的思想是，一個民族應該在政治上建立一個主
權的國家。只有當這種思想產生後，不同的民族處在一個主權之下才
會被認為是一種不合乎理想的安排。尤其是在這種多民族構成的主權
國家中，如果一個多數民族佔有壟斷性的地位，使得其他的少數民族
處於被支配的地位，並有可能失去自己的認同時，民族主義的思想在
這些少數民族中就很容易滋長起來。當然，一個少數民族統治多數民
族，也同樣會激起民族主義的運動。二次世界大戰後，亞洲及非洲的

民族主義運動多半是當地人民反對歐洲的殖民主義者所引起的運動。但是，不同民族共同相處在一個主權底下，也並非必然地會產生某一個民族壓迫另外一個民族的現象。現代社會中所提倡的民族的多元文化主義(multiculturalism)如果能夠行得通的話，那麼每個民族應該自己建立獨立的國家這種想法也就不一定有必要。但是，從現實的例子來看，在現代世界中，要實現民族的多元文化主義這種理想是極為困難的事情。加拿大就是一個很好的例子。加拿大朝多元文化發展的努力，幾十年來的成效是非常微小的。另一方面，建立一個不同民族的多元文化的國家究竟是不是一個可欲的目標也是值得爭辯的事情。我將在後面討論為甚麼我不贊同在一個主權國家中建立民族的多元文化這種主張。

從上面的分析，我們可以得出這樣的結論：民族主義的主張是不同的民族應該建立獨立的國家。民族主義者提出這個主張的主要理由是，只有當一個民族建立起自己的國家的時候，它才能夠保存得住自己的文化及認同。這也就是說，建立獨立的國家是保存一個民族的文化及認同的必要條件。當然有些民族主義者也可能會認為且更加希望前者也是後者的充分條件。任何別的形式的安排，例如在一個主權國內實行民族的文化多元主義，都不能夠保證一個民族能保存住它的文化及認同。

三　「民族」的界定

要談民族主義的問題，首先我們觸及的就是究竟甚麼是民族這個問題。乍看之下，這個問題似乎是很容易回答的。大家都很容易地就能夠指出來哪一群人構成一個民族，例如，英國人構成一個民族，中

國人也構成一個民族，這似乎是沒有甚麼值得爭辯的事情。但是，如果我們進一步問，盎格魯族(Angles)及撒克遜族(Saxons)是否同一個民族，以及蒙族跟藏族或漢族是否是同一個民族時，答案似乎就沒有那麼確定了。

首先，「民族」與「國家」在中文裡很明顯的是兩個不同的詞。在英文中，nation 與 state 也是不同的字。但是，許多人卻認為它們是同義詞。例如 Royal Institute of International Affairs 的一份研究民族主義的報告中在界定 nation 時就指出，它「被與 state 及 country 當作同義詞來使用，它意謂著一個統一於一個政府之下的社會」❶。同時，由於 state 這個字在英文中不能變化為形容詞，所以當我們在英文中要說「國家的」時候，我們就常用 national 這個字，例如 national insurance, national debt 等。但是，有些例子又顯示出，nation 與 state 是含有不同意義的字，否則英文中就不應該出現 nation-state 這個詞了。如果 nation 與 state 是完全同義的話，則 nation-state 豈不是變成了 state-state 或 nation-nation 了。同時，如果它們是完全同義的話，民族主義的問題，一個民族應該建造一個國家也就不會發生了。

那麼這兩個詞的分別究竟何在？首先讓我們很簡單地引用韋伯(Max Weber)對國家一詞的定義來說明我們現代人對於「國家」這個詞的意義的了解。他說❷：

---

❶ Carr, E., et al.: *Nationalism*: *A Report by a Study Group of Members of the Royal Institute of International Affairs* (Oxford: Oxford UP, 1939), p. xvii.

❷ Weber, Max: *The Theory of Social and Economic Organization*, trans. Henderson, A. M. and Parsons, Talcott (New York: The Free Press, 1947), p. 156.

> 一個含有連續性組織的強迫性的政治聯合體將被視為是一個
> 國家，如果並且在它的範圍內它的行政人員成功地維持住一項
> 權利：在執行維護它的秩序時，它壟斷了武力的合法使用 (the
> legitimate use of physical force)。

韋伯這個對於國家的界說，是現代廣被大家所接受的界說。它所強調的是：國家是唯一有權合法使用武力的組織。

至於民族一詞我們該怎樣瞭解呢？討論這個問題的人一般認為它包括兩個方面。一個是客觀方面的，而另一個則是主觀方面的。由於主張不同的理論，因此在談民族這個概念時也就對這兩方面有不同的側重。

從客觀方面來說，一個團體如果擁有相同的文化、語言、宗教及風俗習慣等東西，我們就可以說他們構成了一個民族。主觀方面，構成民族的要素則是民族意識 (national consciousness)。

怎麼樣才算擁有共同的文化、語言、宗教及風俗習慣？語言、宗教、風俗習慣，尤其是文化這個無所不包的東西，都不是能夠很精確地被界定的東西。中國那麼多方言，我們究竟該視這些說不同方言的人為同一個語言群體抑或不同的語言群體？基督教分為許多不同的教派，我們是否應該把不同教派的人看成擁有不同宗教的團體？所以，乍看之下，從客觀方面的特點來看民族時，問題好像很清楚及簡單，但是，仔細分析下去，卻又變得複雜而且不清楚。這就是為甚麼有些人在談民族的定義時，寧願強調主觀因素的重要性。

雖然從客觀的因素來談民族會碰到不少困難，但是，我認為如果沒有這種客觀因素存在的話，主觀的民族意識就根本不可能發生。因此，雖然我們也許沒有辦法從客觀因素方面來給予「民族」一詞一個

很精確的定義，但這並不表示我們就必須放棄這項努力。也許「民族」這個詞本身就不很精確，也許一個不甚精確的定義就已經夠用了。

很顯然，民族是一個群體。但是，它與許多其他的群體是有分別的。例如它有別於工會、教會團體，或是擁護某一個足球隊的人所構成的團體。工會、教會等群體雖然也是由一群人所組成的團體，同時，這個團體中的成員也具有某些共同的特性，例如，職業上的及興趣上的共同點。但是，這一類的特性並不會滲透進該團體中成員生活的每一個部份。一個工會的會員，雖然大家有共同性質的職業及興趣，但是，作為某一個工會的會員並不會對他構成某一種生活方式。除了屬於工會之外，他生活的其他部份可能與非工會的人會有更多相同的地方。例如他喜歡某一種音樂，愛好某一種運動，常讀某一類的書籍等。宗教團體當然對於該團體的生活方式有較大的影響，但是，它仍舊不能大到真正構成該團體中每一個成員的生活方式。宗教不一定能決定人們喜歡哪一種音樂及哪一種食物，它也不一定能夠決定人們的政治主張。這種只能片面地決定某一個團體成員生活方式的團體我們可以將它稱為次群體(sub-group)。這些次群體顯然不能構成一個民族，否則中國的基督徒與日本的基督徒豈不是變成同一個民族了。一個民族是一個擁有共同文化及傳統的團體，而這種文化及傳統對於該團體中成員生活中的每一個部份都有影響。這也就是說，文化及傳統是一個團體生活方式的決定性因素。擁有共同文化及傳統的人，在生活方式上與不同文化的人有根本的差異。從這點，我們可以說德國人之所以成為德國人是由於他們擁有共同的文化及傳統，這包括語言、歷史、生活習慣等，他們之所以有別於法國人或意大利人就是由於法國人有他們自己的語言、歷史及生活習慣等。當然，一個大文化中可能包含許多次文化，但是，當處於這個大文化之下的不同的次文化的人所具

有的共同點比差異點對他們的生活方式更具決定性的影響時，則我們仍舊說他們構成一個民族。在中國這片廣大的土地上，存在著無數的次文化，但是，這些次文化所具有的共同特點可能比他們之間的差異對他們的生活方式更具決定性，因此，我們仍然說他們具有同一個文化。雖然德國人與法國人也有共同的傳統，但是他們的差異點可能比他們的共同點對他們的生活方式更具決定性的影響，因此，他們構成不同的民族。 馬格烈(Margalit)及拉茲(Raz)把這樣一個具有共同文化所組成的團體稱之為廣包性的群體(encompassing group)。他們指出這種廣包性的群體具有六個特點，有些是主觀方面的，有些是客觀方面的❸：

① 一個廣包性的群體具有一個共同的文化及性格，而這些文化及性格對於生活中各個不同方面有重要的影響。

② 在這樣一個共同的文化中成長的人很自然地也繼承了這種文化。因此，他們有共同的傳統。

③ 同一個廣包性團體中的人彼此之間會相互承認對方是這個團體的一份子。

④ 作為一個廣包性群體中的一份子是構成該成員的認同的一個重要部份。

⑤ 成為該群體的成員這回事是自然發生的， 因此， 它只是一個歸屬(belonging)的問題，而不構成一種成就(achievement)。當然，一個人並非不可能獲得另一種文化。但是，它的程序是很緩慢的，而且也極難完全成功。尤其是當一個人到了某

❸　Margalit, Avishai and Raz, Joseph: "National Self-Determination," *Journal of Philosophy*, Vol. LXXXVII, No. 9 (Sept. 1990), pp. 443–480.

　　一個年紀之後，這種轉化就會變得更為困難。這點我們可以從學習外文這個經驗中體會得到。當人過了某一個年齡才學外文時，怎麼樣也無法像說母語者那樣沒有腔調。

⑥ 這種群體並非小型的面對面的群體，它是一種匿名的群體。群體中的人彼此會互相承認是因為大家具有許多共同的性徵。

　　上面對於廣包式的群體這個概念的說明似乎過於鬆散。馬格烈及拉茲也承認這點。但是，正如我上面所說的，民族這個概念本身可能就不是那麼嚴格的概念。也許有些居於邊緣性的例子是我們無法決定的。但是，這六個性徵似乎已經可以使我們達到所要達到的目的。這目的就是，我們目前心目中很清楚地認為不構成民族的例子必定缺少上面某一項或幾項特點。上面所談的工會的例子就缺少第一項特點，一個物理學家的學會則違反了第六項特點。而德國人、意大利人及日本人都符合了上述那些特點。

　　由於從客觀的因素方面來界定民族這個概念時不可能對它給出一個很精確的定義。因此，有些談民族理論的人就從主觀因素方面著手。吉爾勒(Ernest Gellner)提出有些主觀主義者對「民族」一詞會提出如下的定義❹：

❹　Gellner, Ernest: *Nations and Nationalism* (Oxford: Basil Blackwell, 1983), p. 7. Gellner 也提到用客觀因素來替民族一詞下定義，他認為兩者都不可偏廢。但是 Cobban 及 Seton-Watson 就特別強調主觀的因素。Cobban這樣說：「任何地域性的社群，它的成員們意識到他們是該社群的成員，並且希望維持他們社群的認同，就是一個民族。」見A. Cobban: *The Nation State and National Self-determination* (London: Collins,

　　兩個人屬於同一個民族只要並且只有當他們互相承認對方是
屬於同一個民族。……是由於他們彼此承認對方是屬於這一
類的同僚這回事使得他們成為同一個民族，而不是由於他們共
同具有其他相同的屬性，無論這些屬性是甚麼，前者是區分成
員與非成員的要素。

　　只用主觀因素來替民族一詞下定義的缺點是，它太違背我們日常
對於民族這個概念的瞭解。一群文化背景及傳統完全不同的人，即使
他們有共同的意願承認自己是同一個民族，但在他們缺乏那些能夠令
他們之間可以溝通的共同語言及傳統之前，我們很難想像他們怎麼可
能構成一個民族。民族中的各份子之間最起碼要有相當程度的溝通，
如果沒有溝通，他們連最起碼的社群也談不上，何況是民族這種必須
有共同傳統的團體？從另一個角度來看，即使同一個民族中的兩個群
體不願意再在政治上成為一體，我們似乎也無法說他們是不同的民族。
美國獨立之前，沒有人會否認住在英國的英國人與住在美國大陸的英
國人屬於同一個民族。我們似乎不能說，獨立戰爭後，那些住在美洲
大陸上的人馬上就跟住在英國的英國人成為不同的民族了。他們組成
了自己的國家，但這點並不能把他們的英國文化傳承立即就消滅掉。
獨立後他們可以馬上自稱為美國人，但這只是政治上及法律上的名詞。
當時他們所組成的是一個政治上的團體，而非一個新的民族。文化不
是可以由一個人或一群人的意志在一夜之間就改變的。因此，我認為
儘管由客觀的因素來定義「民族」一詞可能不很精確，但它已經可以
完成我們所要達到的目的了。

1969), p. 107.

四 民族自決與自治的區分

民族究竟有沒有自決的權利？這種民族自決權 (the right to national self-determination) 究竟是一種甚麼權利？它的根據是甚麼？要瞭解甚麼是民族自決權這個概念，我們必須首先把它與自治權 (the right to self-rule)加以區分。

自治權所指的是一九四七年世界人權宣言中所說的：「每個人都有權利直接地或透過自由選擇的代表來參與他的國家的政府中的事情。」❺

這句話很明白的表示，自治權事實上是等於民主國家中人們所具有的參政的權利。這種自治權當然與民主政治是同一個東西。自從美國獨立革命與法國大革命在十八世紀末發生以來，民主這種政治制度成為人類共同追求的理想。美國獨立革命及法國大革命分別受到洛克及盧梭的契約論的影響。這兩個革命所體現的都是一種主權在民的政治理論。這種理論的出現，使得政權的合法性基礎產生了根本的改變。在君主專制的政體下，政權的合法性是由神意及繼承所賦予的。前者就是有名的君權神授說。民主政治的理論則指出，政府的權力及權利來自被治者的同意。因此，人民的意志才是構成政府合法性的根據。不僅如此，政府實際上是由人民或他們的代表所組成。這也就等於說，民主政體下人民是自治的。在君主專制的體制下，國家即等同於統治者。在民主政體下，國家不再等同於統治者，而是等同於人民。人民有自治權所表示的是，在一個國家內，人們有權參與決定跟自己有關的政治事務。因此，在談自治權時，主要是講一個國家中的人民就與

❺ 由於我手邊沒有這份宣言的中文文本，這是我自己根據英文翻譯的。

自己本身有關的政治事務所擁有的權利。

　　有關民族自決權的辯論，是在第一次世界大戰之後美國總統威爾遜所提出的十四點聲明之後所引起的，接著在第二次世界大戰之後亞、非各國的非殖民地化運動時代，這個問題又再度引起了辯論。這種權利與自治權利的不同之處在於，自治權是指一個國家之內的每一個公民都有直接或間接地參與政府的權利。而自決權所指的則是一個民族，在作為一個團體時，他們有權利決定自己是否要在政治上建立一個獨立的國家。很顯然，從民族自決這個運動的歷史來看，是由於有些民族在政治上受到別的民族或國家的統治，而成為該國家的殖民地，才會引發這種運動。因此，民族自決的運動是一個民族想要脫離別的民族的統治的運動。從這裡可以推出，民族自決權是一種相對於統治他們的其他民族才會發生的權利。如果一個民族是由自己統治自己，則對他們而言，就沒有爭取民族自決的問題。一個民族，如果是由自己統治自己，即使它所實行的是獨裁專制的政體，該國人民也不能用民族自決權作為理據來改變或推翻這種政體。因為民族自決權所指的並不是一個國家的人民有權參與該國政府的政治事務的權利。由此，我們可以看出自決權與自治權有兩點主要的不同：

　　㈠民族自決權是一種相對於其他民族而言，每一個民族都有自己決定是否建立起一個國家的權利。因此，它的性質是在民族與民族之間的關係上每個民族所擁有的一種權利。只有當兩個民族具有某種關係時，民族自決權的問題才會發生。自治權則不同。在談論自治權時，我們完全無須牽涉到其他的民族或國家，這是一個國家內部的問題。它所指的是一個國家的人民有權利參與該國的政治事務，即使這個國家完全孤立於世界其他國家而存在，自治權的問題還是會發生。如果這個國家所實行的是獨裁專制的政體，則意味著該國人民的自治權還

沒有獲得體現。

㈡這兩種權利第二個不同的地方是，民族自決權是一種集體的權利，而自治權則是一種個人的權利。是否所有團體名詞(group term)都可以被化約為個體名詞(individual term)，是一個方法論上的問題。整體主義者與個體主義者對這個問題的爭辯極為複雜，我這裡不打算討論。但是，民族自決的權利很顯然只能是一個團體的權利，因為這個權利的目的是要建立一個國家，而一個個體是不可能建立一個國家的。因此，民族自決權作為一種權利，只有在一群人成為一個團體之後才能夠具有。自治權則不同，它是每個人作為一個國家組成的一份子所具有的權利。這個權利所指的是，每個個人都有參與他的國家中政治事務的權利。因此，這是一種個人的權利。

我之所以對這兩種權利作這樣詳細的區分，主要是由於有些人以為它們是相同的東西。把它們視為相同的東西所引起的後果之一是，有些只能用來作為自治權的理據的東西，被用來作為自決權的理據。例如人權委員會(The Human Rights Committee)就認為民族自決權是特別重要的，因為「它的實現是對個人人權的有效保證及遵循的一個不可或缺的條件」❻。

究竟民族有沒有自決權？如果有的話，它的根據究竟何在？如果沒有的話，又是甚麼原因？

權利是現代政治哲學中最基本也是最難的概念之一。說它是最基本的概念的意思是，現代政治理論中的一些重要的成分，像民主、平

---

❻ Thornberry, P.: " 'Is There a Phoenix in the Ashes?' International Law and Minority Rights," *Texas International Law Journal*, Vol. 15. 這段話摘自 Tamir, Yael 的 "The Right and National Self-Determination," *Social Research*, Vol. 58, No. 3 (1991), p. 584。

等及公正等，最後都要追溯到權利這個概念上去。說它是最難的意思則是指，到現在為止沒有一個討論權利的理論曾經斷言人是擁有某項自然權利的 ❼。政客們可以把人權叫得漫天地響，但哲學家所要提出的卻是理性的論證。因此，對於人究竟有沒有任何自然權利這個問題，我所採取的是一個實用主義的立場。這個立場是：我們不去嘗試證明或否證人有沒有任何自然權利，而只是去問，如果我們接受人是有某些自然權利的話，它會帶來甚麼結果？如果不接受人有任何自然權利的話，它又會帶來甚麼後果？對兩者所帶來的後果作一個比較，我們才決定接受那種帶來比較好的後果的理論。就這個實用主義的立場出

---

❼　當代談自然權利最有名的是一些自由主義者，如 Hart, H. L. A., Dworkin, Ronald, Rawls, John 及 Nozick, Robert。Hart 在 "Are There any Natural Rights?" 一文中提出了一個假然的論旨。他說，如果有任何道德權利的話，則所有人都有平等的自由權 (the equal right of all men to be free)。這是一個假然的論旨，因為它並沒有肯定人有任何自然權利，它只是說如果人們有任何道德權利的話，則他們有上述那項權利。同樣的，Dworkin 指出人們有受到政府平等的關注與尊重的權利 (the right to equal concern and respect)。但是 Dworkin 指出，這只不過是一個設準 (postulate) 而已。也就是說，它是無法被證明的。Nozick 與 Rawls 也都沒有嘗試，而只是假設人有一些自然權利。最有趣的是，美國《獨立宣言》中所說的人的那些自然權利，即生命、自由與追求幸福的權利，乃是不證自明的。當一個人說一個命題是不證自明的時候，這就意味著他無法對它提出證明。Hart 的文章見 *Philosophical Review*, Vol. 64 (1955)，Dworkin 的理論則見他的 *Taking Rights Seriously* (Cambridge, Mass: Harvard UP, 1977)。有關 Rawls 及 Nozick 的觀點則分別參考前者的 *A Theory of Justice* (Cambridge, Mass: Harvard UP, 1971) 及後者的 *Anarchy, State and Utopia* (New York: Basic Books, 1974)。

發，大家似乎都會接受人是有某些自然權利的理論所帶來的後果比較好。

如果我們接受自然權利這種理論，那麼一個民族是否有自決權呢？如果有的話，我們能夠提出些甚麼理據？

上面對於自治權與自決權所作的區分，使得我們可以指出那些從政治參與權，或言論自由權等導出自決權是一項行不通的嘗試。如果不能用上述那些自由主義者所提的權利作為民族自決權的基礎，那麼我們可以用甚麼作為它的基礎？我想民族自決權的最適當的基礎是人對於自己的文化的認同權。所謂文化權所指的是每個人或每個民族有權利擁有一個公共的領域，這個公共的領域是他們的文化的一個載體。而屬於該文化中的人，可以在這個公共領域中實現及完成自己的價值、理想及人生計畫等。

為甚麼一個人或一個團體有這種文化的權利呢？生活在自己的文化中是一個人實現及完成他的認同極為重要甚至不可或缺的一部份。一個被移植到不是自己文化中去生活的人，在許多方面無法充分表現自己。例如，他不能說他自己的語言，而必須說一種對他來說是外國語的話。這樣，他能夠自我表達的程度就受到了限制。他也可能無法有一個公共的領域來實踐他的宗教信仰，這對於他的價值系統可能構成一個很大的傷害。一個身處在自己的文化中的人則沒有上述這些問題。他從他的文化中建立起自己的價值觀、人生理想，而在他自己的文化中，他才有可能充分地體現及完成這種價值。因此，我們如果承認有實現自己認同的權利，而同時，最可能實現自己認同的場所是由自己的文化所組成的社群的話，我們就必須承認，一個民族有權利維持自己的文化，因為根據我們前面的分析，區分民族的客觀因素就是文化與傳統。

　　有些人會指出，即使我們同意每個人有實現及完成自己的認同這種權利，同時，要達到這個目的，各民族應該有權利保持他的文化，但是，這並不一定會引導到民族自決的權利。也就是說，這並不一定就證明該民族有建立一個獨立國家的權利❽。現代社會是一個多元的社會，在這種社會中，不同民族文化在公共的領域中，都可以佔一席之地。那麼，個人的認同權及民族的文化權並不一定必須由建立一個國家才能得以實現。

　　對於上述這種講法，我願意提出兩點來說明為甚麼民族的多元主義並不是一個很好的安排。吉爾勒指出，在較小、較簡單及較「原始」的社會中，社會人類學家所說的結構 (structure) 扮演著很重要的角色。一個人在一個村莊中生為某人的兒子及某人的姪兒，可能就在相當大的程度上決定了他的人生中相當大的部份。現代社會則是一個流動性 (mobility) 很大的社會，在這種社會中，結構對人的決定性變得越來越小。由於流動性大，一個人常常會進入一個陌生的社會，而只有結構很鬆散的社會才能允許常常有陌生人的闖入。這時候，人與人之間組成關係的是文化因素。因此，吉爾勒說：「在現代社會中，文化不再是那樣地去凸顯結構；而是，它取代了結構。」❾一個由彼此之間陌生的人所組成的社會，唯有依靠共同的文化，大家彼此之間才能溝通。一個美國密西根州的人搬到加州去住時，不會遇到什麼困難，因為美國社會是一個現代化的社會，而這兩州的人所擁有的文化沒有太大的差異。大家說共同的語言，看同樣的體育節目，有共同的娛樂項目。

　　由於現代社會中，文化取代了結構，一個人如果生活在不是自己

---

❽　在❻中所引的Tamir的文章就提出這種看法。見pp. 588–590。

❾　Ernest Gellner: "Nationalism"，本文收在他的*Thought and Change*一書中 (London: Weldenfeld and Nicolson, 1964), p. 155。

文化的社群中，他就會是一個純粹的陌生人，他無法與別人溝通。在
這種情形下，他就無法實現自己的自我，或者很難做到這點。這是許
多移民所經歷過的痛苦。如果一個民族與另一個具有不同文化的民族
共處在一個國家裡，他們彼此之間的溝通也就變得很困難，或者甚至
完全無法溝通。但是在一個以文化為主要支持物的社會中，溝通是一
個構成社群最根本的條件。兩個不同文化的人，講不同的語言，彼此
之間要溝通都變得不可能，如何還能構成一個真正的社群呢？在美國、
加拿大這種民族多元文化的社會中所造成的普遍現象就變為每個民族
各自構成自足的團體。民族與民族之間的關係變得極為疏淡，甚至到
了敵意及仇視的地步。我想這是提倡文化多元主義很容易引致的一個
後果。如果是這樣的話，我想讓各個民族獨立建國可能是較好的一個
選擇，因為多元民族的社會所帶來的壞處比好處可能要多得多。美國
人以前所提倡的是熔鍋 (melting pot) 的理論。這個理論主張不同的民
族到美國後都融入美國這個民族中，而建立起一個新的共同的文化。
但最近許多少數民族則主張多元主義。我想這種主張所帶來的後果是
一個分割為許多彼此之間沒有溝通的民族團體，如果是這樣的話，則
我看不出來這種多元主義對社會會帶來些甚麼好處。歷史學家施萊辛
格 (Arthur Schlesinger) 最近在《時代》雜誌上談這一個問題的時候說：
「美國的意義不是去保留那些老的文化，而是去造就出一個新的美國
文化。」❿ 在以文化取代結構的現代社會中，我想這是一個比較好的辦
法。

本文原載於劉青峰編《民族主義與中國現代化》（香港：中文大學
出版社，一九九四年）

---

❿　*Time* (July 8, 1991).

民族國家與文化多元主義
——現代政治的一個困局

一

康德在〈永久和平：一個哲學的勾勒〉一文中指出，一個世界性的國家(world state)將會是高度壓制的，甚至會是獨裁的，這當然也不是大家想要的。他接著指出，幸虧有兩項東西把大家分割開來，使得他們不會也不能組成這樣一個世界性的國家。這就是語言和宗教❶。《聖經》上〈創世紀〉中的「貝博爾塔(the Tower of Babel)」的故事，指出了上帝怕人類團結起來變得太有力量，就把他們用不同的語言分開，使得他們無法溝通。

人類有史以來，就有著不同的語言與文化，世界性的國家從來就沒有出現過。最早期的部落社會組織，是比較小型的。同一部落裡的人，所擁有的基本上是相同的語言及文化，政治組織也就奠定在這個基礎上。到了文明發展以後，出現過各種不同形態的政治組織。例如希臘的城邦，羅馬、中國等大帝國，西方中世紀的城堡等。在大帝國

---

❶ Immanuel Kant, "Perpetual Peace: A Philosophical Sketch," *Kant's Political Writing*, ed. Hans Reiss (Cambridge: Cambridge University Press, 1970), pp. 113–114.

的政治形態下，不同文化及語言的民族，被統一在大帝國之下。羅馬帝國遍及歐、亞、非三洲，治下的人民，擁有相當不同的文化。後來的奧圖曼土耳其所建立的帝國，也有著相同的情況。中國自秦始皇統一天下之後，雖然實行了書同文的統一文字的措施，但是，中國歷代所統治的尚包含有許多非漢民族的其他民族，他們有自己的文化及語言。帝國時代基本上是一種多民族國家的政治組織。

　　民族國家(nation-state)是現代世界的產物。它的基本特點是，國家是由同一個民族所建立而成的一種政治組織。而民族主義(nationalism)的基本理念也就是認為，民族是構建國家的基本單位，同時，一個民族也應該在政治上建立起一個屬於自己的國家。民族是一個文化概念，它所指的是一群具有相同的文化、傳統、語言、宗教、風俗習慣等的人；而國家則是一個政治概念，它是一個主權實體，在它之上，沒有更高的權力機構可以對它合法地下命令，在法律上，它也沒有義務要服從任何別的人或實體。同時，屬於一個國家的個體或團體，卻有義務要服從它的命令。韋伯在為國家下定義時指出，國家的特點就在於它是唯一有權利合法地使用武力的組織。民族主義基本的理論就變為：一個民族，是建立國家的基本單位，而且，一個國家最好也是由一個民族所組成。但是，只是具有上面那些因素，顯然還不足以使一群人聚集起來組織一個國家，因此，在上述那些客觀因素之外，韋伯還提出了建構民族國家的主觀因素。這就是，「在與其他的人碰面時，有一種特別的團結的情感 (a specific sentiment of solidarity)」❷。有了主觀及客觀兩種因素，就構成了一個民族建立國家的要求。當然，客觀因素在構成民族的過程中應該佔有主要的地位。

---

❷　Max Weber, *Economy and Society*, ed. G. Roth and C. Wittich (Berkeley: University of California Press, 1986), p. 922.

如果一群人擁有相同的文化、語言、傳統、歷史等，除非在很特別的情況下，總有一種願望要構成一個組織。如果政治組織是人類集體生活所不可或缺的東西的話，則他們就會相當自動地建立起一個國家來，也就是說，民族要求建立國家乃是相當自然的事情。

　　一個民族與另一個民族合起來建立起一個國家也許不是一件非理性的事情，但是它總沒有同民族的團體建立一個共同的國家來得自然。不同文化的人處在一起，溝通上總會有或多或少的困難，有時候甚至會完全無法溝通。當然，同一個文化之內也會有這種問題發生，但是它在程度上要小得多，而且發生的頻率也低得多❸。我們只要看一下帝國時代的多民族國家的情況就可以發現，這種國家之形成，絕大部份是靠較有力的民族對較小民族的武力征服所建成這點，就可以證實我上面的論點了。這種現象不但只是發生在古代的大帝國，即使在民主時代的多民族國家中，大部份也是以武力征服的方式而形成的❹。

---

❸　一個文化或民族之中也許還會有許多小的子文化及民族。到底當各子文化之間的差異要大到什麼程度時，它們就構成了兩種不同的文化？我想這個問題是沒有一個一清二楚的答案的。語言文字是一個最重要的標準，但它也不是絕對的。美國人與英國人都是英語民族，但是我們能沒有任何保留地說，在經過三四百年的分別的歷史發展之後，他們仍是同一個民族嗎？

❹　以美國為例，它包括了許多民族，如原住的印第安人、夏威夷人、墨西哥人的後裔，以及愛斯基摩人。前三者都是經過武力的征服而成為美國的一部份，愛斯基摩人則是由美國向俄國購買阿拉斯加而成為美國的一部份。在這裡，所謂的多民族不包括那些自願的移民以及被販賣到美國做奴隸的非裔美國人。後者其實也應該算是武力征服所造成的結果。Will Kymlicka 將前一種現象稱之為多民族(multination)，而由於移民所

二

　　民族國家如果是現代世界的特點之一的話，自由主義更是現代世界最根本的意識形態。它的觸角伸展到各個領域之中。政治、教育、經濟是最明顯的三個領域。自由主義最基本的要義，就是有名的中立性論旨(the neutrality thesis)。這個論旨所意謂的是，在甚麼是美好的人生(good life)這個問題上，政府應該採取中立的態度。也就是說，任何一種生活方式，只要是沒有違反公正原則時，政府就不應該對它加以提倡、表揚或壓制❺。美國憲法上有名的政與教的分離，就是政府不准提倡任何宗教，以及公立學校禁止在公共時間進行祈禱，都是根據這個論旨而來的措施。中立性論旨之所以被認為是最合理的原則，是由於價值客觀性的失落。現代世界自解咒(disenchantment)以來，人們不再認為從實然可以推出應然，事實導出價值。它的結果就是價值的主觀主義。價值只是人們選擇的結果，當這個選擇不是工具性的對手段的選擇，而是對人生的終極計畫的選擇時，已經沒有一個宗教上或宇宙論上的標準。用沙特的話說，它是一個根本的選擇 (radical choice)，一個根本的選擇是沒有標準、沒有依傍的選擇。

形成之多民族現象，他則把它稱之為多族群 (polyethnicity)。見他的 "Social Unity in a Liberal State," *Social Philosophy and Policy*, p. 13, No. 1 (1996), pp. 107–115。

❺　有關中立性的理論，見Ronald Dworkin的"Liberalism"。本文收在Stuart Hampshire 所編之 *Public and Private Morality* (Cambridge: Cambridge University Press, 1978), pp. 113–143。有關自由主義的理論，可見我的《當代自由主義理論》(臺北：聯經出版社，一九九五年)。

　　價值主觀主義、中立性的觀點與多元主義有著緊密的關係，中立性一方面是導致多元主義的主要的原因之一，同時它也是由於後者的出現，理論家們所提出的因應它的哲學。而價值主觀主義則是引發出它們的根本原因。如果價值只是主觀的選擇，則多元主義是它的必然的結果。如果多元主義是不可逆轉的事實，政府在人生理想問題上採取中立的態度乃是最合理的立場。因為價值沒有客觀上的高低，政府就沒有根據來提倡或壓制某一種人生理想及生活方式，只要它沒有違反公正原則。價值多元是解咒後的現代社會的一個事實，而這個事實在可見的將來也不會改變❻。

　　民族國家的理念是要把建立國家的基礎奠基在同文化、語言等一群人共同擁有的東西之上，而根據自由主義哲學所建立的國家則認為價值的分歧、理念的差異是不可避免的，因此，國家這個統一的實體不能建立在文化理念的統一之上，而必須另找基礎。自由主義者認為這個基礎就是一個大家共同接受的公正理念。洛爾斯說：「雖然一個井然有序的社會 (a well-ordered society) 是分化及多元 (divided and pluralistic) 的，對於政治及社會公共的問題，公共的同意卻支持著公民的友誼關係並且使社團的聯繫牢固。」❼但是，公正的理念足以使多

---

❻　有關價值多元的事實及它的永久性，見John Rawls的"The Domain of the Political and Overlapping Consensus," *New York University Law Review*, p. 64, No. 2 (1989), pp. 234–235。

❼　John Rawls, "Kantian Constructivism in Moral Theory," *Journal of Philosophy*, p. 77, No. 9 (1980), p. 540. Dworkin 也曾討論過以公正作為社會統一的基礎，見他的 "Liberal Community," *California Law Review* p. 77, No. 3 (1989), pp. 479–504。Habermas 對於公正作為社會統一的基礎這一點與 Rawls 及 Dworkin 的立場也是一致的。只是他較強調參與的

元的社會建立起一個統一體嗎？從黑格爾對市民社會的描述及分析以來，一直到今天的社群主義者對這點都抱著懷疑的態度。有關這個問題，我下面將作較詳盡的討論。

一元民族中的多元價值這個事實也許還不至於對民族國家的概念構成太大的威脅。同一個民族中儘管人們擁有不同的人生理想及價值觀，他們仍擁有太多相同的東西。他們擁有共同的語言、歷史、生活風俗等。對現代民族國家引起最大挑戰和衝擊的是，一個國家中存在著不同的民族這個現象。這個現象的成因主要有兩個。第一個是一個民族國家用武力或非武力的方式把別的民族納入自己的國家之中。前者如上面所舉的美國的那些少數民族，後者如瑞士或加拿大的情況。另外一個多民族國家的成因則是由於移民。這個現象以美國、加拿大及澳大利亞最為明顯。但是它也漸漸地擴及歐洲大陸的許多國家，例如英國、法國及德國。這種多民族國家內人們的差異遠比多元主義的本民族國家中的差異要來得大得多。無論是少數民族被併入或者自己加入別的民族組成一個多民族國家或是由移民所造成的多族群國家之中，不同民族之間的差異，都是相當根本性的。不同民族之間的差異不僅只是人生理想及宗教上的不同，他們更說著不同的語言，有著不同的歷史傳統以及生活習慣。要在這麼大的差異之上建立起統一的可

重要性。所以他認為公民權利(civil rights)及社會權利(social rights)之外，政治權利是更重要的實現自律(autonomy)的條件。前兩種權利在一個父權式的政制下有時候人們也可以享有，但是積極政治的參與權利只有在一個真正的民主體制下人民才能享有。我們只要看香港的情況就可以瞭解到他的話的真諦了。見 Jürgen Habermas, "Citizenship and National Identity"。本文收入他的 *Between Facts and Norms*, trans. William Rehg (Cambridge, Mass.: The MIT Press, 1996), pp. 491–515。

能性是低之又低。美國是全世界最大的移民國家。它自建國以來就面臨了多民族的問題。他們的解決辦法是把美國弄成一個大熔鍋(melting pot)，在這個大熔鍋中，不同的民族都被熔化為美國人。施萊辛杰(Schlesinger)說，「美國的意義不是要保留各色各樣不同的老的文化，而是去鑄出一個新的美國文化」❽。但是，從八〇年代以來，由於少數民族的一些運動，使得這個理念漸漸受到質疑。他們認為美國這個熔鍋所鍛造出來的只是以盎格魯－撒克遜文化為主的一個民族。他們自己的文化被熔化得不見了。因此，進而要求以文化多元主義來代替熔鍋。這就引起了像施萊辛杰這類學者對於美國走向分化的憂慮。

三

政治組織如果是人類群居生活所不可或缺的話，民族主義的基本看法是，一群具有相同文化、歷史、語言等的人是建立國家的基礎。當一群人具有這些共同的特點之後，他們很自然地會有一種主觀的願望，一起來建立一個政治組織。而且只有具有這些共同特點的人才較適合聚集在一起來建立一個國家。但是，自由主義下的多元文化現象，卻又是現代社會不可避免的結果。移民及武力征服別的民族也是一個既成的事實。移民及征服不僅造成自由主義下所產生的文化多元現象，

---

❽　Arthur Schlesinger, Jr., *The Disuniting of America* (New York: W. W. Norton & Company, 1992), p. 13.《熔鍋》(*The Melting-Pot*) 是一個俄國猶太裔的英國人Israel Zangwill在一九〇八年時所寫的劇本。它想描寫的是美國的一個現象，它把不同民族熔合起來成一個新的民族。見 Schlesinger, p. 32。

它更造成了多元民族。這兩者都對民族國家的理念構成了破壞。面對
這個問題，我們有甚麼辦法來應付它？前面我已經點出了人們提出的
兩種應付這個棘手問題的辦法，第一是自由主義的社會統一觀，第二
是熔鍋的理念。在這節及下面幾節，我想對它們作較詳盡的討論。

首先讓我們來看移民的問題。由於美國及加拿大是最明顯的移民
國家，我就以它們為例，來討論這個問題。五百年前左右，哥倫布來
到美洲時，新大陸還是一個地廣人稀的地方。歐洲人陸續移民到美洲
大陸來，使用暴力，幾乎將美洲的原住民印第安人趕盡殺絕。從十八
世紀美國建國以來，它一直是一個移民國家。首先是英倫三島的移民，
然後是南歐，再後是東歐及中歐，到二次大戰後則亞洲、拉丁美洲及
非洲的移民也陸續來到美國。但是，來到美國的移民既然都是志願的，
因此，他們也就被認為是願意放棄自己的過去，而加入一個新的文化，
取得一個新的認同。熔鍋的想法就是奠基在這種志願的選擇下所產生
的❾。當然，除了「志願」這個因素之外，熔鍋理論提倡者的另一個
重點是，語言、文化、傳統截然不同的民族，要合起來建立一個國家
在現實是行不通的事情。上述這些項目是組織國家所不可或缺的條件。
由於英國文化是當時美國的主要文化，英語是主要的語言，因此，各
地來到美國的移民應該放棄自己本來的語言而改說英語，同時，也應
該盡可能地放棄自己本來已有的文化及生活習慣，而學習美國的生活
習慣。從這個事實及想法我們可以看出，熔鍋的理論與民族國家的想
法在基本上是一致的。它只不過是民族國家這個概念在遇到移民問題

---

❾ 加拿大雖然一開始所強調的是族群的鑲嵌(ethnic mosaic)，但是，這是由
於它一開始已經由英、法兩個主要民族所構成的關係。移民仍是被視為
要融入這兩大民族中的一個，而不是保有原來的文化。見Kymlicka,
p. 110。

這個具體問題時所提出一個解決問題的辦法。基於新移民是自願的這點，它在理論上是站得住腳的。如果美國是一個移民嚮往的目的地，則它一定有地方吸引他。而美國之所以會成為這樣一個在他心目中理想的地方，使得他願意離鄉背井，遠渡重洋來生活，當然有它成為這樣一個理想樂土的原因。這個原因就是由於它有自己的文化，以及建基在這個文化上的生活習慣，及各種制度。而美國要繼續維持這種文化及制度，生活在這個社會的人就必須具有這種文化及心態，因此，移民到美國來自然也就應該融入這個社會，盡量地把自己老的心習去掉，而吸收美國文化，把自己變成美國人。當然，這只是理論及理想。事實上人們是否能把自己的過去甩脫掉，則是另一個問題。人的傳統及認同不像一件穿在身上的衣服那樣，可以隨時把它脫下來，再換上一件新的衣服。一個人的傳統及認同，事實上就是構成他的自我的要素。他不可能把它隨時甩掉，而還能保全自己的整全性(integrity)。以語言為例，一個人到了二十多歲時，大概很難把自己的母語完全忘得一乾二淨。同時，一個二十多歲的人要再重新開始學一種外語，大概也不太可能把那種語言學到像自己的母語那樣。這是自然給我們的限制。由於這個原因，移民要完全融入新的社會及獲得完整的新的文化的可能性就會變得很低。這也是為甚麼在美國及加拿大這樣的移民社會中，新移民總是與自己的族群聚在一起的道理了。我們在美、加的大城市中常可以看到小意大利、唐人街等族群聚居的情況。

　　熔鍋雖然只是一個理想，在現實上，它可能永遠無法實現，但是，它的力量卻是甚為巨大的。如果一個移民國家裡的人大家都接受這種理論及理想，它對人們的態度會有決定性的影響。本國人如果採取這個態度，則他就不會把新移民視為外人，而對他拒絕；新移民如果接受這個理論，他也會盡力地去學習當地的文化，而盡量地融入當地的

社會，把自己變為當地人。

不同文化、傳統的民族聚集在一起，熔於一爐，建立起一個新的文化是上面所引的施萊辛杰的講法。但是，大部份講熔鍋理論的人則認為，美國是一個以盎格魯－撒克遜民族為主導所建立起來的國家，因此，新移民不可避免地要被融入這個文化之中。再以語言為例，如果採取前一種說法的話，美國必須在來自各地的移民的語言的基礎上，創造出一種新的語言，成為美國的語言。但這在事實上是辦不到的事情。雖然美國人的語言中加入不少的外來語，但是，它們是不折不扣的英文。外來語對它的基本結構幾乎沒有任何有意義的影響。除了語言之外，其他文化方面的情況也差不多。美國人雖然也吃中國菜及墨西哥菜，但是就整個飲食系統來說，這些食物只是主食之外的一些點綴而已。與語言一樣，整個文化系統也是一種通過自然演化的過程所產生的東西。用完全刻意的人為辦法去把相當不同的文化拼湊在一起，在人類歷史上還沒有成功過。

由於歷史的原因，盎格魯－撒克遜民族在美國佔有絕對主導的地位，而且，我們有理由相信，盎格魯－撒克遜的文化是造成今天美國之所以能夠吸引世界各地移民來到美國的主要原因。所以，那些提倡熔鍋說的人認為到美國來的移民都應該盡自己所能地拋棄舊的文化，去學習這種新的文化。當然，熔鍋的理論家們也瞭解到這會有實際上的困難。而他們也認為，在不動搖盎格魯－撒克遜文化的基礎上，加入新移民的老文化會使美國變得更加多姿多彩，使得它更有生命力。我想志願的新移民也完全接受這種講法，同時，實際上也希望能盡量地變成美國人。

四

熔鍋對於民族國家的理念，並不會構成威脅。它實際上是移民現象中維持民族國家的一種辦法。對民族國家構成威脅的是多民族國家及文化多元主義。我們可以把兩者合在一起講。

由於不同的原因，加拿大及美國分別從七〇年代及八〇年代起，由熔鍋的理想，變而為對文化多元主義的提倡。加拿大將法語變為兩種官方語言之一，政府並且實行由提倡同化新移民轉而為提倡加拿大是一個多社群的社會這種想法。美國從八〇年代開始也提倡文化多元主義。在學校的課程中增加了少數族裔文化、歷史的研究，以及有些少數民族多的地方實行雙語政策等。美國與加拿大同時提倡文化多元主義，但是，兩者背後的原因卻是不同的。加拿大之所以會提倡文化多元主義，主要的原因是魁北克省的法裔人爭取的結果。魁北克人擔心在北美大陸英國文化佔絕對統制性的情況下，法國文化將會慢慢地被侵蝕掉。而他們認為法國文化是他們的文化，是構成他們自我認同的傳統及歷史資源。當然，他們認為法國文化是他們所珍惜的。法國人在整個人類文化史上所創造的輝煌的成績也是他們引以為傲的。較激烈的人認為，要維持這個傳統，魁北克人只有獨立建國才能成功。在六〇年代末期甚至有人提倡用武力的辦法來達到這個目的，而且也有所行動❿。但是這種激烈派的贊同者並不多，而事情也很快就平息

---

❿　我記得一九七〇年十月剛到加拿大時，就碰上總理杜魯多 (Pierre Trudeau)宣布全國戒嚴。他宣布了戰時條款(War Measures Act)。當時由於魁北克的移民部長 Pierre Laporte 被分離主義者綁架後，引起了全國的恐慌。

下來。由於法裔人的爭取，加拿大政府採取了許多促進多元文化的政策。但是，魁北克的獨立要求始終沒有平息下來。到七〇年代末魁北克人黨在魁北克大選中獲勝，省長拉伐克(René Lévesque)提出全民投票，決定魁北克的命運。當時他提的口號是主權－協會(Sovereignty-Association)。但主要是由於經濟的原因，拉伐克在全民投票中輸掉了。可是魁北克人對獨立的要求並沒有就此平息下來。這中間有米切湖(Meech Lake)會議要求對憲法作修正，承認魁北克是一個獨特的社會(distinct society)。去年(1996)在魁北克人黨再度執政一段時間之後，又作了一次公民投票，雖然執政黨仍是輸了，但是，贊成獨立與反對獨立的票數之間所差的百分點變得很小了。當然，魁北克人要求獨立除了文化因素之外，也不是沒有別的因素，例如經濟因素。但是，文化因素卻是主要的原因。

多元文化在美國興起的原因與加拿大並不完全相同。它是由非洲裔美國人的爭取而展開的。非洲裔美國人是美國少數民族中佔最大多數的民族。他們成為美國人的原因，如大家所知，是被白人作為奴隸販賣到美洲來所造成的結果。這點與加拿大的法國人成為加拿大人乃是由於他們自願與英國人組成一個國家完全不同。雖然經過了內戰之後，奴隸得到了解放，但是，非裔美國人在社會甚至是法律方面仍舊受到嚴重的歧視。六〇年代的民權運動，一方面是少數民族，另一方面是婦女，都以自由主義的基本概念——人權——作為武器，為自己爭取平等的待遇。我想六〇年代的民權運動是造成今天美國的文化多元主義的最主要原因。由於非裔美國人爭取權利的影響，其他少數民族也起來爭取自己的權利，例如，墨西哥裔、亞洲裔等。從權利的爭取，進而要求社會上承認他們有自己的文化傳統以及認同。最極端的例子是最近加州的一個以黑人為主的縣教育局要求聯邦政府承認黑人

所說的不是英文。非裔及墨裔的美國人之所以成為美國人，並非他們自願選擇的結果，而是由強力所造成的。雖然幾百年的歷史下來，他們已成為不折不扣的美國人，但是，由於種族主義的關係，他們在社會上所受到的歧視及不公平待遇，仍舊是極為不可接受的。這使得他們在爭取權利之外，更要求被承認他們有自己的文化傳統而不願意真正地加入美國這個文化的熔鍋之中。

　　亞洲裔美國人情況與非裔美國人的情況不同。他們是自願而非被迫移民到美國來的。雖然中國人早年也有被賣豬仔到美國的情況，但這仍不是武力的逼迫。他們之所以要爭取文化認同，主要的原因是早期美國、加拿大的法律對他們採取歧視，白人社會也不完全接受他們，使得他們無法真正融入美國這個大熔鍋之中。這促使他們要去追尋自己的認同。對自願移民，除了自然的限制之外，例如年紀太大不可能完全掌握一種新的語言等，我們可以假定他們是願意融入美國文化而變為美國人。對亞裔美國人而言，他們想建立起一個自己獨特的認同的原因並非由於反對熔鍋的想法，而是由於美國社會對他們沒有完全接受所造成的結果。

　　從上面的分析可以看出，雖然美國與加拿大現在都提倡多元文化，但促使他們提倡的原因卻有所不同。當然，加拿大的亞裔也碰到美國亞裔同樣的問題。多元文化所造成的政治不是合同的政治，而是差異的政治。泰勒 (Charles Taylor) 將它名之為承認的政治 (the politics of recognition)，也就是要求別人承認自己的特點[11]。魁北克人要求加拿大承認他們是一個獨特的社會，非裔美國人也要求美國承認他們具有

[11]　Charles Taylor, "The Politics of Recognition," 本文收在Amy Gutmann所編之 *Multiculturalism: Examining the Politics of Recognition* (Princeton: Princeton University Press, 1994), pp. 25–73。

不同的文化傳統。不僅是承認不同，他們更要求他們的不同應該受到
尊重，而不是被不平等地對待。這當然是現代社會的平等概念及價值
主觀主義所導出的主張。所有的人都具有相等的尊嚴，同樣的，所有
的文化也具有同等的價值。我們不應該對任何人有所歧視，同樣的，
我們也不應該對任何文化有所歧視。盧梭(Rousseau)所說的「主人與
奴隸互相腐化」⑫也同樣適用於不同文化之間的關係上。

　　自由主義的民主是純粹個人主義式的。權利的擁有者是個體的人
而不是團體。每個人以單獨個體身份而不是以次團體成員身份加入政
治組織。因此，他也不會由於自己是某個次團體的成員這種身份而得
到什麼特權⑬。這種想法與熔鍋可以說是相一致的。但是在實際的社
會中，人們以團體來作為區分的標誌。社會對於某人是猶太裔或亞裔
這個事實並非視而不見。因此，少數族裔的人瞭解到，如果他們以個
人的身份參加國家這種大的政治組織時，一定會吃虧以致無法保護自
己的文化認同。族群既然是他們認同的最重要的因素，在政治上，他
們就必須爭取使得這個因素不被淹沒掉。這就是少數族裔為了保全自
己的認同而提倡文化多元主義的理由。文化多元主義顯然與熔鍋的理
想相違背。前者要保持各民族的文化及傳統，後者則要把它消除掉，
而鑄造一個新的文化。最大的問題是，人類似乎無法把兩種文化放在
一起，讓兩者在新鑄造出來的文化中都佔有相同的份量。語言是最明
顯的例子。我們不可能把中文和英文合併鑄造出一種兩者都佔有同等
份量的新語言。而事實上，美國文化是以盎格魯－撒克遜文化為絕對
的主導文化，要熔的話，只有熔在這種文化之中。

---

⑫　Rousseau, *Emile*.轉引自Taylor上面的文章，p. 45。

⑬　Jürgen Habermas, "Struggle for Recognition in the Democratic Con-
stitutional State,"本文亦收入⑪中Gutmann所編的書中，p. 107。

五

　　一個國家碰到這種多民族、多元文化的情況，有甚麼解決的辦法？這種辦法是否行得通？前面已討論了熔鍋的辦法。本來這是最好的辦法。如果它能夠行得通的話，一個來自不同民族的國家仍然可以鑄造為一個新的文化。但是由於二點限制，使它無法完全成功。第一，人類無法將二種或多種不同的文化絞在一起，鑄造出一種新的文化，同時，在這個新的文化中，原來那些老的文化都具有大致相等的份量。這是理論上的問題。而在現實層面上，美國事實上是以盎格魯─撒克遜的文化為主導，少數族裔要熔的話只有放棄自己的傳統或絕大部份的傳統，而融入這個主導文化中。要那些自願移民這樣做還可以說是合理的，但是對於被逼而成為美國人的少數民族來講，如原住民印第安人、非裔美國人，這就顯得在理上站不住。因此，唯有採取文化多元主義。在多元民族及文化的國家中，甚麼東西可以作為社會及國家統一的基礎呢？大家最後只有回到現代世界的根本意識形態自由主義中去找尋這種基礎。

　　早在十九世紀黑格爾已經一針見血地指出了，現代世界是一個分化(differentiation)的世界。以個人主義為基礎的現代世界，所顯現的是分的特色。在這個分化的世界中，社會統一成了最大的問題，因而也就無法建立社群。雖然黑格爾認為現代國家具有這種統一的作用，但是，如果我們仔細分析的話，現代國家事實上只是黑格爾所說的市民社會(civil society)罷了。在這個分化的社會中，每個人都是霍布斯式的自利主義者。國家只不過是為達到自利這個最終目的的工具而已。自由主義這種原子主義（atomism─Charles Taylor的名稱）式的人性

觀，使得他們對於社會統一的基礎及性質有了一種嶄新的看法。他們認為現代社會的統一基礎不可能建立在希臘時代那種群體的共同計畫(common project)上。因為共同計畫必須大家有一個共同的價值才能辦得到。而價值的主觀主義使得這種可能性變得不存在。因此，社會統一只能奠基在一種大家共同接受的公正原則上。這從我前面所引的洛爾斯的那段話中可以很清楚地看出來。在這個大家接受相同的公正原則的社會中，人們除了這點相同之外，其他方面都可以不同意。他們可以有各自不同的人生理想、宗教信仰、生活方式等。在一個這種多元的社會中，只要不違反大家所共同接受的公正原則的話，任何人都可以追求自己的理想。這就是所謂的「對優先於價值」這個有名的論旨(the priority of the right over the good)⓮。我們可以將前者視為公共的領域，而將後者看成是私人的領域。自由主義把人的世界分為公私兩個領域，社會統一的要求及範圍只限於公共的領域，而私人的領域則允許各人自己發展。

　　將這個思想架構運用到現實上來就成為像華爾色(Michael Walzer)所說的，每個美國人事實上都是一個中間有一個連字號(hyphenated)的人，他要麼是愛爾蘭裔的美國人(Irish-American)，要麼是意大利裔的美國人(Italian-American)。前面所代表的是文化，而後面所代表的是政治。也就是說，文化上所有的美國人分屬於各個不同的民族，而政治把他們統一起來，使他們成為美國人。並沒有純粹文化意義上的美國人⓯。我並不同意華爾色這種講法。我們只要稍為

⓮　Michael Sandel 對於這個論旨作了詳盡的分析。見他的 *Liberalism and the Limits of Justice* (Cambridge: Cambridge University Press, 1982) 的導論及第一章。

⓯　Michael Walzer, "What does it mean to be an 'American'?" *Social*

看一下，一個第三代的意裔或德裔，甚至亞裔的美國人身上還有多少他祖先的文化成份這點，就可以看出並非沒有純粹的美國文化的美國人了。無論華爾色的講法是對的或是錯的，文化多元主義所用的哲學基礎就是這種自由主義將公共與私人區分的哲學理論。既然政治所牽涉到的只是公共的公正問題，對於人生理想及價值，它就不應該管，這些是屬於私人領域的事情，人們有自由隨著自己的意願去發展。更進一步，政府應該立法保障人民發展屬於私人的文化領域。在這裡由於少數民族所處的是一種不利的地位，因此，個人主義的原則應該讓位給團體的原則。也就是說，在多元文化的問題上，某人可以以作為某一個少數民族的團體的成員來發言，而不純粹只從一個個人來發言。而少數團體為了能夠保存住自己的認同，也應該受到多數團體的尊重。就像宗教團體一樣，政府不應該對於只有少數教徒的宗教團體加以歧視，而應該將它與其他的宗教一視同仁。可能由於它是弱勢團體，政府應該訂一些政策，使得它不會受到多數團體的欺壓❻。

Research, p. 57, No. 3 (1990), pp. 591–614.

❻ 洛爾斯的第二個公正原則——差異原則在這裡可被少數族裔用來作為他們要求政府對他們提供一些特殊的優待的理據。這個原則是，「社會與經濟上的不平等將以下列的方式來安排：⒜它們對每個人有利，並且，⒝它們是隨附著職位和工作的，而這些職位與工作對所有人都是開放的」。後來，洛爾斯將⒜中「對所有人」改為「對處於最不利地位的人」。雖然洛爾斯的第二個公正原則的分配對象是經濟上的利益，但是少數民族也可以指出，這應該也同樣地可以用到文化領域中。而他們事實上在這裡也是處於最不利地位的人。見他的 *A Theory of Justice* (Cambridge, Mass.: Harvard University Press, 1971), p. 60, 302。

六

有關共同接受的公正原則，我們可以提出兩個問題：首先，一個大家共同接受的公正原則真的能成為社會統一的基礎嗎？其次擁有不同文化的民族真的能找出一個大家共同接受的公正原則嗎？

公正這種德性，正如休姆(Hume)所說的，是由自私性(selfulness)所引發出來的德性。公正問題之所以會發生是由主觀及客觀兩方面的各種因素所造成的。主觀方面，由於人是自利的 (self-interested)；客觀方面，由於現實世界所具有的有價值的東西相對地不足，因此，不可能每個人的所有欲望都得到滿足。休姆認為，這兩種條件只要其中一種不存在，公正問題就不會發生❶。從這個講法，我們可以推導出，一個以公正為基礎的社會乃是一個個人主義式的社會。在這個社會中，人們所追求的是自己的利益。公正原則只是用來規定在追逐利益時，人們所必須遵守的規則。當然，大部份甚至所有的人都希望一個社會是公正的，同時，有些人甚至會去為實現公正的理想而奮鬥。但是，一個以公正為基礎的個人主義式的社會中的人，大家的目標也是個人主義式的。這個社會是一個黑格爾所謂的市民社會。在這種社會中，人與人之間並沒有內在的聯繫。在人與人的關係中，每個人都可以被取代。奠基在公正原則上的市民社會實際上就是一個市場社會。市場中的任何一個人都是可以被取代的，只要我與別的人可以有一個更好

---

❶ 有關休姆對這個問題的看法，見他的 *A Treatise of Human Nature*, bk. III, pt. II, sec. 2 (Oxford: Oxford University Press, 1978)。洛爾斯在討論「公正問題發生的境況」(The Circumstances of Justice) 時，完全追隨休姆的講法，見 *A Theory of Justice* 第三章第22節。

的交易的話，沒有任何理由我非和你做交易不可。因此，市場關係是所有可能的人與人之間的關係中一種最非人化(impersonal)的關係，它也是純外在的關係。試問，這種奠基在共同接受的公正原則上的社會如何可能把參與者組織起來建構成一個社群呢?在自由主義的社會中，整個大社會已沒有可能建立一個社群，社群只能在較小的團體中產生，例如宗教團體、興趣團體等❸。自由主義者把社會的基礎放在公正原則之上，雖然是由於個人主義及價值主觀主義這兩種哲學理論所造成的結果。但是，根據自由主義的哲學，社會或國家只是外在的具有工具性價值的東西。它們的統一是一種工具性的統一。霍布斯在這裡表現得最為一致。他指出，人們為了自利的目的，放棄自己所擁有的自然權利。但是，沒有人能夠把自己的生命權也放棄掉，所以，當他的生命受到威脅時，他是有權反抗的。試想有沒有任何國家可以允許人們保存這種自然權利呢？一個國家有時候是有權要求一個人犧牲他的生命的，例如在與外國交戰的時候。

　　自由主義的哲學本來是用來應付價值主觀主義及個人主義的產物。現在，在多民族的國家中，它被用來作為多元文化的哲學理據。

❸　市場關係已經由經濟領域侵入到其他非經濟領域。麥克弗森(C. B. MacPherson)將現代社會名之為全盤的市場社會(full market society)。高契爾(David Gauthier)則認為，社會契約是現代西方社會最重要的意識形態。我們只要看現在人把婚姻也視為契約關係就可以瞭解到他的講法是非常正確的了。哈伯瑪斯則將這種現象稱之為工具理性對生活世界 (life-world) 的殖民。見 MacPherson 的 *The Political Theory of Possessive Individualism* (London: Oxford University Press, 1962)。Gauthier 的 "Social Contract as Ideology," 本文收入他的 *Moral Dealing* (Ithaca: Cornell University Press, 1990), pp. 325–354。

但是，如果我上面的分析是正確的話，不同民族之間的歧異要比同民族中個人人生理想及宗教信仰的差異來得更大。它如何可能作為統一這種社會的基礎？

其次，不同民族與文化之間真的能夠共同接受一種公正的理念嗎？洛爾斯最近的作品所處理的都是這個題目方面的問題❶。他希望能在憲政民主(constitutional democracy)的多元社會內，從不同的理念中找出一個大家共同接受的交疊共識(overlapping consensus)。這個交疊共識是純粹政治性的，它不牽涉到非政治的文化、宗教、價值等領域。他認為在多元的民主憲政社會中，大家有這樣的一個交疊的共識。這個交疊的共識，就是用來規範社會的公正原則。在做這項工作時，他採用了他所謂的迴避法 (method of avoidance)。迴避法所要我們做的是在建構公正理論時，迴避人生理念及文化中的那些有爭議性的哲學

❶ 除了上引的 "Kantian Constructivism in Moral Theory," 還有 "The Basic Liberties and Their Priority," in *Tanner Lectures on Human Value*, Vol. 3, ed. Sterling McMurrin (Salt Lake City: University of Utah Press, 1982); "Social Unity and Primary Goods," in *Utilitarianism and Beyond*, ed. Amartya Sen and Bernard Williams (Cambridge: Cambridge University Press, 1982); "Justice as Fairness: Political not Metaphysical," *Philosophy and Public Affairs* 14 (1985); "The Idea of an Overlapping Consensus," *Oxford Journal of Legal Studies* 7 (1987); "The Priority of Right and the Ideas of the Good," *Philosophy and Public Affairs* 17 (1988); "The Domain of the Political and Overlapping Consensus," *New York University Law Review* 64 (1989)，及他的新書 *Political Liberalism* (New York: Columbia University Press, 1993)。有關洛爾斯理論最近的發展，可參考我的〈交疊共識與民主社會中政治哲學的工作：洛爾斯理論最近的發展〉，本文是《當代自由主義理論》中的第六章。

理論，而只把目光集中在政治這個公共領域上。這樣可以達到一個大家都能接受的公正理念。

　　洛爾斯的這個工作及想法實在是一種非常精巧的構思。但是，我懷疑它究竟能否成功？我們在做政治哲學時有可能把哲學問題放在括弧內避而不談嗎？在這裡，我只提出一個美國社會中討論得極為熱烈的問題為例，說明不同文化及人生理想之間的交疊共識可能很難能夠建立起來。這個問題就是墮胎應否合法化的問題。有些人贊成婦女有絕對的權利進行墮胎，因為胎兒是婦女身體的一部份，而一個人對他自己的身體有絕對的權利，因此，墮胎不應該屬於公共領域，而應該是個人的事情。反墮胎合法化的人則提出胎兒在受孕那一刻起就是人了，沒有人有權利殺死一個無辜的人，因此沒有人有權利墮胎。為了這個問題，雙方一直沒有休止地爭辯著，而且，在可見的將來也不可能達到共識。反墮胎合法化的主張的哲學基礎大部份是天主教的教義，而贊成墮胎合法化的人所持的則是個人權利的哲學。雖然反墮胎的人也可能用權利的語言來說明他的立場及理據，但基本上，它所根據的還是天主教傳統的思想。墮胎的問題現在成了政治問題，但顯然的，它背後是由於二種不同的道德觀所引起的。因此，要把道德及哲學問題完全迴避掉來處理政治問題，事實上是辦不到的事情。盧許第(Rushdie)的事件，可能可以更戲劇性地顯示出這種共識的不存在。盧許第寫了一本回教徒認為是對他們的教主默罕莫德有所褻瀆的小說，伊朗的宗教領袖下令對他格殺勿論。回教徒可能認為這是最正義的事情，但是一個信奉言論自由的人，卻絕對無法接受這種講法。兩邊當然都以自己的意識形態作為理據。在這個問題上，他們如何可能會有交疊共識呢？

　　上面所舉的兩個例子都是事實而非杜撰出來的。從它們我們可以

看出，在多元文化之下，大家共同接受的公正理念也不一定存在。即
使我們可以找到一些交疊的共識，它可能也微弱到不足以真正地使得
多元文化的社會得到一種統一。交疊共識這個概念，洛爾斯本來只是
用來處理同一個民族中多元價值所造成的問題的。在這裡，它已經碰
到了不可克服的困難。把它用來處理不同民族及文化的統一時，問題
可能更大得多。只要稍微注意一下相對主義者所提出的不可共量性的
(incommensurability)的問題，就可以明瞭到其中的複雜性了。

七

　　前面在討論到文化交融的可能性時，我一再地提到語言的問題。
我指出，我們不可能把兩種語言放在一個熔鍋中鑄造出一種新的語言，
在這種新語言中，那兩種原來的語言都佔有同樣的份量。語言在人類
文化中，如果不是最重要的成份，也是極為重要的成份。有些語言學
家甚至指出，在所有的動物中，只有人類有語言。在坦桑尼亞研究黑
猩猩達二十多年的動物學家古達(Jane Goodall)指出，黑猩猩儘管是除
了人之外最高等的動物，牠們有極為複雜的組織，但是，牠們也沒有
語言。因此文化多元主義所遇到的問題中，語言問題也是最主要的一
個問題。我們既然無法將兩種語言融在一起創造出一種新的語言，那
麼如果要維持多元文化的話，唯一的辦法只有允許各民族保持他們自
己的語言了。加拿大所實行的就是這種雙語的政策。英國人和法國人
各自保持他們自己的語言。魁北克人為了保持法語的繼續存在不被英
語吞蝕掉，更加規定除了英裔的子女之外，所有其他語裔的子女都要
上法語學校。這裡我們姑且不討論強迫少數語裔這樣做是否是侵犯了
他們在多元文化之下的語言權。我們所關注的問題是，在雙語或多語

的政策下，建立在文化多元主義之上的社會是否可能取得民族國家所要求的統一性？答案顯然是否定的。

當代西方哲學有所謂語言的轉向(the linguistic turn)。現代哲學從笛卡爾以來就以研究意識為主。語言的轉向是把哲學的研究焦點從意識轉到語言去。對哈伯瑪斯來說，語言轉向的意義是，哲學應該從主體中心 (subject-centered) 轉為語言中心，也就是對交互主體性 (inter-subjectivity) 的研究。交互主體所牽涉到的當然是溝通 (communication)的問題。而語言正是主體之間溝通時最重要的工具❷。哈伯瑪斯把語言這種人類的溝通工具，以及語言活動這種人類最基本的活動作為他哲學的專注點，而建構了溝通理性這樣一個相當革命性的哲學。他希望把語言、道德、法律、政治等人類的活動，一股腦兒地奠基在溝通的基礎上。對笛卡爾那種把知識的基礎奠定在自我意識的懷疑上，以及康德把道德奠基在個體對格準 (maxim) 能普遍化的測試之上的主體哲學，哈伯瑪斯的理論可以說是革命性的。在他的理論中，最重要的就是溝通這個概念，而溝通是必須以語言為媒介的。

由於語言是組成文化最重要的因素之一，在文化多元主義的社會裡，各民族保有自己的語言就成為維護他們文化最重要的權利之一。語言學家俄爾夫(Benjamin Whorf)甚至認為不同的語言包含著不同的世界觀。如果要保持一個民族的文化而把他們的語言取消掉的話，事實上就等於把他們的世界觀取消掉了。但是，一個國家中實行雙語或多語政策事實上是把人們分割開來，使得他們彼此無法溝通。彼此溝

---

❷ 見 Jürgen Habermas, *The Philosophical Discourse of Modernity* 中之第十一章 "An Alternative Way out of the Philosophy of the Subject: Communicative versus Subject-Centered Reason," trans. Frederick Lawrence (Cambridge, Mass.: The MIT Press, 1987).

通是構成一個團體的最低度的條件，如果這種最起碼的溝通都不存在的話，要組成一個統一的國家恐怕是難之又難的事情。貝博爾塔的故事告訴我們，語言是統一的不可或缺的條件，不同語言所造成的結果是使得統一變為沒有可能。中國人雖然說著各色各樣不同的方言，但是，我們卻有同樣的文字。這是大帝國的最重要的基礎。反觀歐洲，可能是由於拼音文字的關係，說不同語言的人也導致了不同的文字，由此而形成了不同的國家。雖然歐洲人現在組成了歐洲聯盟，但是那離開國家還差得很遠。而且歐盟的成員國也不一定有意願要組成一個國家❹。

　　自由主義的成就是無與倫比的。他給人類帶來各方面的解放，但是，它也不可避免地帶來了多元的社會。在這樣的多元社會中我們如何可能建立起一個統一，這個黑格爾提出來的老問題，可能還要困擾我們一段時間。

　　本文曾在香港嶺南學院通識教育部主辦之會議：「民族主義與愛國主義」上宣讀（一九九六年六月）。原載於《社會理論學報》，第一卷，第一期，一九九八年

---

❹　見Kymlicka的文章，p. 129，注56。

自由與社會統一：德我肯論社群

一

　　《心習》(*Habits of the Heart*)一書的作者們在序文中指出，他們所想要處理的主要問題是美國文化中的個人主義。他們說：「對我們來說，個人主義，而非如托克維爾所想的平等，已經堅定不移地在我們的歷史中邁進著。」❶黑格爾在《法權哲學》一書中也一再地指出，現代社會的特徵之一就是特殊性(particularity)的凸顯。所謂特殊性所指的也就是一個擁有個體權利(individual right)的主體。它的凸顯是與古代社會中特殊性被淹埋在整體中不能得到一個地位所做的對照❷。《心習》的作者們指出，美國人的生命中，要完成自我瞭解及發現自我，有兩件事情是非常重要的。第一是離家，第二是離開教會❸。離開教會所蘊涵的是自己獨立地選擇一個宗教，或不信宗教。這兩件事情所代表的都是個人從本來他所附屬的團體中走出來，以建立一個獨

---

❶　Bellah, Madson, Sullivan, Swidler, and Tipton (1985), p. vii.

❷　Hegel (1967), § 124 Remark, § 184, § 185, § 203 Addition, § 206 and Addition.

❸　Bellah, Madson, Sullivan, Swidler, and Tipton (1985), pp. 56–65.

立的生活。這種經驗並不是所有文化中的人都有的，也更不是所有文化都認為是必要的。就離家這點而言，中國人不但認為不是自我瞭解及自我發現的必經之路，相反的，在中國文化中，怎麼樣留在家裡才是人的一生中最重要的課題之一。離開教會對於某些宗教而言，不僅是不必要，而且是不可能。因為一個人的宗教就構成了他自我認同的一部份。離開教會等於是重新建造一個自我認同。這兩種生命的歷程都是個人主義的強烈表現。人生在家庭中，是再自然不過的事情，但是，要建立自我，人就必須憑藉自己的力量，獨立地創造出一個自己的人生。要完成這點，就必須把與家庭的關連斬斷，孤零零地自己再從頭開始。宗教信仰對西方人而言是生命中極為重要的事情，但是，在個人主義的美國文化中，宗教必須是個人自己的選擇才具有意義。

個人主義與自由主義有極為密切的關連。有人甚至會說，這兩種學說有邏輯上的不可分割性，如果一個人接受個人主義的學說的話，則他也就一定會接受自由主義，反之亦然。從歷史的發展看來，這種講法有相當的根據，自由主義者如洛克、邊沁、彌爾，以至今天的洛爾斯、諾錫克等都是個人主義者。因此，個人主義理論所引起的理論後果之一 —— 社群之無法建立 —— 也就很自然地成為自由主義的必然結果。

自由主義是現代西方社會的根本哲學。現代西方社會的根本原則是奠基在自由主義哲學之上的。儘管自由主義在現代社會中享有這種特殊的地位，但是，人們對它的攻擊卻始終沒有間斷過。最近這幾十年來，在六〇年代及七〇年代，由於越戰的關係，在美國及歐洲各國，許多學者對它攻擊不遺餘力。當時那些對自由主義攻擊的學者所採取的主要是馬克思主義的立場。他們主要攻擊自由主義的論點是，自由主義必定與資本主義的經濟體制連在一起，而這種經濟體制必然地會

造成不平等、剝削及不公正的財富分配。除此之外，資本主義社會中將人的主要活動變成消費活動，將人變成為一個消費者，因而埋沒了人性中最重要的創造性的這個面向，這是對人性的一種歪曲。隨著越戰的結束，共產主義運動本身中的種種問題，以及終至於瓦解，馬克思主義的吸引力已不再那麼大了。

　　但是，從八〇年代初以來，又有另一批思想家出來攻擊自由主義。他們攻擊的焦點不再是資本主義的不公正、剝削等左派所攻擊的東西。他們靈感的泉源也不再是馬克思。他們攻擊的焦點集中在自由主義的個人主義的傾向。由於這種傾向，自由主義的社會本身不能構成一個真正的社群(community)。人們不只是把社會本身視為一種只有工具價值的東西，人與人之間的關係本身，似乎也變得只有工具的價值。在自由主義的社會中，雖然我們尊重別人的權利，但除此之外，人與人之間就沒有甚麼內在關連了。這種對社會及人際關係的看法是錯誤的。人與社群的關係並非如自由主義者所想的那樣。人的認同的建立與社群有不可分割的關係。人並非如盧梭所想的那樣，能夠在社會之前就存在。這些思想家們由於強調社群的重要，因此被稱為社群主義者(communitarians)❹。他們靈感的來源主要是亞里士多德與黑格爾。

　　面對社群主義者的攻擊，自由主義者作出了一些回應。有些人指出，社群主義只會把我們帶回到前現代的老路上去，有的人則指出，社群主義者對自由主義的理論有所誤解。但最有趣的回應則是，有些自由主義者指出，他們不但不反對社群，而且根據自由主義所建立的社群才是理想的社會，自由主義能為社群提供更堅實的基礎及更完美的解釋。

　　德我肯 (R. Dworkin) 最近在一篇名為 "Liberal Community" 的文

---

❹　MacIntyre (1981); Sandel (1982); Taylor (1975).

章中提出上述最後一種方式的講法 ❺。他指出：「相反的，自由主義提供對於這種社群概念的最佳解釋，同時自由主義的理論也提供它的重要性的最佳說明。」❻ 德我肯的這篇文章是要指出，用社群主義作根據來訂立一些法律以限制人們的自由這種論證是站不住腳的。他提出了四個這種論證。這四個論證用了四個不同的社群概念以建立自己的主張。這四個不同的概念是，第一，社群就是一個團體中的大多數。第二，社群是由人們共同負有責任的團體所構成的，每個人對別人的幸福都有責任，因此，家長制(paternalism)式的干涉可以被證成。第三個社群概念則指出，社群本身就是一個單元(entity)，它是對人們生活影響的一個泉源。第四個社群的概念則更進一步將社群人格化，因而不僅將社群視為是獨立於個人的存在單元，它更認為社群是先於個人的。這四種不同的社群概念提出了不同的理論來證明自由主義的容忍(liberal tolerance)在有些情況下不應該被接受，我們應該立法來禁止某些行為。這四種論證分別奠基在多數(majority)、家長制(paternalism)、自我利益(self-interest)及整合(integration)之上 ❼。德我肯把力量主要集中在討論第四個論證上。他指出，自由主義不僅不反對整合的看法，它能夠提出一個更好的整合概念，而這種概念比社群主義者們提出來的概念更為合理。同時，接受了這種整合的概念之後，社群這個概念也變得更容易被人接受。在這個概念的指導下，我們也不需要取消任何自由主義式的容忍。

我這篇文章就是要對德我肯的想法進行檢討及批評。由於德我肯最主要的論證是針對整合的論證而發的，因此，我也將集中在整合這

---

❺ Dworkin (1989), pp. 479–504.

❻ Dworkin (1989), p. 480.

❼ Dworkin (1989) pp. 478–480.

個論證上。我將要集中對下列幾個問題進行討論：⑴德我肯對社群概念的分析是否恰當？⑵民主社會中的正式的政治行動(formal political acts)真的像德我肯所說的那樣是一種社群的行動(communal acts)嗎？⑶公正(justice)是否能構成社會統一及社群的基礎？對這些問題，我的答案都是否定的。這種答案也蘊涵著自由主義無法建立起真正的社群。

二

　　提出整合論的社群主義者們指出，自由主義理論的特徵之一是把個人的利益與整體的健康視為兩個截然有別的東西。因此，由於自由主義者把個人的重要性放在整體之上，所以用整體之名來限制個人的自由是不當的。整合論者指出，個人的利益或健康與整體的健康並非截然無關的東西。在一個不健康的整體中，個人就無法充分地實現自己，所以，即使為了個人的利益著想，用整體健康作理由來對個人的自由作某些限制也是應該被接受的。社群主義者認為，個人與整體的生命是整合在一起的，整體的成功與個人成功的關係是，後者依賴前者，前者是後者的一個必要條件。由於這兩者之間有這樣的關係，因此，一個人應該把一個社群的健康與成功看成是他自己個人的健康與成功同樣的東西。德我肯把這個論旨叫做公民共和主義 (civic repub-licanism)❽。根據公民共和主義，只要認清了個人與社群的關係，我們很自然的就會把社群的健康與成功視為自己個人的事情，因而也就不會把個人的利益與整體的成功視為兩種截然無關的東西。

　　德我肯認為公民共和主義這種學說中有它對的成份，但也有它錯誤的成份。對的部份是，它指出社群的成功及健康與個人的成功與健

---

❽　Dworkin (1989), p. 491.

康有不可分割的關係；錯的部份則是，它的社群概念是一種擬人化的東西，也就是說，社群本身就是一種獨立於人而存在的單元。而他認為，社群主義者之所以會反對自由主義主要就是由於這種錯誤的社群概念所引起的。德我肯既然認為社群主義者這種擬人化的社群概念是錯誤的，那麼怎麼樣的社群概念才是正確的呢？自由主義者能否在這裡提出一個社群概念，它一方面能夠說明整體與個人的成功及健康有不可分割的關係，而另一方面又可以避免把社群視為是一種超越在個體之上而存在的單元？德我肯認為他提出了這樣一個「社群」的概念。

在討論德我肯的社群概念之前，我在這裡必須先指出的是，在闡釋公民共和主義的時候，有些應該加以分析的概念及關係，德我肯卻並未對它們作分析。例如到底甚麼叫做整合(integration)？整合是否只可能以一種形式出現？或者是有兩種以上的形式？如果是後者的話，則公民共和主義所採取的是甚麼形式的整合？它所採取的這種形式的整合與它的主要論旨之間的關係如何？這些問題都是在討論整合之時該提出來的，但德我肯卻沒有對它們作分析及討論。我將在檢視社群這個概念時，對它們進行討論。其次，幾乎任何一種社群概念都會接受公民共和主義的論旨——個人的成功與幸福要依賴社群的健康。即使像霍布斯的社會理論，把社會看作只有純粹工具性的價值，也不得不接受社會的成功或健康與否對一個人是否能成功及得到幸福有莫大的影響，甚至是決定性的影響。因此，如果只是這樣瞭解公民共和主義是不夠的。德我肯雖然也說，個人生命的成功是社群健康的一個面向 (an aspect of)，但這究竟是一個甚麼關係卻仍是不夠清楚。德我肯如果真的接受公民共和主義中的這個論旨，他就必須指出他的社群概念是不同於霍布斯式的社會。

究竟德我肯所持的是一個甚麼樣的社群概念？他的社群概念是否

恰當？要討論這些問題，我們最好是緊跟著德我肯處理這個問題的步驟。首先，他分析甚麼構成一個社群的社群生活(communal life)。

在分析一個社群的群體生活時，德我肯藉著對整合與利他主義作區分來展開。由於用整合這種論證與用家長式的論證來支持非自由主義式的干涉是兩種不同的立場，因此，整合論者所用的論證也就不能是說，由於我們對別人的利益有關心的權利，所以對一個人所作的對他自己個人不利的行為也就有權利干涉。家長式的干涉是利他主義的一種。但在利他主義的理論中，干涉者與被干涉者都是個體。干涉者在採取行動時，他是一個獨立的行動單元 (unit of agency)，而被干涉者也是一個獨立的行動單元，干涉行為是由一個行動單元對另一個行動單元採取一些行動。兩者並沒有構成一個不可分割的整合體。但是在整合論的社群概念下，行動體的單元不再是一個個體，而是由個體結合而成的社群。我們說，某個社群是一個行動體的單元的意思就是指該社群是某一個行動的作者或發出者。這時候個體雖然在該群體採取行動時，仍然也採取行動，但個體的行動只是整個群體行動中的一個組成部份。它如果離開群體時，我們就不會把它視為和它在群體中出現時所具有的地位一樣。例如當我們游泳時，手、腳、頭的運動可以被視為是個體在群體運動中的組成部份。我們把整個運動視為是一個群體運動，而以游泳名之。但是如果手、腳的動作被單獨抽出來看的話，我們就不會把它視為是游泳的一部份。手腳雖然也可以單獨行動，但是，只有在游泳時，我們才會認為它們是游泳這個整體動作的一部份。游泳時，行動的單元是整個身體而並非只是手、腳與頭。因此，手、腳與頭在游泳時，我們不把它視為是行動的單元，而只把它視為全體的部份。從上面的分析我們可以看出，當個體參與整體的行動時，它已經不僅只是一個個體而已，或甚至不再是一個個體而已，

而是整體的一個組成部份了。德我肯借用了洛爾斯的一個例子來說明
這種群體活動的概念❾，洛爾斯在談到社會聯合體(social union)時用
到了交響樂團這種組織來對這個概念作說明。交響樂團是由不同的個
體所組成的，但它本身卻是一個行動單元，我們可以說一個交響樂團
昨晚的演出很精彩，這樣說的時候，我們是把這個樂團本身當作一個
單元，而不是指謂樂團中的每一個組成份子。當我們說該交響樂團昨
晚的演出很精彩時，我們並沒有說每一個組成份子的演出如何。同時，
有時可以用來形容整體的詞，卻不能被用來形容個體，而有些可以用
來形容個體的詞，卻不能用來形容全體。例如一個棒球隊昨天贏了一
場球賽是一句描述整體的語句，但我們卻不能用它來說某一個成員，
如一壘手昨天贏了一場比賽。因為贏球與輸球的單位乃是整個球隊，
而非一壘手。當然如果透過約定俗成，我們可以說該隊的投手贏了昨
天那場球。但這樣的說法實在是把投手在球賽這種整體的活動中視為
是一個單獨的活動單元，其實這不是很恰當的講法。其次，當個體參
加一個團體而成為該團體的一份子時，他與未參加團體之前是不完全
相同的。在未參加一個交響樂團之前，一個拉小提琴的人無所謂是一
個第一小提琴手。但是當他加入一個交響樂團之後，他就不僅只是一
個小提琴手，而是該樂團的第一小提琴手了。也就是說，他在交響樂
團這個社群中，他自己也不再是一個完全獨立的個體，在交響樂團這
個社群中，他獲得了自己的某一種身份及認同。社群主義者們會認為，
人的認同是在人與別人發生互動而組成社群時才形成的。即使是個人
主義這個自我認同的模式，也是某一種社會化的後果。自由主義者對
這點卻不贊同。他們像霍布斯那樣，認為人的認同是前於社會時已經
建立了。社會只是人們為了方便所建立起來的一種機制。關於這點，

---

❾ Dworkin (1989), p. 493; Rawls (1971), pp. 520–529.

我將在後面作較詳細的分疏。

　　把社群視為行動的單元這種看法，好像很自然地就會走向把一個整體擬人化的路子上去。由於社群是一個行動的單元，因而它也就像一個超形的巨人那樣，有意志、欲望等個人所具有的一些特質。德我肯認為贊成整合論的社群主義者事實上就是接受了這樣的形而上學。在這種形而上學的理論中，不但整體具有存在學 (ontological) 上的地位，而且它們比個體更具有優先性。由於個體的完成是要靠整體的存在才能達到，因此，整體在理論上應該優先於個體。這種看法可以被視為是形上學式的社群觀。與形上學式的社群觀相對的則是實踐式的社群觀。根據這種社群觀，社群的成立乃是由於某一種社會實踐的結果。例如棒球隊這種社群的成立乃是由於人類創造了棒球這種實踐的結果。棒球隊這個社群並非先於個體而存在，而是由於個體的共同創造所產生的結果。當人們在一起創造一種實踐成為制度之後，社群才成立❿。德我肯認為提出整合論的社群主義者所採取的就是形上學式的社群觀，而他們理論的錯誤也就在這裡。

　　整合論者真的一定要採取這種形上學式的社群觀嗎？我認為他們沒有必要一定要接受這種理論。整合論者的主要論旨是社群或整體並不是如方法論的個體主義者們所說的，一切對於整體的描述語句都可以被翻譯為對於個體的描述語句，或是一切團體名詞(group terms)都可以被個體名詞所界定。他們認為有些描述團體的語句無法被化約為描寫個體的語句。當我們說，某棒球隊昨天贏了球時，我們無法把它翻譯為對於棒球隊中個體的描述語句。整體論者認為整體是真實的存在。但是，這個命題並不蘊涵著整體在理論上或時間上先於個體。一個贊成整體論的社群主義者可以提出這樣一種講法：整體的存在是由

---

❿　Dworkin (1989), pp. 494–495.

個體所組成的，個體透過一種實踐而組成一個整體。但是在組成整體的時候，個體也不再是融合入整體之前的個體，它獲得了一種新的性質及認同。因此，兩者並無先後之分，它們是同時發生的。在組成整體的那一個剎那，個體也成就了自己的認同。這種講法也可以視為是實踐式的社群觀的一種。但是，我與德我肯不同的地方則在於，他不認為，或起碼沒有指出，在整體中的個體與融入整體之前的個體是不同的。前於社會這個整體的個體只是生物學上的一種存在，只有在整體中的個體才是社會的存在。人是社會的動物，所謂自然狀態中的人只是生物性的人而已。所謂非社會性的人，那純粹只是一個神話。

如果我上面的分析是正確的，則接受社群主義的看法，也並不需要對個體作全面的否定。社群固然是真實的，它也可以是一個行動的單元，但這並不表示存在於社群中的組成份子就是不真實的。他們仍是真實的，他們的行動是社群活動的一部份而已。我們固然可以說一個社群的行動是否成功，同時，這也不是等於說它的成員的行動是否成功，但我們仍舊可以說及它的成員所採取的某些行動，例如棒球隊投手的行動，以及它是否成功。

根據上面對社群行動的分析，德我肯提出，以整體為單位的社群行動有下述三個特點：

第一，集體行動者這個概念預設了被命名為社會性的行動是集體的，那也就是說，它們被鑑定及被單元化為整體社群作為一個整體的行動而不是社群中成員作為個體的行動。

第二，構成集體行動的個體行動是有協調的。它們是在有自我意識之下所採取的作為集體行動的一種貢獻，而不是孤立的行動所構成的一種巧合。

第三，社群的組成份子——他被視為是它的一個成員——是適合

於它的集體行動，因此，一個社群的集體行動說明了它的組成份子，反之亦然 **⓫**。

第一及第二兩項特色我們在前面的分析以及對德我肯的批評中都已經討論過了。社群行動之所以被視為集體行動就是由於我們把整體視為一個行動單元的道理。但整體行動仍是由個體行動所構成的。就像交響樂團奏出貝多芬的命運交響曲乃是由樂團中各個成員奏出了他所擔當的部份的結果。這些成員在演奏時是具有自我意識地演奏自己的部份，並且具有自我意識地瞭解到自己的演奏是整個樂團演奏的一個部份。社群行動的第三個特性我們在上面沒有討論過。這個特性所指出的是，社群中的份子大家有一個共同的目標，這個目標說明了這個社群中組成份子的性質。為了達到這個目標大家組成一個團體，而這個團體大家共同享有一些共同的價值 (common good)。德我肯對共同目標及價值並未有明顯的說明，這對一個自由主義者來說是很自然的。這個特點是社群主義理論中極為重要的一個因素。社群主義者反對自由主義的主要理由之一就是，在自由主義的理論中，共同價值這個重要的觀念已被排除掉了。它之所以被排除掉就是因為個人主義的理論所造成的結果。但是，共同價值卻是構成社群不可或缺的因素。像交響樂團這樣的團體的共同價值固然很容易就被確定，但是即使整個大社會，我們也必須找到一些共同價值，社會才可能構成一個社群，否則它只是一個僅具工具價值的機制，生存在其中的個體只是把它作為達到及實現個體目標所不得已而建立起來的東西，它本身沒有任何內在的價值。

《心習》一書的作者們指出，亞里士多德認為友誼有三個要素。第一，是朋友之間必須彼此享受有對方作為伴侶，第二，朋友之間必

⓫ Dworkin (1989), p. 495.

須對彼此有用，第三，他們必須對於價值有共同的承擔，也就是說，他們追求共同的價值⑫。麥肯泰爾也提出了同樣的看法。他說：「因而我們把友誼視為是所有人創造及維持一個城市的生命這個共同計畫的共同努力……這個政治社群作為一個共同計畫的觀念對現代自由主義式的個人主義世界來說是陌生的。」⑬

在自由主義的社會中，只有在私人的領域中有構成社群的可能性，但是，把整個社會視為是一個大家追求共同計畫的團體這個想法已經不再存在了。德我肯所指出的第三個社群行動的特色雖然顯示出他瞭解社群必須有所有份子共享的目標及價值，但他在後面提到政治社群時，卻完全忽略了它的重要性。

德我肯所提出的三個特點就窮盡了社群行動所有重要的特點了嗎？我認為有一個社群行動不可或缺的要素被德我肯忽視了。由於他沒有把這個特點提出來，因此，在後面他才會認為自由主義式的民主政治能夠使社會構成一個社群。這個不可或缺的要素就是，在一個社群行動中，每一個成員都必須有所行動。如果一個人在一個社群中從來沒有任何行動，同時他也沒有資格採取任何行動的話，則我們不會視他為該社群的一份子，因為沒有他的行動，社群的行動仍得以完成。在一個社群行動中不扮演任何角色的人，怎麼能被算成該社群的一份子呢？再以交響樂團為例，一群音樂家之所以構成一個交響樂團是由於大家有一個共同的目標及價值。而某一個音樂家之所以被視為是該交響樂團的一份子，也是因為他在交響樂團表演時有所貢獻。當交響樂團在進行演奏貝多芬的命運交響曲這個社群行動時，每個個體都必須採取一些行動以參與演奏。雖然有些人貢獻較多的行動，有些人則

---

⑫ Bellah, Madson, Sullivan, Swidler, and Tipton (1985), pp. 115–116.

⑬ MacIntyre (1981), p. 146.

較少，但一個完全沒有在這個社群行動中採取任何動作的人，我們就不能把他算為是對這個集體行動有貢獻的人。也許有一個樂團的成員在某一場演奏會病了不能參加演出，那麼就那天那場演奏會這個集體行動而言，他是沒有份的。雖然有些成員在一場演奏會中所貢獻的部份很少，但他仍得有所行動。所以，一個社群行動是包含每個它的成員都參與該項行動的一種集體行動。如果沒有滿足這點，我們只能說它是某一部份成員的行動。

德我肯在指出社群行動的三項特色時，雖然並沒有排除這項特色，但是他在後面談到政治社群這個概念時，顯然認為這項特色並不是社群行動的必要條件。我則認為它是一項必要條件。因為一個社群應該是包括所有參與它的份子的行動，而如果在有些個體不參與某一項集體的行動下，該行動仍能被視為社群行動的話，則那些沒有參與的人就不是該社群的成員了。

根據上面對於社群行動的分析，德我肯對於社群的概念是，A是一個社群，如果它可以採取社群活動，而且也只有當該團體在採取社群行動的那個範圍內，它才構成一個社群，它才有集體的生活。在那個範圍以外，它就不是社群。交響樂團是一個社群，因為它的組成份子有共同的目標，並且也採取集體行動。但是，在演奏的生活之外，它的成員並不構成一個社群。我們現在要問的問題是，就整個社會而言，它到底能不能算是一個社群？因為社群主義者對自由主義理論的批評是，根據這個理論，社會本身無法構成一個社群。社群主義者當然不否認在自由主義的社會中，有許多小的社群存在，但是重要的問題乃是社會本身的性質如何？德我肯認為整個社會也構成一個社群。下面我們就要來討論他的看法。

三

社會與私人社群不同的地方是，我們有自由選擇是否參加後者，但是卻沒有自由選擇是否參加前者。一個音樂家在與樂團指揮有了爭執之後，可以退出該樂團，再參加另外一個樂團，或者甚至不參加任何樂團。但是一個人卻無法從所有的社會中隱退出來成為一個孤零零的人。人能夠像魯濱遜那樣生活乃是由於他已經是一個經過社會化的人。一個完全沒有文化的人乃是一個神話，也就是說，我們所碰到的人都是社會化的結果。但是，根據自由主義者的瞭解，社會本身算不算是一個社群呢？如果是的話，它採取了一些甚麼集體行動以使得它構成社群？上面提到過麥肯泰爾指出，把社會作為一個全社會的人的共同計畫這種古代的政治觀對現代人而言是陌生的。那麼如果社會成員在沒有共同計畫的情況下，如何構成社群呢？德我肯指出，社會是一個社群，在這個社群中，大家也採取了集體的行動，這個集體的行動就是政治上的一些行動。它們包括行政、立法及司法等行動。也就是說，當我們說社會是一個社群時，這完全是由於它的政治性使得它變為如此的。整個社會乃是一個政治性的社群。德我肯指出：「一個政治社團的正式的政治行動 (formal political acts)──它的政府透過它的立法、行政及司法的機構所採取的行動──滿足了我們在考慮為甚麼一個交響樂團有一個社群生活時所指出的集體行動者一切的條件。」⑭

這些正式的政治行動如何滿足上述所提出的三個條件？它是否能滿足我們指出一個社群行動必須滿足的另一個條件？首先，行政、立

---

⑭ Dworkin (1989), p. 496.

法及司法的行動都被視為是一個集體所採取的行動，而非個人所採取的行動。雖然做這些事時是由某些特殊的個人去做的，例如美國總統下令轟炸伊拉克，但是這項行動並非被視為總統個人的行動，而是被視為美國這個社群所採取的行動。其次，這些行動顯然是由特定的人所採取的，但他們是在憲法的結構下有意識地所採取的行動。第三，在一個民主的社會中，這些正式的政治活動與社會中的成員之間至少有某一個程度上的應合。也就是說，這些正式的活動多少代表了社群成員的個別的政治行動。一個政治社群的公民是那些特別地受到它的正式的行動所影響的人。這樣看待一個政治社群的行政、立法及司法的行動時，可以幫助我們說明這個社群的組成份子❺。

　　如果我們把交響樂團這種團體看成是社群的典範的話，則一個政治上民主的國家是否能被視為是一個社群實在是有待商榷。前面在分析構成社群行動的要素時，我指出構成社群的一個不可或缺的要素是，這個社群的份子有共同的目標及價值，而這個社群是為了達到這個目標而組成的。樂團的目標當然是極為明顯的，它就是為了演奏音樂，而演奏音樂也是每個組成份子的目標。這也是亞里士多德說的，城邦是所有市民的共同計畫的意義。但是，一個民主的政治社會中我們能夠找到這樣共同的目標嗎？在民主社會中，透過選舉，以實行某些政策，但是在選舉時，並非所有的成員都擁有共同的目標。事實上，不同團體的成員擁有相互排斥的目標才是民主政治的特色。在選舉中，不同的團體支持不同的候選人及政策，而這些候選人及政策之間的關係是相互排斥的。如果Ａ團體支持的人當選，則Ｂ團體所支持的人就要落選。那麼他們之間不但沒有共同的目標，而且擁有的是相反的目標。Ａ團體的人固然大家都有共同的目標，但Ａ團體只是整個政治社

❺　Dworkin (1989), p. 496.

會中的一部份，因此，就整個政治社會而言，我們還是找不到那個構成社群所不可或缺的要素——大家有一個共同的目標。德我肯在指出民主社會中的正式的政治行動符合他提出的第三項社群行動的條件時也指出：「我當然不是意謂說這些參與性的行動本身是這個政治社會作為一個整體來看的集體行動，它們不是。但它們可能是內在於它之中的一些較小社群的集體行動，……」❶❻ 這些行動是指演講、遊說、投票及示威等。這正好為我上面的說法作了一個印證。我認為在民主社會中，社會作為一個整體是無法成為一個社群的，因為社會作為一個整體在從事政治活動時，永遠無法採取社群行動。這是由於民主政治中總是分為對立的團體以達到妥協這種特性所造成的。對立的團體內本身當然可以構成一個社群，但整個社會卻永遠無法構成一個社群。這當然與根據自由主義所建立的社會必然地成為一個多元的社會有邏輯上的關係。在多元社會中，不同的利益及信仰團體必然是對立的，自由主義一方面想要多元社會，一方面又想要社群，這幾乎是不可能實現的一個理想。

前面在分析社群行動的要素時，我曾經指出，一個行動要構成社群行動的話，除了德我肯所提出的三點要素之外，更必須加上另外一點。那就是，社群的所有成員都必須在構成這個社群的行動時採取一些行動，因為如果不是這樣的話，我們有甚麼理由把那些沒有採取行動的個體算為社群的組成份子？在自由主義式的民主政治中，政府所採取的行政、立法及司法等行動，固然被認為是集體的行動，而不僅是政府官員、民意代表及執法人員們個體的行動。但是，在這種政治的實踐中，事實上並沒有每一個人都採取行動。為自由主義式的民主政治辯護的人當然可以說，那些政府官員、民意代表及司法人員的行

---

❶❻　Dworkin (1989), p. 496, note 5.

動實際上是代表我們的行動。所以說，人民雖然在那些社群行動中沒有採取行動，但他們授權給上述那些人替他們採取行動。這個講法看起來有理，但它是經不起分析的。再以交響樂團為例。例如某一個小提琴手有一天生病不能參加演出，而請一位朋友去代他。在這種情況下，我們仍不能說這個小提琴手在這次演出的群體行動中是有份的。如果他病的時間更長，則可能他就與交響樂團這個社群變得脫節，而無法再成為它的一份子。所以，上述社群行動的第四個要素是一個極為嚴格的要求，它是不允許代替行動的。這也就是為甚麼有些人認為社群主義式的政治只有在小國寡民的情況下才能實行的道理了。

　　自由主義者如果不同意上面我所作的分析，他或許會再進一步提出，在民主政治中，事實上每隔一段時間就舉行一次選舉，而在選舉的過程中，每個成員並沒有將他的權力及權利交給別人去代他行使，而是由他自己去行使，因此，每個成員都採取了行動。對於這種講法，我們可以提出三點來批評。首先，在民主國家中，人民並沒有義務要參與政治。他不參加投票並沒有違法或是犯了道德上的錯誤。有些人不參加投票固然是表示抗議，因此也可以算是一種政治行動，但有些不投票的人，則根本是不關心。對這第二種人，我們是否應該把他算為該政治社群中的一個成員呢？如果接受社群行動的第四個要素的話，我們就不能把他當做該政治社群的一個成員。因此，在民主政治中，有一批不能被視為該社群的政治成員這件事出現的或然率是很高的。這從民主國家的投票率就可以得到印證。其次，即使進行選舉的時期，全民參與構成了該政治社群的集體行動，但這只是每隔幾年才發生一次的事情。在二次選舉之間，雖然也有政治行動，但規模都很小。那麼在兩次選舉之間，社會能否構成一個政治社群呢？如果我們同意熊彼得(Schumpeter)的民主理論是最符合現代自由主義式的民主政治的

話，則我的這個論點就更強而有力了。熊彼得指出，現代的民主政治只是去選一批精英出來替我們界定到底我們的政治問題是甚麼。因此，我們的選舉並不是在選人替我們解決問題，而是選人告訴我們到底我們面對的是甚麼問題。每幾年換一批精英雖然也是一種民主，但人們實際參與政治的成份實在是少之又少。這就是為什麼近來有一批民主理論家要提倡參與式的民主(participatory democracy)的道理了。第三點對於選舉是社群行動這種講法的批評，可以從我上面提到的自由主義與多元社會的關係中引導出來。自由主義與多元社會的理論是一個銅板的兩面：在一個多元社會中，不同利益及信仰的團體，為了自己的利益及信仰而奮鬥。在這樣的社會中，雖然可以構成許多信仰及利益的團體及社群，但是整個社會本身卻不可能構成一個大的社群，因為它們並沒有一個共同的目標以進行社群行動。

沈岱爾(M. Sandel)在討論洛爾斯的理論時，提出了三個社群的概念。其中有兩個社群概念他是從洛爾斯那裡借來的。第一個社群概念就是霍布斯式的自利主義者所構成的社會。在這個社群中，每個人都有自己的目標，社會只是為了更有效地達到各人自己的目標所建立起來的機制，因此它只有純工具性的價值。沈岱爾將這種社群概念稱之為工具性的社群概念(instrumental conception of community)。第二種洛爾斯所提到的社群是，參與社群者有某些共有的最終目的，並且把合作本身就視為一種價值。社群成員之間的利益並非完全都是互相衝突的，有時候他們的利益有互補及重疊的地方。沈岱爾把這種社群概念叫做情感的社群概念 (sentimental conception of community)❶。但沈岱爾指出，除了這兩種社群概念之外，還有另一種社群的概念，這個社群概念對社群的理解是，它不只是描繪出一種情感而已，而是述

---

❶　Sandel (1982), p. 148.

說有關一個人的自我認同是如何構成的。根據這種社群概念，「說社會的成員是被一種社群感所聯繫時，這不僅僅是說他們大部份人都明言有社群的情感並追求社群的目標，而是說他們對於自我認同的想法——主體而不只是他們感情及祈望的對象——某個程度上是由他們作為其一份子的社群所界定的」**⑱**。沈岱爾把這種社群概念叫做構成式的社群概念(constitutive conception of community)。

沈岱爾指出，第一及第二種的社群概念都是個人主義式的，因為它們都認為個體的構成並不是在他參與團體之後才發生。個體的認同及目標都是在他參與團體之前已經形成了。只有第三種的社群概念才承認個體並非先於團體，因而它不是個人主義式的理論。

如果民主政治下的整個社會可以被視為是一個社群的話，那麼它最符合哪一種社群概念呢？很顯然的，它不符合第三種的社群概念，因為在民主政治中，每個參與政治的人都預設自己的認同及目標是前於政治團體的。參與政治是為了達到個人的或小團體的目標。在這種參與政治的過程中，有時候我們也會與別人合作或追求共同的目標，尤其是在小團體裡面。有時候在與外國發生關係時，甚至整個國家也會變為一個社群而有共同的目標。但絕大部份的情況下，參與者都是為了實現個人的目標才參與的。也就是說，工具性的社群概念在民主社會中佔有了主要的地位。

任何一個社群概念的提倡者都不能否認整體的健康與個人的利益有其大的甚至是決定性的關係。因此，如果把公民共和主義的論旨只是界定成上述的那個要素的話，並不能顯出整體論這種理論的特色。只有當我們更深入地分析之後，才能指出整合論者的論旨是由有關自我的認同是如何構成的這點上所導出來的。德我肯對這點完全沒有作

---

⑱　Sandel (1982), p. 150.

分析。我想這就是他為甚麼會認為自由主義式的民主社會也能算成一個社群的道理了。

四

如黑格爾所說的，現代社會最大的特性是特殊性(particularity)的凸顯。這是一個分殊化的(differentiated)社會，而它的基礎是個體權利。但是分殊化走向極端就很容易形成洛爾斯所謂的私自的社會 (private society)[19]。在這種社會中，人類會喪失許多社群式的價值。在更嚴重的情況下，社會會有走向解體的可能。《心習》一書中指出，美國社會在高度的個人主義影響之下，大家也瞭解到社群的價值及其重要性，因此，追求社群也變成一個很重要的趨勢[20]。自由主義的理論家們也瞭解社群的重要性，因此也希望在理論中能夠給予社群相當的地位。洛爾斯說：

> 基本的想法是，我們希望用一個在理論基礎上是個人主義式的公正思想體系來說明社會的價值，制度上的、社群性的以及結社性的活動的內在價值。為了清晰以及其他的理由，我們不想依賴一個未經界定的社群概念，或是假定社會是一個有機的整體，有著它自己的生命，且有別並優於所有它的組成份子們彼此之間的關係。因此，我們首先舉出原初的境況這個契約上的構思……從這個構思，無論它看起來是多個人主義式的，我們最終必須說明社群的價值[21]。

[19]　Rawls (1971), p. 521.

[20]　Bellah, Madson, Sullivan, Swidler, and Tipton (1985), pp. 135–138.

　　但是自由主義理論想要建立的統一有別於古代政治理論中那種建立在亞里士多德式的友誼觀念上的統一。自由主義者希望建立的統一是在多元主義出現之後所可能建立的統一。多元主義的出現所標誌的是價值客觀主義的喪失。在人們接受價值客觀主義的世界中，統一是建基在大家參與一個共同的計畫，去追求及實現這個客觀價值。在希臘時代，社會之所以被視為社群，主要的理由就是由於城邦被認為是追求共同計畫的一個團體。但是，價值客觀主義的崩潰使得在多元社會中要再從事這項計畫變得幾乎不可能。在價值多元的社會中，不同的人有不同的價值觀。在這種情況下大家怎麼可能從事一項共同計畫來實現大家都接受的共同價值？由於這個緣故，自由主義者必須要找另外的統一基礎。幾乎沒有例外的，自由主義者們都認為公正(justice)是這個統一社會的基礎。社會中所有人對於社會公正的追求，使得社會成為一個所有社會聯合體的社會聯合體 (a social union of social unions) [21]。這樣子整個社會本身也就成了一個社群。

　　德我肯在這方面的想法也跟洛爾斯一樣。他認為自由主義者所要求的整合只要每個社群的成員均認同他所處的社群中的正式政治行動就已經足夠了。因此，自由主義者之所以將社會視為一個社群就是由於社會中的正式的政治行動所引發的。但甚麼是政治性社群的基礎呢？它就是公正。德我肯指出，在這種社群觀之下，相信整合的自由主義者「會認為如果他生活在一個不公正的社會中的話，他自己的生命也會變得較為貧乏——一個比他本來可能有的較差的人生」[23]。因此，大家都強烈地感覺到，應該「去為建立一個真正的公正的解決辦法這

---

[21]　Rawls (1971), pp. 264–265.

[22]　Rawls (1971), p. 527.

[23]　Dworkin (1989), p. 501.

個共同的利益而努力」❷。

公正真能做為社會統一或社群的基礎嗎？建基在公正之上的社群是沈岱爾所說的三種社群中的哪一種呢？要回答這些問題，我們必須對公正這個概念作分析。

公正問題之所以會發生是由於在大家合作的社會中必須要進行分配的緣故。自由主義者把社會視為是一個大家合作以改善及增進大家的處境的活動。在這種活動中，如何分配合作所帶來的利益以及合作中大家所該承擔的義務是不可避免的問題。大家之所以會參加這項合作，是由於合作可以給每個人帶來比不參加合作更大的好處。公正分配的問題就是自利主義者在合作中怎麼樣進行分配權利、利益及義務的問題。由於每個人都希望為自己盡量地爭取到更多的利益，因此，大家需要想一個辦法來進行對這些利益的分配。只有在這種環境之下，公正的問題才會發生。洛爾斯把這種環境稱為「公正問題的環境」(circumstances of justice)。對於這個環境，他作了如下的描述：

> 我們可以簡略地說，任何時候當彼此互不關心的人，在適度貧乏的條件下，提出相互衝突的對社會利益分配的要求時，公正問題的環境就出現了。除非這種環境存在，就不會有機會需要公正這種德性，……❷

公正問題的環境是公正問題發生的充分及必要的條件。如果公正問題發生，則人們必定是處在這種環境之中，如果人們處在這種環境之中，則公正問題就一定會發生。洛爾斯在他的書中對於公正問題的

---

❷ Dworkin (1989), p. 502.

❷ Rawls (1971), p. 128.

環境的講法是從休姆那裡借過來的。他將這個環境會發生的條件分為主觀的及客觀的兩類。但是最重要的卻是上面節引的那段話中所提到的兩點。主觀方面，人們都是只關心自己的利益的人，而客觀方面，相對的貧乏使得無法讓每個人的每一個欲望都得到滿足。休姆指出，如果這兩個條件中有一個有所改變的話，則公正的問題就會消失。「如果把人的善心或自然的豐足增加到足夠的程度，你就把公正變得沒有用處。……」❷⑥由於公正環境必然產生的條件之一是人的自利這種動機，因此，如果人改變這種動機，而變為充滿對別人的善心，休姆認為公正問題就不會發生了。所以休姆把公正這種德性稱為是一種由自私性(selfishness)所引發出來的德性。洛爾斯既然接受休姆對於公正問題的環境的描述，他也應該接受休姆把公正視為是一種自私的德性的說法。但是，他在這裡卻猶豫了。他以為人類社會顯然是一種公正問題會發生的環境，但是，在社會中的人卻並不一定不會對別人的利益關心。我想洛爾斯在這裡所以持這種看法，就是由於擔心社會變為一個私自的社會而無法接受社群性的價值。上面引到德我肯的話也說，在一個自由主義式的社群中，大家共享一個目標，就是為了社會的公正而奮鬥。在那個社會中，每個人都會認為不公正對他本身的生命素質有影響。但是公正真的能擔當這種角色嗎？在公正問題會發生的環境中的人，只是關心自己利益而對別人的利益不在乎，他真的會認為關心公正是他能夠有一個美好的生活的必要條件嗎？

　　要回答這個問題，我們就必須檢視到底為公正而奮鬥這種努力包括一些甚麼東西？由於公正問題是有關分配的問題，所謂公正的分配就是每個人得到他所應該得到的東西，不公正的分配就是有些人得到他所不應該得到的東西，而有些人沒有得到他所應該得到的東西。(這

❷⑥　Hume (1978), p. 495.

個講法當然只是形式性的講法，不同的公正理論對於分配的公正有不同的實質原則。） 所以為公正而奮鬥的努力就是：如果我本人沒有得到應該得到的東西時，則我就要去爭取自己應得的東西。這樣的情況下，我還是在為我自己的利益而奮鬥；如果別人沒有得到他所應該得到的東西時，則我就為他去爭取，這時候我變成為了他的利益而去奮鬥。如果是後者，則我的動機就變成為是一種利他主義的動機。但是，在公正問題會發生的環境中，我們已經假定了人都是只為自己的利益而奮鬥的，為甚麼他要為別人而奮鬥呢？當然我們不排除在社會中有些人會有利他的動機，但這不是問題的關鍵。問題的關鍵乃是利己主義者如何會變成利他主義者？自由主義者如果想要用公正作為社會統一的基礎，就必須要回答這個問題：在一個公正問題會發生的環境中，利他主義的動機如何會發生的？在把公正視為社會最重要的德性的現代社會中，利他主義事實上成了不可瞭解的現象。

我們可以從另外一個角度來討論這個問題。利己主義者們在合作建立一個社會之前都應該瞭解到自己想要的東西是甚麼，或者他有一個甚麼樣的人生計畫。與別人合作是為了能得到更多自己想要的東西，或是更有效及更高度地實現自己的人生計畫。這個計畫是在公正原則被提出之前已經被訂定的。當然它可以被修正，但是這個計畫既然是在公正原則建立之前就已經被訂定的，那麼它很顯然地並不包括為了公正而努力這點。一個社會如果公正的話，他的計畫可能實現得更好，一個社會較不公正的話，也不是一定會影響到他的計畫。因此，雖然一個人可能會為了公正而努力，但是，這種努力卻並不是把公正視為社會第一德性的自利主義者所應該具備的。在不公正的社會中，他可能會感到受威脅，因為這也可能對他不利，但是，他是否要為公正而努力卻不是他人生計畫中的一部份。照他的動機假設來講，只有當他

自己的利益受威脅的情況下，他才會去為公正而奮鬥。

　　自由主義者想要用公正作為統一社會的基礎，但由於公正問題的環境包含了人的互不關心這個動機，因此，它所能建立起來的社群只能是工具性的社群。雖然在大的社群中可以包括一些非工具性的社群的存在，如家庭、教會等，但整個大社會只能是一個工具性的社群。這個結論似乎也跟目前的現實社會相吻合。在這個個人主義式的現代社會中，每個人為了自己的利益而奮鬥，我們很難看得出來有甚麼共同的目標把大家團結成為一個可以採取集體行動的社群。

參考資料

Bellah, R. N., Madson, R., Sullivan, W. M., Swidler, A. and Tipton, S. M.

　　1985　*Habits of the Heart.* New York: Harper and Row Publishers.

Dworkin, R.

　　1989　"Liberal Community." *California Law Review* 77 (3): 479–504.

Hegel, G. W. F.

　　1967　*Philosophy of Right.* Trans. T. M. Knox. Oxford: Oxford University Press.

Hume, D.

　　1978　*A Treatise of Human Nature.* 2nd edition. Ed. L. A. Selby-Bigge. Oxford: Oxford University Press.

MacIntyre, A.

　　1981　*After Virtue.* London: Duckworth.

Rawls, J.

1971 *A Theory of Justice*. Cambridge, Mass: Harvard University Press.

Sandel, M.

1982 *Liberalism and the Limits of Justice*. Cambridge: Cambridge University Press.

Taylor, C.

1975 *Hegel*. Cambridge: Cambridge University Press.

本文原載於《第四屆美國文學與思想研討會論文選集：哲學篇》，何志青、洪裕宏主編，一九九五年

《明夷待訪錄》所揭示的政治理念
——儒家與民主

一

梁啟超在《中國近三百年學術史》中說,「梨洲有一部怪書,名曰『明夷待訪錄』。 這部書是他的政治理想。從今日青年眼光看來,雖像平平無奇,但三百年前——盧梭《民約論》出世前之數十年,有這等議論,可能可算人類文化之一高貴產品」❶。梁氏並沒有說這部書怪在那裡,從他將之與盧梭的《民約論》作對比這點看來,在梁氏的心目中,《明夷待訪錄》所含的思想與現代社會的契約論或民主理論有最起碼的相似之處。因此,在引了《明夷待訪錄》中的幾段文字之後,他又說,「像這類話,的確合有民主主義的精神——雖然很幼稚——對於三千年專制政治思想為極大膽的反抗。在三十年前——我們是學生時代,實為刺激青年最有力的興奮劑。我自己的政治運動,可以說是受這部書的影響最早而最深」。在同篇的注釋中他提出,「此書乾隆間入禁書類,光緒間我們一班朋友曾私印許多送人,作為宣傳民主主義的工具」❷。從這二段文字中,我們可以推論出,梁氏之所以

---

❶ 梁啟超,《中國近三百年學術史》(上海: 中華書局有限公司, 一九三六年), 頁46。黃書將簡稱為《待訪錄》。在引文時, 我也將只注出篇名。

認為《待訪錄》是一部怪書的理由，乃在於它含有民主主義的精神。而民主主義在中國的傳統政治理念中並沒有出現過。因此，對我們的傳統而言，它就顯得怪了。

　　但是，如果我們看黃宗羲自己對於《待訪錄》的講法的話，梁氏的觀察顯然是不正確的。黃宗羲在《破邪論》一書的題辭中說：「余嘗為《待訪錄》，思復三代之治。」❸而在《待訪錄》的題辭中，他也指出該書的目的是為了恢復古代聖賢所提出的「為治大法」。因此，在黃宗羲的心目中，傳統儒家所倡導的三代，就是他心目中的理想政治。他所提出的政治理念並沒有乖離任何儒家傳統中所提出的政治理念。梁啟超認為《待訪錄》是一部怪書的講法是完全站不住腳的。

　　我在這篇文章中希望作二項工作。第一，我要將《待訪錄》中所標示出來的政治理念作一個剖析。這項工作主要作的是描述及分析。從這些描述及分析，我希望能夠對儒家的政治理念，以及由這些政治理念所作成的政治秩序有一個更明晰及深入的瞭解。其次，我想審查一下《待訪錄》中所標示的這些政治理念與現代民主理論有沒有比較有意義的相似地方。我的看法是，它們之間並不具有任何比較有意義或重要的相似性，相反的，在許多基本的地方，它與民主理論是不相容的。一百多年來，中國許多學者，包括擁護傳統文化及反傳統文化兩邊，都一再指出，中國文化的缺憾之一是沒有出現民主政治。但是，很少有人探討儒家傳統政治理論是否與民主政治不僅是不同，並且是不相容的問題。即或有這方面的探討，作得也很粗略。這個問題牽涉到這兩種理論對於政治目的、政權的合法性(legitimacy)基礎、政治組

---

❷　同上，頁47。

❸　《破邪論》及《待訪錄》都收在《黃宗羲全集》的第一冊中（杭州：浙江古籍出版社，一九八五年）。

織的性質及形態，甚至是基本人性論的問題。我希望能透過這種比較的研究，對兩者的不同，或甚至是不相容，作一個勾勒。同時，也希望透過這個比較的研究，對於傳統儒家的政治理論能夠有更明確的瞭解。

二

　　《待訪錄》中討論到政治理念及政治原則的主要是最前面的五篇，也就是〈原君〉、〈原臣〉、〈原法〉、〈置相〉及〈學校〉。其他各篇所討論的問題則比較上是制度性的。我將只集中探討〈原君〉、〈原法〉及〈學校〉三篇。

　　〈原君〉所探討的問題是君主的理念的問題。由於牽涉到的是理念，因此，它實際上並不是對經驗世界作描述，而是勾劃一個應然的情狀。對於君主的起源的問題，〈原君〉中只是簡單地指出，「有人者出，不以一己之利為利，而使天下受其利……」至於這個人是怎麼出來的，以及為什麼他要出來，〈原君〉中都沒有討論到。但是在〈奄宦下〉中，他卻指出了，「夫人主受命於天，原非得已」。這表示君主之所以為君主，乃是天之所命，而天選中某一個人為君主，對君主而言是一種雖然不願意，但卻是無法抗拒的命令。這個講法與現實的距離實在是差得太遠了。但是，如果我們瞭解到黃宗羲對於為君的職份的看法的話，他的這種講法也就很自然了。

　　〈原君〉一開始就指出：

　　　　有生之初，人各自私也，人各自利也；天下有公利而莫或興之，
　　　　有公害而莫或除之。有人者出，不以一己之利為利，而使天下

受其利；不以一己之害為害，而使天下釋其害。此其人之勤勞，
必千萬於天下之人。夫以千萬倍之勤勞，而己又不享其利，必
非天下之人情所欲居也。故古之人君，量而不入者，許由、務
光是也；入而又去之者，堯、舜是也；初不欲入而不得去者，
禹是也。豈古之人有所異哉？好逸惡勞，亦猶夫人之情也。

根據這段文字，君主的職責是替人民謀福利，同時在他從事為人
民謀利釋害的時候，君主本人並不會從其中獲得利益及快樂。由於人
都是各自其私、各自其利的，因此，作君主「必非天下之人情所欲居」；
因為好逸惡勞乃人之常情。

替人民謀福利的君主，是理想的君主，也是君主的理念。但是，
後世的君主完全把這個理念忘記了。為君者不但不為人民謀福利，反
而為了自己的福利而把人民視為他的僕人。所以，「古者以天下為主，
君為客，凡君主所畢世而經營者，為天下也；今也以君為主，天下為
客，凡天下之無得安寧者，為君也」（〈原君〉）。主客易位之餘，君主
不再為人民謀福利，相反地，人民變成了君主謀私的工具。這種情形
為甚麼會發生呢？黃宗羲指出，這乃是由於人們將天下視為產業所造
成的結果。中國人歷來把開國事業，視為是打天下。這不僅在政治上
是如此，就是在一般的行業中，一個人如果想去開創事業，也被稱為
是去打天下。劉邦作了皇帝之後得意地問他的父親，「始大人常以臣
無賴，不能治產業，不如仲力。今某之業所就孰與仲多？」（《史記·
高祖本紀》）所表現的就是這種把天下視為產業的思想。而這種思想
在家天下的時代，很自然地就把君主與人民之間的關係變為主與僕的
關係。人君為了自己的利益把人民視為僕人拿來差遣，使得人民不但
不得為自己謀利，更要無條件地聽命於君主去為他謀利，這也難怪黃

宗羲會說:「然則為天下之大害者,君而已矣!」(〈原君〉) 許多人從這裡指出,黃宗羲是反對君主專制的。我想這個結論下得太倉促了一點。如果他是反對君主專制的話,他應該討論的是「非君」而不是「原君」的問題。他所反對的只是君主沒有盡到君主應盡本份去為人民謀福利,而相反地去要或是強迫人民為他謀福利。如果一個君主符合了君主的理念,人民不但不會反他,而會愛戴他到將他「比之如父,擬之如天」(〈原君〉)。

　〈原君〉雖然很精確地指出了中國傳統政治中將天下視為產業這種一貫的家天下思想,但是,它卻沒有對這種墮陷是如何發生的這個問題作詳細的討論。我認為,只有在這方面用心地思考才能防止這種墮陷的發生。這個問題主要所牽涉到的是主權屬於誰的問題。君主專制的體制下,主權者(Sovereign)是君主。西方的君權神授之說,以及中國的真命天子的思想都是這種君主專制主權論的理論基礎。民主政治的理論則把主權的擁有者放在全體人民手中,也就是所謂的主權在民(popular sovereignty)的理論。我想對這方面黃宗羲沒有觸及的問題作一些探討。

　黃宗羲指出,在三代之後家天下的世界裡,君變成了人民的禍害。「向使無君,人各得自私也,人各得自利也。」(〈原君〉)首先我們要問的是,為甚麼人民需要一個君主來為他們謀福利?為甚麼不停留在契約論中所說的自然狀態中,讓人為自己的福利奮鬥?契約論者有一套講法說明自然狀態之下那種無政府的情況,對每個人都是不利的。所以人們必須訂立契約而組織社會及政府。霍布斯的契約論更論證出一個絕對主權 (absolute sovereign) 的必要性。荀子對於政府的必要性也有一套講法,在某些地方他的講法與契約論有相似的地方。在談到禮的起源時,他說,「禮起於何也? 曰:人生而有欲,欲而不得,則

不能無求，求而無度量分界，則不能不爭，爭則亂，亂則窮，先王惡
其亂也，故制禮義以分之，以養人之欲，給人之求」(《荀子・禮
論》)。這裡荀子所談的雖是禮之起源的問題，事實上我們可以把它看
作是政治組織的必要性的問題。由於物質之缺乏及人欲之無窮，必須
要有一套規則才能解決因為這種境況而引起的衝突。

　　這也同樣的就是政府的必要的理由。契約論者並沒有說君主或政
治領袖的職務是要為人民謀福利，人民有為自己謀福利的能力。政府
的工作只是制定一套人民在為自己謀利時必須遵循的規則而已。自由
主義的政府之下，一般所遵循的是彌爾 (J. S. Mill) 的最寬鬆的「傷害
原則」。 根據這個原則，一個人的行為只要不對他人（個體或集體）
造成傷害時，政府就不應該對他的自由作出任何限制。

　　黃宗羲對於君主的理念顯然與契約論者如洛克或自由主義者如彌
爾有著極大的不同。他認為君主應該不只是一個仲裁人，而應該是一
個積極地去為人民謀利的人。但是，為甚麼人民要別人替他謀福利呢？
為自己謀福利難道不是各人自己的事嗎？ 這個理念所蘊涵的是，人民
為自己謀福利的能力是不足夠的。我們試想一下，哪一類人沒有足夠
的能力謀取自己的福利？ 首先，當然是孩童。由於他們智力、體力都
還沒有發展，因此，要麼還不清楚究竟自己的福利為何，要麼沒有足
夠的能力去謀取福利。在任何社會中，父母或監護人都會被認為是應
該替兒童謀取福利的人。當然，兒童在這種情況下，也必須付出代價。
他的自由也常常會受到限制。其次，智力上或身體上有缺陷的殘障人
士，也是沒有甚麼能力為自己謀取福利的。對於這些人，文明的社會
都會給他們一定的照顧。除了這二類人之外，其他的人士都有能力照
顧自己，為自己謀取福利。當然每個人的能力不同，有的人能力高些，
有的人則低些。但基本上，如果不受外力無理的干擾，人都有能力及

動機為自己謀福利。所以，當黃宗羲把君主的職責定為是為人民謀福利時，他顯然是把人民要麼是視為兒童，要麼是視為沒有能力自謀福利的較為低能的人士。我想他不會將人民視為後者，因此，從他的君主理念，我們可以推出，基本上他把君主視為是人民的父母。這當然是先秦以來儒家的傳統思想。從《尚書》以來，一直到清朝結束，儒家的政治理論都把國視為是家的擴大。它基本上是一種奠基在血緣上的自然秩序。所謂「天子作民父母，以為天下主」(《尚書·洪範》)這種思想，貫穿了整個中國歷史。事實上黃宗羲理想中的君主也是傳統儒家政治理論中的父母地位。他說，「天之生斯民也，以教養托之於君」(〈學校〉)。這句話所說的當然除了君主是人民的父母之外，更是人民的老師。「作之君，作之師」這也是儒家的傳統思想。當然，不僅儒家有這種思想，法家的「以吏為師」的講法，也把君主視為是人民的老師❹。

　　〈原君〉中所描述的君主由理念上那種施仁政保民而王的領導者墮陷為以權謀私利的現實上的統治者的情況，有點像亞里士多德所說的獨裁(dictatorship)乃是君主制(monarchy)的墮陷一樣。關於為甚麼這種墮陷會發生這個問題，除了指出把天下視為產業這點之外，黃宗羲對它並沒有作甚麼探討。我想這裡最關鍵的是權力(power)與權利(right)這二個概念。

---

❹　我曾經聽過一位大陸的人士說，在平反文革的期間，共產黨曾經說，文革所犯的錯就好像父母對孩子犯了錯一樣。但她指出，天下父母對孩子也沒有這樣的犯錯法的。毛澤東的稱號之一就是「偉大的導師」。我們無法想像在現代民主國家中，人們會把他們的政治領袖視為是父母或老師。

三

謀福利是一種目的性的行為。從事這種活動，我們必須有能力或權力作為工具，才能夠使自己的目的實現。如果在達到目的的過程中，我們所需要用到的不僅是自己的能力及權力，而且還要用別人的能力與權力時，這時我們跟他的關係可以有幾種不同的形態。首先，這個輔助我們實現目的的人的能力完全在我們操控之下，就像我們操控機器或奴隸那樣。在這種關係之下，對方完全只是工具，他的意志完全被泯滅掉了。在這種形態的關係下，嚴格地說，奴隸的能力及權利完全被我所擁佔，我們甚至可以說，奴隸已經不是人了，因為他不再擁有人格及自主性(autonomy)。其次，在控制程度稍微寬鬆的主、僕關係下，後者基本上還是完全要聽前者的命令。但是，一方面後者在無法忍受前者的意志時，他可以擺脫這種關係，另一方面，主人有時候會把一些他所擁有的權力放給僕人，讓他能夠在完成主人的目的時，作一定程度上的決定工作。顯然的，如果黃宗羲認為君主與人民的關係是父母與子女的關係那樣的話，上面那兩種人際關係都不符合他心目中君主與人民的關係。父母雖然為子女謀福利，但他們卻不是子女的僕人，更不是子女的奴隸。那麼在為子女謀福利的活動中，父母扮演的究竟是一個怎麼樣的角色呢？

兒童雖然也有自己的欲望及喜好，但是沒有一個父母會完全依照兒童的喜好而去使他滿足的。由於兒童的心智還沒有充分發展，他的辨別是、非、好、壞的能力，都有待培養及教育。這時候，父母在為兒童謀福利時，不可能完完全全地照兒童所要的去做。他們必須引導，甚至是帶強迫地為兒童決定甚麼才是他們的福利。在這種情況下，父

母所擁有的權力可以說是無比的大。除了某些很基本的事他們不應該
做之外，例如，對兒童身體做出傷害，其他所有的事情幾乎都是在他
們的權利及權力範圍以內。無論是由於先天或文化的關係，絕大部份
的父母都會真心真意地為自己的子女去謀福利，而不會去濫用他們的
權利及權力。社會之所以將這種權利賦於父母，是因為兒童沒有甚麼
能力及權力去為自己謀幸福。而謀幸福這種目的性的活動又需要能力
及權力，而父母卻擁有這種東西，因此，在達到兒童幸福的這個前提
下，父母就有權利用他們的能力及權力去做他們認為是符合兒童幸福
的事情。

　　當黃宗羲指出，君主的職責是替人民謀幸福，同時他又把這種職
責視為是教養人民時，很自然地，他也就把理想的君主與人民的關係
視為是父母與子女的關係了。父母的智慧及能力都要比子女來得高。
同樣的，儒家理論中的君主的智慧也要比一般人民來得高，這樣他才
有資格來教養人民。當天命降在某一個人身上，要他作人民的父母時，
上帝不會找一個能力比一般人差的人去擔當這項重大的任務，他也不
會用抽籤的辦法隨便選一個人去擔任這項重任。他一定選一個最有能
力的人去辦這件事情。而同時，上帝也會把需要達成這項任務的權力
交給他。如果一切照這個理想的方式進行的話，人民也願意他擁有這
些權力，甚至把自己的權力也轉讓給他，讓他使用以達到為大眾謀福
利的目標。這就是為甚麼權力會集中在君主手中的理由了。有人或許
會指出，當黃宗羲說君主的職責是為人民謀福利時，這並不表示人民
不能同時也為自己謀福利。君主只是在人民為自謀福利之外，再加上
額外的力量去為他謀福利。這點是顯而易見的。在謀求福利這點上，
別人不可能完全取代你。即使在父母為子女謀福利時，他們也不會及
不能完全取代子女為自己謀福利的活動。但是，這並沒有影響到父母

對子女的謀福利行為有極大的干預權。同樣的，君主在人民為自己謀福利之外再加上他額外的能力及權力去為人民謀福利時，它也仍舊是一種家長主義 (paternalism)，而家長主義是對子女及人民的自由的干涉，雖然這種干涉是為了被干涉者的利益，但它卻仍是一種不折不扣的干涉，它是對被干涉者的自主權的限制。

父母與子女的關係是血緣上的關係。這種關係幾乎是所有人際關係中最親密的關係。父母甚至將子女視為是他們自我的延伸。因此，絕大部份的父母都是真心真意地去為子女謀幸福的。但是，君主與人民的關係不是這種自然式的血緣關係。硬要把它視為這種關係是一種範疇上的謬誤。對君主做出愛民如子的要求也是相當高度的要求。事實上可能只有聖人才能做得到。這也是為甚麼儒家的政治理論對於人君的要求是他必須要具備最高的德性的道理了。儒家傳統的理想政治是聖君賢相。如果智能差一點的人當君主的話，它所帶來的壞處是為人謀福利這件事做得較差一點，但是，如果道德差的人為君的話，他用手中的權力濫權謀私所造成的後果就不堪設想了。中國傳統的政治理論中，始終沒有辦法應付這個問題。對於防止君主濫用權力，中國傳統的辦法是要君主從事德性的修養，但是，這種辦法似乎從來沒有奏效過。黃宗羲既然在〈原君〉一開始就說，「有生之初，人各自私也，人各自利也；天下有公利莫或興之，有公害而莫或除之」，則他應該瞭解到君主也是人，也是自私自利的。當他擁有那麼大的權力時，他也很自然地會用他的權力去為自己謀利。荀子主張性惡說，但是他也沒有發展出一套理論或機制來限制君權。我想這與中國傳統中沒有發展出個人權利這種理論有不可分割的關係。

自然權利的理論是民主理論，甚至是資本主義體系中最基礎的理論。這個理論指出政府的目的乃是人們為了實現這種權利所設的一種

機制。政府的職責就是去保證人民能夠在和平的環境中實現這種權利。同時，這種權利對於政府的權力也作出一種限制。它指出在甚麼範圍內，人民的自由不應該受政府的干涉。這種權利所引導出的是有限的政府(limited government)、憲政主義(constitutionalism)及法治(rule of law)等現代民主政治的特色。至於有名的制衡(check and balance)就是實現這種有限政府所設計出來的制度。

黃宗羲完全沒有朝這方面去做思考。他腦中理想的政治形態還是聖君賢相，因此，還是完全繼承了先秦以來孔孟的傳統。梁啟超認為《待訪錄》有民主主義的精神的說法是沒有甚麼根據的。聖君賢相的形態終究還是君主制，而不是民主制。

四

傳統儒家的政治理論對於法律都不賦予很高的地位。許多人甚至認為以法做為治國之本是一種墮落。他們的理想是以禮治國。與禮治連在一起的是德治。有關這種主張的言論可以說是不勝枚舉。最有名的當然是孔子所說的「道之以政，齊之以刑，民免而無恥。道之以德，齊之以禮，有恥且格」（《論語‧為政》）。這句話雖然不表示孔子完全反對法律，但是，它卻表示以法為本的政治是一種次級的政治。有時候儒家甚至認為法律是一種使政治墮落的根源。大家都知道叔向反對子產鑄刑書的故事以及孔子對於晉國鑄刑鼎所講出的那麼嚴重的話：「晉其亡乎。」❺但是，一個國家只有禮而沒有法是不可能存在的。所以，雖然儒家的理想是一個禮治與德治的世界，但是，法在不得已時還是要有的。禮與法的分別究竟何在，是一個很有意義的哲學問題，

---

❺　這兩個故事分別載於《左傳》昭公六年及昭公二十九年。

但是我無法在這裡討論這個問題。我想它們之間的分別不僅只是像有些人所說的那樣，前者不牽涉到以政治的力量制裁違犯者，而後者則主要以這種力量為後盾❻。我認為它們之間主要的分別是前者是一種在道德修養以成就人格的行為中的行為規範，而後者卻與成德是不相干的。但是，我無法在這裡詳細地討論這個問題。

　　黃宗羲以一個儒家的正統學者而在《待訪錄》中花了一整篇來討論法的理念，的確是很特別的，雖然他的法的觀念是很廣義的。在他的心目中究竟甚麼是法的理念呢？它與我們現在所瞭解的法治以及與它緊密相關的憲政民主有沒有共通的地方呢？

　　〈原法〉的第一句話，就是一句驚人之語。黃宗羲說：「三代以上有法，三代以下無法。」為甚麼是這樣呢？就法的理念而言，三代以上與三代以下在現實上有何不同，使得黃宗羲作出這樣驚人的論斷？他的解釋是：

> 何以言之？二帝、三王，知天下之不可無養也，為之授田以耕之；知天下之不可無衣也，為之授地以桑麻之；知天下之不可無教也，為之學校以興之；為之婚姻之禮以防其淫；為之卒乘之賦以防其亂。此三代以上之法也，固未嘗為一己而立也。後人之主，既得天下，唯恐其祚命之不長也，子孫之不能保有也，思患於未然以為之法。然則其謂法者，一家之法而非天下之法也。是故秦變封建而為郡縣，以郡縣得私於我也；漢建庶孽，以其可以藩屏於我也；宋解方鎮之權，以方鎮之不利於我也。此其法何曾有一毫為天下之心哉，而亦可謂之法乎？（〈原法〉）

❻　瞿同祖，《中國法律與中國社會》（社會學研究社，無出版日期，頁321）。

　　從這段話，我們可以得知，黃宗羲心目中法的理念是甚麼。它包含的內容要比我們現在所說的狹義的法律為廣。除了狹義的法律之外，它還包含了各種各樣的制度，以及儒家所說的禮。例如婚姻之禮以及軍隊這種建制。而這些制度，以及禮、法能不能合乎法的理念，主要並非在於它們是誰制定的，以及它們是以甚麼程序制定出來的，而是在於它們實際上是為了誰的利益而制定的，以及它們實際上給誰帶來利益。如果它們是為了君主個人或是他的家族的利益而制定的，則這些制度就只是一家之法，或者更進一步地說，它們就不是法。如果它們的制定是為了人民的利益，則它們才是法，才符合法的理念。當然，任何社會及國家都必須有法律才能運作，這甚至可以說是社會的定義的一部份。家天下的世界裡，也不可能完全沒有法律，更不可能沒有黃宗羲所說的廣義的包含各種建制的法律。在非法治的肆意統治 (arbitrary rule) 之下也並非無法，只是統治者個人做決定時不受法律限制，不必遵循法律罷了。人民與人民之間的關係，一般仍得依從法律。但是，黃宗羲的法律理念的著重點卻不在這裡。他對於法律的看法完全是從它的實質這個角度出發的。法律與制度合不合乎法的理念完全要看它們是否以人民的福利為依歸。法與非法之分別在於究竟它們是「藏天下於天下」或者是「藏天下於筐篋」。三代之法是前者，而後世之法則是後者。

　　對於法律的看法，黃宗羲有一點獨特而與儒家傳統不同的地方。前面我曾經提到，儒家傳統對於法向來不很重視，甚至有時候還認為靠法律來作為治國之本的話是一種墮陷。他們的理想是以禮治國，以及與之不可分割的德治。所以孟子說，「徒善不足以為政，徒法不能以自行」（《孟子‧離婁上》）。荀子則更進一步說，「有治人，無治法」（《荀子‧君道》）。孟子及荀子所表現的是以德為本的人治思想，這

也是正統儒家思想。孔子的許多話，都是這種人治主義思想的最典型的表現。例如，「政者，正也，子帥以正，孰敢不正」(《論語‧顏淵》)，「其身正，不令而行；其身不正，雖令不從」(《論語‧子路》)，以及「苟正其身矣，於從政乎何有？不能正其身，雖令不從」(同上)。這種思想都是人存政舉、人亡政息的人治主義。人治主義的特色就是對於典章制度，尤其是法律的不重視。對於法律不重視所表示的是缺乏客觀精神。中國人始終喜歡講「運用之妙，存乎一心」，而不重視客觀的方法及程序。黃宗羲在這方面可以說是不合於儒家傳統，反而表現了法家的精神。他說，「吾以謂有治法而後有治人。自非法之法桎梏天下人之手足，即有能治之人，終不勝其牽挽嫌疑之顧盼；有所設施，亦就其分之所得，安於苟簡，而不能有度外之功名」(《原法》)。這種認為要使政治上軌道，必須先有好的法律制度的想法，是一種客觀主義。客觀的法治主義者會認為，任何一個體系，如果它依賴個人的因素太多的話，都不是一個好的體系。沒有好的法律及制度的體系，不可能帶給我們好的政治。這是程序理性(procedural rationality)的表現。黃宗羲雖然沒有對於這個問題作任何深入的分析，但是他的這一點開端性的覺悟，就儒家傳統而言，已經是很特別了。

五

　　黃宗羲對於法的觀念究竟有些甚麼特色？它與憲政民主之下所謂的法治 (rule of law) 有任何相似的地方嗎？我想就法律的性質及立法的程序這兩個角度來探討這個問題，並將黃宗羲的想法與現代的法律形式主義(legal formalism)做一個比較。

　　法律是一組規則，它與命令(command)不同。命令的特性是，受

命者不能決定自己的行為，他將採取甚麼行動是由發令者所決定。因此，命令所涉及到的雙方，發令者與受令者是處於不平等的地位的。雖然下命令的人也可以下一道命令，而這道命令也會規定他自己該怎麼做，例如，所有四十歲以上的人今晚必須加班，而他自己又是四十歲以上的人。但是，在一個人要求自己去做甚麼事的時候，我們不會認為他在對自己下命令這種說法是恰當的。一個人可以決定自己要做甚麼或不做甚麼，但是，這只是一種決定，而不是對自己下命令。因此，即使一個人對自己做了一些規定，因而構成了對自己的限制，我們仍然不會說他對自己下了命令。命令基本上是一個人對別人下的，而且，它決定了受令者該做甚麼。規則則與命令不同。雖然規則也對人構成限制，但是，規則的目的不是要決定受該規則限制的人去做甚麼，受規則限制的人自己決定要做甚麼，規則只是一種為了某種目的，當我們要做自己想做的事時，所必須遵循的東西。命令中的受令者是被確定地指出來的，即使是涵蓋很廣的命令，它的對象仍舊是一群特定的人❼。規則則沒有特定的對象。只有當一個人決定要做某件事情

---

❼ 有關規則與命令的不同，Michael Oakeshott在他的"The rule of law"中有較詳盡的分析。Hayek是最強調這兩者不同的人。Oakeshott的文章收在他的 *On History and other Essays* (Oxford: Basil Blackwell, 1983), pp. 119–164；Hayek 的有關討論可以參考他的 *The Constitution of Liberty* (Chicago: The University of Chicago Press, 1960), pp. 148–161。有關規則這個概念，Peter Winch在他的*The Idea of a Social Science* (London: Routledge & Kegan Paul, 1958)中有很精彩的討論。他受了維根斯坦的影響，用規則這個概念來討論社會科學的性質的問題。有關維根斯坦對規則的看法，有兩本很好的書，一是Saul Kripke的*Wittgenstein on Rules and Private Language* (Cambridge, Mass.: Harvard University Press, 1982),

的時候，規則才會對他適用。如果他決定不做那件事的話，則規則就對他不適用了。至於他是否要做那件事，規則並沒有對他做出任何指令。例如一個人如果要在香港開車，則他必須遵守血液內不能超過某一個程度的酒精含量這條規則。但是如果他不開車的話，則這條規則對他就不適用。至於是否要開車，乃是他自己的決定，沒有規則命令他非開車不可。而這條規則的用意也不是要決定某一個人或某一群人去做甚麼事情。

法律顯然是一種規則，而不是一種命令。它並不是要決定人們該做甚麼，它所管的只是，當人們決定要做甚麼的時候，他們必須遵循一些規則。如果這個分析是正確的話，則很顯然的，法律的精神是一種程序性的而不是實質性的。所謂程序性所指的是，法律本身並沒有以帶出某種特定的情狀(state of affairs)為它的目的，它只是規範人們在行動時，應該遵守一些東西。因為法律是普遍性的，立法者在立法時事實上並沒有把個人具體目的考慮在內，而且他也不可能知道每個人具體上想要作些甚麼事情。實質性的東西則不然。它所要帶出來的是某一些特定的情狀，因為這些情狀本身就是可欲的。

何謂法治？現在大家普遍的瞭解是，在一個法治的社會裡，統治者是通過法律來治理。任何他所採取的政策、決定都必須有法律的依據。與它相對反的是肆意的統治(arbitrary rule)。在肆意統治的社會中，統治者雖然不一定完全憑自己的意志，不受任何限制而去治理，但是，他常常這樣做，而且當他這樣做的時候，在那個社會中並沒有任何法律限制他不能這樣做。在討論公正問題時，洛爾斯也談到了法治的問題。他將法治瞭解為規律性式的公正(justice as regularity)。根據洛爾

另一本是Steven H. Holtzman與Christopher M. Leich合編的*Wittgenstein: To Follow a Rule* (London: Routledge & Kegan Paul, 1981)。

斯，法治的社會必須滿足下列四個格律 (precepts)：⑴應該蘊涵能夠 (ought implies can)；⑵相同的事件必須以相同的方式處理 (similar cases be treated similarly)；⑶沒有法律規定則不構成犯罪 (no offence without law)；⑷一些觀念用以界定自然的公正❽。

　　法治的特色既然是把法律看成是一種程序性的設計，與實質的東西無關的話，則就它所要造成秩序這個觀點上來看的話，它並沒有提供任何特定的實質的內容。如果這樣瞭解法治的話，黃宗羲對法的瞭解就不是一種法治的思想。他的法律及制度充滿了實質性的東西。它們最後所要造就的內容是在法律及制度之內已經被規定了的。例如他要恢復井田及封建的制度，這些都是實質性的東西。他的法包括學校的設立，而學校中教育的內容更是充滿了非價值中立的東西。更有甚者，他對於言論自由提出了相當的限制。「時人文集，古文非有師法，語錄非有心得，奏議無裨實用，序事無補史學者，不許傳刻。其時文、小說、詞曲、應酬代筆，已刻者皆追板燒之。士子選場屋之文及私試義策，蠱惑坊市者，弟子員黜革，見任官落職，致仕官奪告身。」（〈學校〉）在討論反對奢侈的時候，他也提出了對佛教及民間信仰的看法，「故治之以本，使小民吉凶一循於禮，投巫驅佛，吾所謂學校之教明而後可也」（〈財計三〉）。這雖然不是明令禁止，但在這裡，國家所行的制度是充滿了對於那一種生活方式才是正確的價值判斷。它完全是實質性的。

　　歐陸的法學思想則更將法治與誰是立法者這個問題連在一起。在討論韋伯的權威理論時，班迪克斯指出，在現代這種以法律為權威的社會中，「法治的興起乃是由於為了對抗絕對君權。因此，也就等同

---

❽　John Rawls, *A Theory of Justice* (Cambridge: Harvard University Press, 1971), pp. 235–239.

於民主」❾。根據這個看法，只是通過法律治理並不構成法治，要構成法治，一個社會必須是由人民或他們的代表來立法❿。但是，即使立法者必須是人民或他們的代表，然而，一條規則之是否能夠成法律仍舊要看它是否合乎立法的程序而定。所謂法律的形式主義或者實證主義(legal formalism or positivism)的要旨就是，任何規範(norm)，只要合乎程序，都可以被頒佈或制定(enacted)成為法律。唯一的控制機制只是程序。

就立法這個角度來看，黃宗羲的法的理念顯然不是民主式的，在這點上儒家與法家沒有甚麼分別。儒家講的是禮，而制禮者是先王。人民沒有參與制禮的資格，而只有遵循禮的義務。荀子一再的說先王制禮，而傳說中周公也是制禮作樂者❶。法家講法，而制定法律的也是先王或後王，而不是人民或人民的代表。商鞅說，「先王縣權衡，立尺寸，而至今法之，共分明也」(《商君書・修權》)。黃宗羲在這點上可以說是完全繼承了中國的傳統。前面所引的，「二帝、三王，知

---

❾　Richard Bendix, *Max Weber: An Intellectual Portrait* (Berkeley: University of California Press, 1977), p. 422.

❿　海耶克在討論法治的起源時，則持有不同的看法。他並不把法治等同於民主。因此，他認為中國法家的思想所代表的也是法治。見Hayek的前引書，p. 456，❶。在這裡他承認自己並不夠資格下判斷，但是他引用馮友蘭的《中國哲學史》中對法家的討論以及其中所引的《管子》的一段文字來指出這點。法家的傳統當然不是民主的。它不僅不是民主的，甚至是反民主的。它究竟是否合乎現代的法治也是可疑的。法治的條件之一是沒有人是在法律之上的。但是我們知道在商鞅變法的故事中，太子犯法，而不必服刑，他是在法律之上的。

❶　見《荀子》〈榮辱〉、〈王制〉、〈禮論〉及〈性惡〉各篇。

天下之不可無養也，為之授田以耕之；知天下之不可無衣也，為之授
地以桑麻之；知天下之不可無教也，為之學校以興之；為之婚姻之禮
以防其淫；為之卒乘之賦以防其亂」(〈原法〉)。很明白的說出了立法
者是君主，而不是人民。雖然二帝、三王制法是為了人民謀福利，但
是，人民在這裡只有遵循他們所制定的法，而不能參與制法，這當然
就失去了他們的自律(autonomy)。康德在談到道德自律的理論時指出，
所謂自律就是人為自己立法。我們如果將這個概念推擴到政治領域的
話，則它的結果就是民主政治。但是，儒家那種先王制禮的傳統完全
否定了人民這種權利。這是與民主背道而馳的形態。

<h2 style="text-align:center">六</h2>

《待訪錄》中賦與學校一個很重要的地位：

> 學校，所以養士也。然古之聖王，其意不僅此也；必使治天下
> 之具皆出於學校，而後設學校之意始備。非謂班朝、布令、養
> 老、恤孤、訊馘，大師旅則會將士，大獄訟則期吏民，大祀則
> 享始祖，行之自辟雍也。蓋使朝廷之上，閭閻之細，漸摩濡染，
> 莫不有詩書寬大之氣；天子之所是未必是，天子之所非未必非，
> 天子亦遂不敢自為非是，而公其非是於學校。是故養士為學校
> 之一事，而學校不僅為養士而設也。(〈學校〉)

黃宗羲認為國家應該設立各級的學校，從郡縣到中央都設立學校，
教育人民。最高級的太學，則享有極為崇高的地位：

> 太學祭酒，推擇當世大儒，其重與宰相等，或宰相退處為之。
> 每朔日，天子臨幸太學，宰相、六卿、諫議皆從之。祭酒南面
> 講學，天子亦就弟子之列。政有缺失，祭酒直言無諱。
> （〈學校〉）

　　而學校裡所教授的內容也包羅得很廣，有五經、兵法、曆算、醫、射等。

　　在君主專制的政治下，一切的是非標準都是由權力所決定的。君主有最高的權力，當然他也就掌握了是非的標準。黃宗羲理想中的學校是一個可以與天子平起平坐而不以君主為唯一的是非標準的機構。他列舉了東漢太學生及宋朝諸生「伏闕搥鼓，請起李綱」的二個例子，作為學校所該充當的角色的典範。除了在皇權之外另外樹立一個是非標準之外，學校還有其他的功用，它有責任去移風易俗，使「朝廷之上，閭閻之細，漸摩濡染，莫不有詩書寬大之氣」。 在這兩種角色之外，它更是「天下治具」所出之源。

　　首先讓我們來審視是非標準的問題。黃宗羲指出，「三代以下，天下之是非，一出於朝廷」（〈學校〉）。這在權力就是真理的君主專制制度下，是無可避免的現象。程度不同的指鹿為馬及皇帝的新衣的故事，在東西歷史上，多得不勝枚舉。在君主專制的制度下，要建立另外一個是非標準泉源，是難之又難的。開明及有容人之量的君主，比較可以接受別人的批評，碰到不開明的君主，則誰也拿他沒有辦法。這是大家只要稍涉歷史都可以很清楚地看到的事實。但是有關是非標準的問題，即使根據黃宗羲的構想，是否就沒有問題了呢？這裡最重要的當然是權力的問題。設立學校，讓學校扮演議政的角色，完全是君主所授權的。明君為了人民的福利，希望能廣開言路，聽各方面的意見，

但是，最後怎麼做還是由他決定。學校不是現代議會，它不是一個權力機構，議政不等於治理。就是非標準這個問題來看，黃宗羲心目中的學校所作的只是像稷下學宮那些學士們所作的「不治而議論」而已。（《史記・田敬仲完世家》）中國歷代也有諫官的制度，但是，他所發揮的作用都相當有限。碰到好一點的君主，多聽他一點，碰到壞一點的，他就不能有任何作用，甚至會遭殃。子產不毀鄉校的故事是大家都耳熟能詳的。君主如果有子產那種智慧及胸襟，則批評對他有用，否則的話就毫無用處。最重要的是子產可以把鄉校毀掉。子產之所以可以這樣做就是因為鄉校本身並沒有權力，權力完全在執政者的手中。

　　一個憲政民主的條件是，人民不僅有批評政府的權利，還要有限制政府的權利，同時他們還可以用合法的方式，例如選舉，使一個政府下台。黃宗羲沒有朝這個限制君主權力的機制上面用心思，他也沒有想到人民有權利對政府進行監督，所以，他心目中學校如果能夠發揮作用的話，還是要靠君主的開明與否而定。

　　再往更深一層去想，把政治問題視為是一種真假或是非的問題這種想法，本身是否能成立。「君主的職責是為人民謀福利」這句話只是一個很普遍的原則性的話。在某一個特定的情況下，怎麼樣做，或是採用甚麼政策才能算是為人民謀福利並不是一件一清二楚的事情。一項政策或一個決定如果對某一部份人有利，而對另一部份人不利，則該如何取捨？如果採用效益原則而為最大多數的人謀取最大的利益，是否就一定是對的？在滿足效益原則的情況下，如果某項政策對某些受害人是不公正的，我們該如何取捨？這些都不是像數學或科學上那種真理那樣絕對的。學校具有甚麼特別之處可以說他們的議論就是是非的標準？黃宗羲對這些問題似乎沒有考慮過。我在這裡並不是說政治問題一定不是有關是非的問題。我只是想指出這個問題的複雜性及

爭議性。

　　黃宗羲所提的學校的另外兩個功能也都是有爭議性的。移風易俗是德治主義的最大目標。在古代那種一元社會中，人們認為價值有客觀標準的時代，政治被視為是道德的延長，它的目的是使人民增進德性的修養，君主的地位是父母與老師，他負責起教導的工作。學校當然也只是這個角色的延長。但是在現代價值多元的社會下，政府不再擔任這種教育的任務。不僅如此，政府應該對哪一種人生理想才是對的這個問題採取中立的態度。這就是自由主義理論中有名的中立性論旨(The neutrality thesis)。政府之所以應該如此，乃是由於價值沒有客觀性這種多神主義的理論所引起的。而由於價值只是主觀的喜好，學校中也沒有權利教授任何一種價值體系。黃宗羲雖然將他所處的時代稱之為「天崩地解」的時代，但是，我想這個描述是不恰當的。儒家的典範當時還支配著中國，而人們對它並沒有發生懷疑。世界會變得那麼壞，是由於大家乖離了儒家原本的教義。而黃宗羲所要恢復的三代之治，也是儒家原本的傳統。在那個時代，要學校負起移風易俗的責任，是再自然不過的事。但是，在價值多元主義的時代，學校是否還有資格做這種事？環顧世界現在的教育，都變成了技術性的教育。價值這種不屬於技術，又沒有客觀性的東西，已經幾乎完全被摒除在學校教育之外了。

　　學校的第三個功能是它應該是「治天下之具」所出之源。這句話的意思不是很清楚。如果天下治具所指的是法律、典章制度的話，則在前面討論〈原法〉時已經指出了，根據黃宗羲的想法，君主才是立法者。一個國家不可能有兩種立法者，所以黃宗羲必須取其中之一。如果取學校的話，那學校除了教育之外，又變成了立法機關，而君主制也就消失了。從整本《待訪錄》來看，黃宗羲是並有這種思想。他

在好幾處都說到君主立法（廣義的法）。　如果治具所意謂的是治天下的人才的話，那麼這種講法並不具有甚麼特別的意義。它所表示的只是從政者要有學識罷了。

七

　　我這篇文章的兩個主要目的是，第一，將《待訪錄》中的政治理念做較為詳盡的剖析，使得我們可以看到它的特色之所在。我認為黃宗羲的政治思想是典型的儒家式的，所以，從對《待訪錄》的剖析，我們可以瞭解到儒家仁政、德治的政治是一種甚麼樣的形態的政治。第二，我將這種政治形態與現代的憲政民主做了一些比較。從這些比較中，希望能更加地凸顯出儒家政治傳統的特色。但是，從這些比較中，我們也看到了儒家的仁政不但與憲政民主是不同的東西，而且，在許多基本的問題上，這兩者是不相容的。在這裡，我並不是用中國歷史上的現實政治與民主政治的理論做比較，而是用儒家傳統思想中的理想政治與民主政治的理論做比較。由於這兩種政治理論在許多基本點上的不相容，我想這也可以說明為甚麼我們這一百多年來努力想要爭取民主化的過程中，會遇到那麼多的阻力。至於現代那種自洛克以來的保護式的民主(protective democracy)究竟是否是理想的政治形態這個問題，一直以來理論界都有很多的爭辯。有些人指出，在市民社會的基礎上所實行的保護式的民主所造成的結果之一是，它無法建立起一個真正的社群，社會只有分化而沒有統一。在這種人人為己的社會中，人與人之間只有外在的而非內在的關係。而後者是人的幸福所不可或缺的東西。但是，這些問題不是我在這篇文章中所要處理的。

　　本文在第四屆當代新儒學國際學術會議上宣讀（一九九六年十二月）

市民社會與保護式的民主

一

在人類歷史的進程中，民主運動所要打倒的對象是各式各樣的專制主義。在西方民主運動的歷史中，民主主義者所要打倒的專制主義是以絕對君權(absolute monarchy)這種姿態出現的 ❶。民主主義者對抗絕對主義最重要的武器就是契約這個概念。美國「獨立宣言」中所提到的，統治者由於被治者的同意而得到他正當的權力這種想法，就是把國家或政府的正當性奠基在被治者的志願同意之上。這種新的政府正當性的理論，把政府視為只是一個受託者。它的權力及權利是由託付人所授與的。契約論中最重要的當然是自然權利這個概念。從霍布斯開始，經由洛克、康德，一直到黑格爾，這些現代的理論家都一再地指出，人們與生俱來就擁有一些自然權利，同時，這些權利是不

❶ 絕對君權最典型的例子可以用法國國王路易十五的話作代表。他說:「主權只存在於我的身上。立法權，既不從屬於他人，也不與他人分享，只屬於我，國家的權利與利益必然地與我為一，只存在於我的手中。」路易十五在一七一五年至一七七四年為法國國王。這段話引自 David Held, *Models of Democracy* (Cambridge: Polity Press, 1982), p. 39，註1。

可被讓渡的 (unalienable)。把一個人的這種自然權利剝奪掉也就是等於把他作為一個非人來對待。因此，只有能夠保障這種自然權利的民主政治才是唯一能被接受的政治形態。西方古典的民主理論，一般是自由主義這個理論中的一個環節。因此，許多人都把它視為自由主義式的民主。

根據自由主義者的看法，人們對自然權利的擁有及行使，是一個合理的政體所不可或缺的。而這種自然權利，在民主社會中，本身也就被建制化了。自然權利的建制，主要從兩方面表現出來。第一，人們有權參與影響到他的政治事務。這當然是民主政治的最重要的要素。只有人們成為管理他們自己的事情的主人時我們才能說這個社會所行的是民主政治。如果失去這點，民主政治根本就不存在。其次自然權利的一個重要建制是，私人領域之不被侵犯的權利。這個領域也就是個人自由的領域。彌爾在《論自由》中提到的「傷害原則」所要保護的就是這個個人自由權的領域❷。由這個領域所建構起來的就是西方社會史上有名的「市民社會」(Civil Society)。

達爾(Robert Dahl)指出，「並非只有一種民主理論，而是只有各種各樣的民主理論」(...there is no democratic theory—there are only democratic theories)❸。自由主義式的民主理論也有許多不同的形態。麥克弗森(C. B. MacPherson)將它分為四種形態。它們分別為：⑴保護式的民主 (protective democracy)，⑵發展式的民主 (developmental democracy)，⑶均衡式的民主(equilibrium democracy)，以及⑷參與式

---

❷ J. S. Mill, "On Liberty"，本文收入 *The Philosophy of J. S. Mill* (New York: The Modern Library, 1961), pp. 196–197。

❸ Robert Dahl, *A Preface to Democratic Theory* (Chicago: The University of Chicago Press, 1956), p. 1.

的民主(participatory democracy)❹。赫爾德更把西方有史以來的民主分為九種形態❺。由於民主理論的複雜性，在討論民主的問題時，首先必須要注意到的是，我們究竟是談哪一種形態的民主。

市民社會也是一個複雜的問題。最近這幾十年來，東歐的知識份子在爭取民主的過程中，大大地用到了這個概念。他們想把它提出來作為與國家對抗的一種力量。西方的思想家最近也對這個概念討論得很熱烈❻。不同的人對它有不同的看法。但是大家基本上都承認，市民社會最重要的特色是它在國家之外成為一個獨立的實體。國家不再籠罩在它之上。至於這個社會中有些什麼機制，我則覺得並不是最重要的問題❼。

---

❹　C. B. MacPherson, *The Life and Times of Liberal Democracy* (Oxford: Oxford University Press, 1977).

❺　見David Held, op. cit.

❻　Jean L. Cohen and Andrew Arato, *Civil Society and Political Theory* (Cambridge: MIT Press, 1994); Charles Taylor, "Modes of Civil Society," *Public Culture*, Vol. 3, No. 1, 1990; John Keane, *Democracy and Civil Society* (London: Verso, 1988).

❼　Habermas所談到的公共領域最近很多人對它進行討論。但Habermas並非用公共領域的出現來界定市民社會。他只是說，公共領域是市民社會中的一個要素。至於Cohen及Arato所作的三分──國家、經濟及市民社會──我認為是沒有甚麼根據的。如果把經濟排除在市民社會之外，則我們用甚麼來界定市民社會中的人那種自利主義者的特性呢？黑格爾是在研究了亞當‧斯密，李嘉圖等政治經濟學家之後，才提出市民社會這個概念的。可見他心目中市民社會最重要的特色就是市場關係，而市場關係當然是經濟關係。見 Jürgen Habermas, *The Structural Transformation of Public Sphere*, tr. Thomas Burger (Cambridge: MIT Press, 1991)。

我這篇文章的目的是要把市民社會與保護式的民主之間的關係作一個勾勒。我將指出它們兩者之間有著密切的關連。它們在西方現代社會中分別在經濟及政治領域中佔主導的地位，並不是偶然的事情。非西方國家的現代化運動如果是順著西方那種方式的話，這兩種機制也無可避免地會在這些地區中出現。從這裡，我們可以看臺灣這幾十年來社會、經濟及政治的轉型，也離不開這個模式。將來大陸恐怕還是會順著臺灣所走過的路走。

二

高契爾(David Gauthier)指出，「把各種社會關係視為是契約式的這種想法，是在我們的意識形態的核心之中的」。 麥克弗森也指出，現代西方社會是一種他稱之為全盤的市場社會(full market society)❽。高契爾與麥克弗森雖然用了不同的名詞來描寫現代西方社會的特點，其實他們對西方社會的瞭解是相同的。人們在市場中的關係就是契約的關係，而在兩方訂契約的時候，他們之間的關係也就是市場關係了。高契爾認為把所有的社會關係視為契約關係是現代社會的特色，這是一個一針見血的觀察。我們只要審視從霍布斯、洛克、盧梭一直到康德這個思想線索，就可以得到印證。

霍布斯、洛克及盧梭把社會或國家視為是奠基在契約之上的組織。

Cohen與Arato的說法則見前引書的導言。

❽ David Gauthier, "Social Contract as Ideology," *Philosophy and Public Affairs*, Vol. 6, No. 2 (1977), p. 130. C. B. MacPherson, *The Political Theory of Possessive Individualism* (London: Oxford University Press, 1962), pp. 53–61.

到了康德，更把婚姻這種建立在愛之上的關係也視為是奠基在契約之上的❾。到了今天的資本主義社會中，幾乎沒有任何人際關係不是契約式的了。所謂市民社會，也就是奠基在契約之上的全盤的市場社會。黑格爾給市民社會下了這樣一個定義：

> 市民社會，這是各個成員作為獨立的單個人的聯合，因而也就是在抽象普遍性中的聯合，這種聯合是通過成員的需要，通過保障人身和財產的法律制度，和通過維護他們特殊利益和公共利益的外部秩序而建立起來的❿。

市民社會中的兩個主要原則是：

> 具體的人作為特殊的人本身就是目的；作為各種需要的整體以及自然必然性與任性的混合體來說，他是市民社會的一個原則。但是特殊的人在本質上是同另一些這種特殊性相關的，所以每一個特殊的人都是通過他人的中介，同時也無條件地通過普遍性的形式的中介，而肯定自己並得到滿足。這一普遍性的形式是市民社會的另一個原則⓫。

---

❾　黑格爾對於這種把國家與家庭的基礎放在契約之上的理論提出了尖銳的批評。見他的 *Philosophy of Right*, Tr. T. M. Knox (Oxford: Oxford University Press, 1976)。中譯本《法哲學原理》，范陽，張企泰譯（北京：商務印書館，一九七九年）。 有關家庭與國家並非契約關係，見75節補充。

❿　黑格爾，《法哲學原理》，第157節。

⓫　同上，第182節。

　　黑格爾對市民社會以及它的兩個原則的描述，精要地勾劃出了資本主義全盤市場社會以及其中的人的特色。這個社會是一個由單獨的個人所組織成的聯合體。但是，這個聯合體的構成份子都是獨立存在的個人，這些獨立存在的個人，每個人有自己的需要，由於為了更有效地滿足個人已經有的需要，他才與別人發生關係而組織聯合體。雖然他們組成了聯合體，但是由於成員之間的關係只是為了滿足自己的需要才建立起來的，因此這種關係並非內在以及必然的，而只是外在的及偶然的。這個聯合體雖然可以構成一個普遍性，但是，這個普遍性只是抽象的。黑格爾指出，市民社會中有三個主要的環節。它們是，⑴需要體系(system of needs)，⑵司法(administration of justice)，⑶警察與同業工會 (corporation)。第一個環節是市民社會的出發點。每個獨立而有需要的個體，透過與別的個體建立起關係，來滿足自己的需要。在市民社會中，這些獨立個體加入聯合體的目的純粹是為了滿足自己的需要，而不是把這種參與聯合體這個活動本身視為是一種有內在價值的活動。

　　但是，與其他個體組成聯合體以進行交換活動時，沒有司法體系做為它的限制規範的話，這種活動的進行就不能順暢。因為缺乏司法體系就等於回到了前社會的自然狀態。在這種自然狀態中，正常的交易行為被動物世界的弱肉強食這個規律所取代。因此，在市民社會中，司法是不可或缺的一個大事項。這也是為甚麼黑格爾會說，「在市民社會中，公正(justice)是一件大事」❷。這也是為甚麼現代社會的理論中，總是把公正視為社會最重要的德性了。或者甚至更進一步把道德問題只規限在公正這個領域之內了❸。

---

❷　同上，第229節補充。

❸　見 John Rawls, *A Theory of Justice* (Cambridge: Harvard University Press,

　　至於警察及同業工會在市民社會中的作用則是使市民社會邁向國家這個統一體(unity)的階梯。警察意謂著公共權力⑭。而同業工會則是在市民社會中同行及同階級的人所組織起來的團體。這種團體已經超越了市民社會中那種純個人主義式的存在了。

　　從以上簡單的分析，我們可以看出黑格爾所描繪的市民社會是一個全盤市場化的社會。在這個社會中，人們為了自己的利益而與別人進行交易的活動。雖然市民社會是一個人人之間彼此依賴的社會，但是，成員們的出發點卻純粹是自利的。阿文奈理(S. Avineri)將這種社會稱為是一個普遍的自利主義(universal egoism)⑮。

　　市民社會這種將所有的社會關係契約化的做法是現代社會才出現的特色。黑格爾指出，市民社會是現代世界的產物⑯。它是一個特殊性(particularity)能夠得到表現的社會。當然，這種表現也就是從自利主義這個基本原則上表現出來。古代社會不允許這種特殊性的凸顯。關於自利主義有一點在這裡必須特別提出的是，人類有始以來這種自利的動機都一直存在著。當我們說，古代社會的建構原則不是自利主義式的，而現代社會的建構原則則是自利主義式的，它所表示的乃是，自利這種動機，在現代社會中，已經被機制化了。也就是說，現代社會中的建構機制使得自利這種動機得到充分的施展。在現代社會中，

　　1971), p. 1,及Jürgen Habermas, *Justification and Application* (Cambridge: MIT Press, 1993), p. 150 ff。

⑭　有關警察一字的意義，與其權力及國家的關係，見 Knox 的譯者注83，p. 360。

⑮　S. Avineri, *Hegel's Theory of the Modern State* (Cambridge: Cambridge University Press, 1972), p. 134.

⑯　《法哲學原理》，第124節補充，182節，184節等。

自利不再被認為是壞的事情，而被認為是天經地義的事情。同時，現代的社會理論更加認為人人自利的結果對大家及整個社會都有好處。這當然就是亞當・史密斯的無形之手的理論了。反觀古代社會，人們還是跟現代人一樣，有著自利的動機，但是古代社會的組織原則卻不容許這種動機充分發展。因此，一有這種動機出現，總要被認為是不道德的。在東方及西方這點都是一樣的。

市民社會是現代性中的一個重要環節，這個重要的環節，就是把經濟領域非政治化。這種非政治化的目的當然是要把政治的權力從經濟領域中剔除出去，使得人們能夠在不受政治力量的干擾之下，伸展個體的意志。這種觀念所發展出來的就是個人財產權的不可侵犯性的理論。相應於這種對於財產權的看法，很自然地對於政府的權力也會提出一套理論來。甚麼樣的政治體制才能夠最好地保護市民社會的自主性以及個人財產權的神聖性？針對這個問題，自由主義者們提出了保護式的民主這種政治理論。

三

契約論假定了許多東西。如果把人際關係奠基在契約之上，則它蘊涵了一套對於人性的特殊看法，同時它也蘊涵了一種對社會性質的看法。首先，讓我們看看契約論蘊涵了一種甚麼樣的哲學的人性學 (philosophical anthropology)？契約論必定預設個人主義 (individualism)及自利主義(egoism)這種對人性的看法。為甚麼契約論對人性會有這種看法呢？在回答這個問題之前，我們必須先界定甚麼是個人主義及自利主義。個人主義的論點所說的是，人們的基本需要、要求及目的是在人們尚未進入社會以前就有的。他們的這些基本目的、

價值等並非社會化的結果，社會只是人們為了更有效地達到這些前社會的目的的建制上的安排❼。自利主義的論點所指的就是，人們行動的動機都是為了達成自己的目的或是獲取自己的利益。

很顯然地，在契約理論中，立約者們與別人訂立契約之前必須在自己的心目中已經有了某些目的及要求，否則的話，他如何可能與別人訂立契約呢？訂契約就是為了從它達到自己的目的，因此，這些目的必定是先於契約及社會就存在的，這當然就等於是說，契約的關係必須預設個人主義。其次，訂立契約的目的是為了滿足自己的需要及價值，而不是為了滿足別人的需要及價值。這當然就是自利主義，我們不能想像當兩個人在市場中進行交易時，他們的主要動機是為了使對方獲取利益。市場中的人，總是為了獲取自己的利益而進行交易活動的。

說明了市場關係中人的動機之後，我們就要來討論究竟甚麼形式的政治體制最能保護這些市場人的利益？由於市民社會中，人們彼此之間要進行交易，因此，必須要有一套規則來規範他們的交易行為。同時，有人如果違犯規則的話，為了公正起見，也必須有第三者對它做出裁制及執行這些規則。所以，在個人之上必須要有一個機構來執行上述的這些任務。洛克指出，政府的來源就是由於這個需要。讓我們簡單地將政治事務界定為與公眾有關的事務，也就是大家都或多或少會受它影響的事務。對市場人而言，他們應該設立一個甚麼形式的政府才會對他們最有利呢？

在提出甚麼形式的政府才是最有利的之前，我們或許可以問，他們是否需要政府？無政府是否可能是更好的選擇？也就是說，所有的

---

❼　有關這個個人主義的定義，見Steven Lukes, *Individualism* (Oxford: Basil Blackwell, 1973)，第十一章。

事務都由立約者們自行解決。這個無政府的狀態就是洛克所描繪的自然狀態。在洛克的自然狀態中，已經有一套自然法在其中運作。但是由於自然法是模糊不清的，同時每個人的判斷也都難免帶有主觀的成份，因此，立約者們自己進行解決問題，是很難行得通的。只有依靠一個第三者，才能有效地執行這些自然法。也就是說，需要一個政府。但是，政府應該擁有多少權利及權力來執行這種自然法才會是對立約者最有利？很顯然的，專制及少數人的寡頭政府所擁有的權力，對於立約者都是不利的，因為這種形式的政府所擁有的權力可以將立約者的權利剝奪掉。獨裁都可以任意地加稅，甚至剝奪立約者們的財產以及對他們其他的自由，如人身、言論等自由作出侵犯。因此，只有民主政治才是最符合市場人的利益的。在民主政治中，立約者可以限制政府的權力，使得它的作用被限於只是保護他們的人身、財產及自由等項目。這當然是保護式民主的政治形式。市場人在設立政府前已經有了自己的目的及價值體系，他設立政府的目的只是為了更有效地達到這個目的。就一個理性的自利主義者的立場，他沒有任何理由同意設立一種會對他那些已有的目的有損害的政府。政府對他而言是達到目的的手段，它是用來保護他的利益的。洛克指出，

> ……人們聯合成為國家和置身於政府之下的最大的和主要的目的是，保護他們的財產；在這方面，自然狀態存在著許多缺陷❸。

保護式的民主對於政府及國家的作用的看法是，它是保障人民權利的機制。它與市民社會是最自然的伙伴。如果我們接受了市民社會

---

❸　洛克，《政府二論》V，124。

這種理論，則很自然地也就會接受保護式的民主這種政治理論。保護式的民主理論把政治視為是為了私人利益而必要的有關公共的事務。巴柏(Benjamin Barbar)指出，這種民主是一種單薄的民主(thin democracy)。對贊成這種政治理論的人而言，「政治是為了服務經濟動物——對物質幸福及身體安全的孤獨的追求者——的一種精打細算(prudence)」。他認為拉斯威爾早年的一本書名最能捕捉住這種政治的精神。它就是，《政治：誰在什麼時候如何得到什麼?》(*Politics: Who Gets What, When and How?*)[19]。

就兩者對於人性的瞭解來看，保護式的民主也是市民社會最自然的伙伴。前面已經提過市民社會是一個普遍自利的組織。保護式的民主對於人性的假定也是這種霍布斯式的[20]。美國的憲法之父麥迪遜就指出，集團(faction)在人類生活中是不可避免的，它的種子根植於人性之中。而集團的一個特性就是為了自己的利益，在沒有受到外在阻力時，它就會去侵害別人的權利[21]。由於政治是不可少的，我們對它的設計要絕對的小心。我們必須提出一套設計來，使得社會上的各種集團無法彼此欺壓，同時更重要的是使政府無法對我們的權利有所損害。前者所預防的是多數的暴虐(majority tyranny)，後者所要針對的

---

[19]　Benjamin Barbar, *Strong Democracy* (Berkeley: University of California Press, 1984), p. 20.

[20]　Richard Hofstadter指出，美國的開國之父們對於人性都有這種看法。見他的 *American Political Tradition* (New York: Vintage Books, 1973)，第一章。

[21]　見*The Federalist Papers*, No. 10, intro. by Cliton Rossitar (New York: The New American Library, 1961)。及Dahl的*A Preface to Democracy*的第一章。

則是政府的暴虐(governmental tyranny)。麥迪遜認為要防止前者，只有靠這套民主政治在廣土眾民之地實行，因為只有在這種條件下，永恆的多數集團才不會形成。至於後者，他的設計就是有名的制衡機制，讓政府的各個部門彼此監督及牽制，這樣才不會有某一個部門有過大的權力。他說，「用野心來抵消野心」❷。上面的描述可以讓我們看得出來，保護式的民主與市民社會實在是若合符節的。

四

這半個世紀以來，臺灣社會由於實行了資本主義的關係，已經由一個中國傳統形態的農業社會變為一個工、商業的社會。傳統式的那種建立在血緣上的組織社會的辦法，也由契約式的市場方式所取代。今天沒有人可以否認臺灣社會基本上已經是一個黑格爾所說的市民社會，也沒有人可以否認，臺灣社會的根本組織原則已經是個人主義式的市場原則，而非傳統社會中的那種家庭原則了。臺灣如何會有這種根本性的轉變這個問題，其實並不很難回答。這個轉變之發生就是由於在經濟上採取了資本主義，而資本主義生產方式的採用，使得傳統那種社會形態不可能再維持下去。

中國傳統社會是一個以血緣為組織基礎的家族式的社會。家庭的基本的要素是愛而非自利。因此，自利這種動機在傳統的中國社會中是極度被壓抑的。另一方面，中國傳統中雖然也有民間社會的存在，但是，理論上，這個社會仍然是隸屬於政治之下的。當皇帝用較為寬鬆的政策時，民間社會就變得較為活潑。例如，漢朝初年，採用黃老的無為而治的政策，結果是人民的積極性能夠得以發展，社會就變得

❷ *The Federalist Papers*, No. 51.

很活潑，經濟也變得很好。但是，如果皇帝用較嚴厲的政策來箝制人民的話，就得到相反的結果，例如，在秦朝統治的年間。中國傳統中雖然有民間社會的存在，也就是說，社會並沒有完全被國家吞噬掉，但是，第一，這個社會不是市民社會，第二，這個社會在理論上是隸屬於國家的。國家可以隨時把它的權力網收緊，而將社會置之於它的控制之下。所謂「普天之下，莫非王土」所代表的就是這個國家的政治權力無所不在的特性。這句話所代表的思想就是，社會是隸屬於政治的，並非在政治之外有一個可以做為獨立實體而存在的社會。這個基本的思想，使得市民社會這種東西在中國始終無法出現❷❸。

中國人理想中的政治境界是聖君賢相以仁政治理天下，使老百姓都能受其恩澤。但是，我們的政治理論中卻沒有出現過一種想法，就是政治的權力應該是有限的。人們應該擁有一個私人的領域是政治所沒有權力及權利侵犯的地方這種思想對我們完全是陌生的。這當然是等於說，我們的傳統中並未出現過自然權利這樣的理論。由於聖君賢相是千載難逢的，大部份的現實政治都是暴虐及黑暗的，中國人的理想便轉而為企望能夠超越政治而變為非政治式的(a-political)。這就是有名的〈擊壤歌〉所代表的「日出而作，日入而息，……帝力與我何有哉！」那種羲皇上人的非政治的世界。但是，這種境界就個人而言可能有時候可以做得到，然而就整個社會而言，有政治權力的人是不可能允許它存在的。因此，我們傳統文化才那麼歌頌隱士這種人格，然而，桃花源卻從來不曾真正地出現過。

傳統的老路既然走不通。同時又由於歷史的巧合，臺灣在冷戰時

❷❸ 馬克思指出，西方中世紀的時代，社會也是被政府所統轄的。見他的 "On the Jewish Question"，本文收在 Karl Marx, *Early Writings*, intro. & ed. Tom Bottomore (New York: McGraw Hill, 1964), p. 28 ff。

期被歸在西方世界這邊，而採用了資本主義。這些機緣就使得臺灣慢慢地走上了西方所走的道路。資本主義導致市民社會的出現。而市民社會與保護式的民主是最自然的伙伴，它的出現也就成了幾乎是不可避免的事情。我這裡並非要提倡馬克思的經濟決定論。決定論牽涉到普遍律則、意志自由及預測等複雜的問題。但是，我卻認為歷史是有模型(pattern)可循的，這個想法一方面可以允許自由的存在，而另一方面也可以避免掉把歷史看成只是純粹的偶然事件。

現代世界中，政府合法性的重要支柱之一是它是否能把經濟搞好。如果一個政府能夠搞好經濟，它幾乎一定會受到人民的支持，反之，它就一定不會受到支持。中國大陸的領導人也瞭解到這點，因此，這一、二十年來搞改革開放，引進市場機制。經濟是搞活了，但是，不可避免的，一個市民社會也逐漸在形成之中。我想如果順著這條路走下去，它最後的形態是跟臺灣差不多的。

本文在紀念雷震先生百歲冥誕暨傅正先生逝世五週年的學術研討會上發表一九九六年七月，由紀念殷海光先生學術基金會主辦。原載於《哲學雜誌》第十八期，一九九六年十一月

滄海叢刊書目（二）

當代臺灣作家論	何欣	著
史學圈裏四十年	李雲漢	著
師友風義	鄭彥棻	著
見賢集	鄭彥棻	著
思齊集	鄭彥棻	著
懷聖集	鄭彥棻	著
憶夢錄	呂佛庭	著
古傑英風 ——歷史傳記文學集	萬登學	著
走向世界的挫折 ——郭嵩燾與道咸同光時代	汪榮祖	著
周世輔回憶錄	周世輔	著
三生有幸	吳相湘	著
孤兒心影錄	張國柱	著
我這半生	毛振翔	著
我是依然苦鬪人	毛振翔	著
八十憶雙親、師友雜憶（合刊）	錢穆	著
烏啼鳳鳴有餘聲	陶百川	著
日記(1968～1980)	杜維明	

語文類

標點符號研究	楊遠	編著
訓詁通論	吳孟復	著
翻譯偶語	黃文範	著
翻譯新語	黃文範	著
翻譯散論	張振玉	著
中文排列方式析論	司琦	著
杜詩品評	楊慧傑	著
詩中的李白	楊慧傑	著
寒山子研究	陳慧劍	著
司空圖新論	王潤華	著
詩情與幽境 ——唐代文人的園林生活	侯迺慧	著
歐陽修詩本義研究	裴普賢	著
品詩吟詩	邱燮友	著
談詩錄	方祖燊	

關心茶
　　—— 中國哲學的心　　　　　　　吳　　怡　著
放眼天下　　　　　　　　　　　　　陳　新雄　著
生活健康　　　　　　　　　　　　　卜　鍾元　著
文化的春天　　　　　　　　　　　　王　保雲　著
思光詩選　　　　　　　　　　　　　勞　思光　著
靜思手札　　　　　　　　　　　　　黑　　野　著
狡兔歲月　　　　　　　　　　　　　黃　和英　著
老樹春深更著花　　　　　　　　　　畢　　璞　著
列寧格勒十日記　　　　　　　　　　潘　重規　著
文學與歷史
　　—— 胡秋原選集第一卷　　　　　胡　秋原　著
晚學齋文集　　　　　　　　　　　　黃　錦鋐　著
天山明月集　　　　　　　　　　　　童　　山　著
古代文學精華　　　　　　　　　　　郭　　丹　著
山水的約定　　　　　　　　　　　　葉　維廉　著
明天的太陽　　　　　　　　　　　　許　文廷　著
在天願作比翼鳥
　　—— 歷代文人愛情詩詞曲三百首　李　元洛　輯注
千葉紅芙蓉
　　—— 歷代民間愛情詩詞曲三百首　李　元洛　輯注
醉樵軒詩詞吟草　　　　　　　　　　楊　道淮　著
陳寅恪晚年詩文釋證（增訂新版）　　余　英時　編纂
鳴酬叢編　　　　　　　　　　　　　李　飛鵬　編纂
秩序的探索
　　—— 當代文學論述的省察　　　　周　慶華　著
樹人存稿　　　　　　　　　　　　　馬　哲儒　著

藝術類

音樂與我　　　　　　　　　　　　　趙　　琴　著
音樂隨筆　　　　　　　　　　　　　趙　　琴　著
美術鑑賞　　　　　　　　　　　　　趙　惠玲　著
爐邊閒話　　　　　　　　　　　　　李　抱忱　著
琴臺碎語　　　　　　　　　　　　　黃　友棣　著
樂林蓽露　　　　　　　　　　　　　黃　友棣　著
樂谷鳴泉　　　　　　　　　　　　　黃　友棣　著

～涵泳浩瀚書海　　激起智慧波濤～